현대 선교의 프레임

| 안승오 지음 |

기독교문서선교회

기독교문서선교회(Christian Literature Crusade: 약칭 **CLC**)는 1941년 영국 콜체스터에서 켄 아담스에 의해 시작되었으며 국제 본부는 영국의 쉐필드에 있습니다.

국제 CLC는 59개 나라에서 180개의 본부를 두고, 약 650여 명의 선교사들이 이동도서차량 40대를 이용하여 문서 보급에 힘쓰고 있으며 이메일 주문을 통해 130여 국으로 책을 공급하고 있습니다.

한국 CLC는 청교도적 복음주의 신학과 신앙서적을 출판하는 문서선교기관으로서, 한 영혼이라도 구원되길 소망하면서 주님이 오시는 그날까지 최선을 다할 것입니다.

The Frame of Contemporary Missiology

Written by
Paul Seung-Oh An

Korean Edition
Copyright © 2014 by Christian Literature Crusade
Seoul, Korea

서문

 '선교'라는 용어를 국어사전에서 찾아보면 "종교를 전도하여 널리 알림"이라고 정의되어 있다. 즉 선교란 한 종교가 진리라고 생각하는 도를 널리 전파하여 종교를 확장하는 활동이라고 할 수 있다. 기독교가 2천여 년 전에 예수와 그의 12 제자들에 의해 갈릴리 한 구석에서 미미하게 시작되었지만 오늘의 성장을 이룬 것은 기독교인들의 목숨을 건 '선교'의 결과였다. 선교가 약했다면 많은 고대의 종교들처럼 기독교 역시 사라졌거나 그 세력이 매우 미미할 것이다.

 기독교는 적어도 1950년대까지만 해도 거의 일치된 선교 개념과 목표를 가지고 선교에 전심전력을 기울여 왔다. 하지만 1950년대 이후로 기독교 안에서조차 선교에 대한 개념이 매우 다양하게 이해되고 있다. 즉 1950년대 이전에는 선교의 개념에 대하여는 나름대로 분명한 정의와 목표가 있었으므로, 주로 선교의 방법만을 고민하였다. 그러나 이제는 선교 개념 자체가 논쟁의 대상이 되었고, 이런 이유로 데이비드 보쉬

(David J. Bosch)는 "궁극적으로 선교는 정의할 수 없다"[1]라는 말을 하기도 했다. 즉 현대의 선교는 그 개념조차도 명확히 정의하기 어려울 정도로 다양한 이해가 있다는 말이다.

선교는 기독교가 수행해야 할 가장 중요한 실천 과제 중 하나이다. 실천을 하려면 개념과 목표 그리고 방법, 수행자, 대상 등이 명확해야 한다. 이러한 사항들이 흐릿하거나 불명확할수록 선교 실천의 효율성은 감소되고 만다. 특별히 오늘날 기독교는 심각한 명목화 현상을 넘어서서 약화 현상을 보이고 있다. 제 2/3 세계 선교의 주역을 자부하고 있는 한국 교회마저 감소하고 있는 실정이다. 이와 같은 상황에서 기독교의 역동성을 회복하고 성장하기 위해서는 선교의 기본적인 틀을 다시금 재정비할 필요성이 있다고 본다. 선교가 무엇이며 어디로 가야 하는지 등에 대한 기본적인 사항마저 혼란스럽다면 그 선교는 효율적으로 수행되기 어렵기 때문이다.

이런 이유에서 본서는 선교의 가장 기본적인 프레임을 제시하는 것을 목표로 한다. 즉 선교란 용어가 무엇을 의미하는가?(선교의 개념), 선교는 무엇을 목표로 삼아야 하는가?(선교의 목표), 어떤 방법으로 선교를 수행해야 하는가?(선교의 방법), 선교에서 전해야 하는 내용은 어떤 것이어야 하는가?(선교의 내용), 선교를 감당해야 하는 주체는 누구인가?(선교의 주체), 선교는 누구를 대상으로 하는 사역인가?(선교의 대상), 선교에 있어서 먼저 해야 할 일과 나중에 해야 할 일이 있는가?(선교의 우선순위) 등을 다루고자 한다.

이상의 내용을 다룰 때 본서는 각 주제에 있어서 전통적인 선교의 프

---

1) David J. Bosch, *Transforming Mission: Paradigm Shifts in Theology of Mission*, 김병길, 장훈태 역, 『변화하고 있는 선교』(서울: CLC, 2000), 35.

레임과 달리 새롭게 출현한 에큐메니칼 선교신학의 프레임의 주된 배경과 특징과 경향 등을 분석하고, 이들의 강점과 약점을 평가하였다. 이로써 어떤 선교의 프레임을 지닐 때 선교를 바르고 효율적으로 수행할 수 있는지, 그래서 기독교가 21세기에도 건강하게 세계 변화에 영향을 미칠 수 있는지 살펴보았다.

본서는 오랜 시간 동안 여러 곳에 기고한 글들을 모아 손질하여 만든 책이다.[2] 그것은 처음 글을 기고할 때부터 선교가 어떤 기본 틀을 잡아야 바람직한 방향으로 갈 수 있을까라는 고민을 가지고, 선교에 관심이 있는 분 누구나 쉽게 이해할 수 있는 글을 쓰고자 노력해왔었기 때문이다. 이런 점에서 본서는 다음과 같은 점에서 독자들에게 도움을 줄 수 있으리라고 생각한다.

첫째, 기본적인 선교 프레임의 제시이다. 선교가 무엇이며, 선교는 어떤 목표를 지향해야 하는지, 그리고 선교는 어떤 방법으로 어떤 내용을 전해야 하며, 선교를 수행해야 하는 주체는 누구인지, 또한 선교의 주요 대상은 누구이며, 어떤 우선순위를 가지고 선교를 수행해야 하는지 등을 다룬다. 하나의 건물을 지을 때도 기초 공사와 골격이 중요하듯이, 선교를 수행할 때도 기본적인 기초와 골격이 중요하다. 기초와 골격이 부실한 상황에서 복잡한 인테리어를 붙이는 것은 별 의미가 없다. 본서는

---

[2] 본서에 수록된 글들의 출처는 다음과 같다. 제1장 선교 개념은 "에큐메니칼 선교의 '선교 개념' 연구," 「장신논단」(40집, 2011년), 제2장 선교 목표는 "에큐메니칼 선교의 '선교 목표'에 대한 이해," 「선교신학」(28집, 2011년), 제3장 선교 방법은 "에큐메니칼 선교의 '선교 방법' 이해," 「신학과 목회」(39집, 2013년), 제4장 선교의 내용은 "에큐메니칼 선교의 '선교 내용' 이해," 「신학과 선교」(43집, 2013년), 제5장 선교의 주체는 "에큐메니칼 신학의 '선교 주체' 이해," 「선교신학」(33집, 2013년), 제6장 선교의 대상은 "The Target of Mission in Ecumenical Mission Theology," *Currents in Theology and Mission*, Vol. 40-3, 2013, 제7장 선교의 우선순위는 "에큐메니칼 선교에 있어서 우선순위 문제," 「신학과 목회」(41집, 2014년) 등에 수록되었음을 밝혀둔다.

선교에 있어서 가장 핵심적인 기초와 골격 문제를 심도 있게 다루었으므로 본서를 읽으면서 독자들은 선교에 대한 근본적이고도 확실한 이해를 얻게 될 것이다.

둘째, 에큐메니칼 선교신학 프레임의 분석과 평가이다. 전통적인 선교신학의 문제점을 인식하면서 대안으로 제시된 에큐메니칼 선교신학은 전통적인 선교신학에 비하여 매우 폭이 넓고 복잡하다. 그래서 일반적인 독자들은 에큐메니칼 선교신학의 프레임을 파악하기 쉽지 않다. 제10차 세계교회협의회 총회가 부산에서 열리면서 많은 논쟁과 갈등이 있었던 이유 중의 하나도 에큐메니칼 선교신학에 대한 이해가 서로 달랐던 점에 있었다고 할 수 있다. 이 책은 에큐메니칼 선교신학이 지니고 있는 기본적인 선교 프레임을 깊이 있게 분석하고 평가하였으므로 독자들은 에큐메니칼 선교신학이 지니고 있는 강점과 한계점 등을 파악하면서 에큐메니칼 선교신학의 전체적인 그림을 쉽게 이해할 수 있게 될 것이다.

셋째, 21세기 기독교가 추구해야 할 선교 방향의 제시이다. 선교는 선택사항이 아니라 필수사항이다. 해도 되고 안 해도 되는 것이 아니라 안 하면 그 종교는 사라지는 것이다. 기독교가 현재 심각하게 정체되거나 감소하고 있다는 것은 선교에 있어서 무언가 문제가 있다는 것을 반증하는 것일 수 있다. 이슬람과 같은 타 종교들은 왕성하게 성장하고 있는 상황에서 기독교는 본거지라 할 수 있는 유럽지역에서부터 심각한 쇠퇴현상을 보이고 있다. 이런 상황에서 본서는 과연 우리의 선교가 어떤 방향으로 가야 하는가에 대한 기본적인 프레임을 제공하고 있으므로 신학의 길에 들어선 신학생들이나 현장사역을 담당하는 목회자들 그리고 선교사들이 선교를 수행하는 데 있어서 나침반과 같은 역할을 할 것이다.

이 책이 나오기까지 많은 도움을 주신 모든 분들께 감사를 드리며 특별히 영어요약 등의 교정을 도와준 오랜 친구 Harry Kwon(권혁일)에게 깊은 감사의 마음을 전한다.

2014년 4월
영남신대 교정에서
안승오 識

목차

서문 5

1장 선교의 개념 / 17

1. 에큐메니칼 선교 개념의 배경

1) 2차 세계대전 후 전통적 선교에 대한 반성 / 20
2) 세상을 긍정하는 하나님의 선교(Missio Dei) 개념 / 21
3) 인간다운 삶을 추구하는 해방신학 / 23

2. 에큐메니칼 선교 개념의 주된 경향

1) 세상을 품는 선교 개념 경향 / 25
2) 폭이 넓어진 선교 개념 경향 / 28
3) 확장이 아닌 공존을 강조하는 선교 개념 경향 / 30

3. 에큐메니칼 선교 개념의 기여점과 한계점

1) 참여도 vs. 정체성 / 32
2) 이 세상 vs. 저 세상 / 34
3) 공존 vs. 본질 / 37
4) 포괄성 vs. 선명성 / 39

4. 요약 및 전망

2장 선교의 목표 / 47

1. 에큐메니칼 선교의 주된 목표들

  1) 인간화 / 50
  2) JPIC(정의, 평화, 창조질서 보존) / 52
  3) 화해와 일치 / 54

2. 에큐메니칼 선교 목표의 특징들

  1) 광범위한 포괄성 / 56
  2) 세계의 변혁 추구 / 58
  3) 목표의 변동성 / 60
  4) 우선순위 지양 / 62

3. 에큐메니칼 선교 목표의 명암

  1) 포괄성과 효율성 / 64
  2) 세계와 교회 / 67
  3) 상황성과 항상성 / 71

4. 요약 및 전망

3장 선교의 방법 / 79

1. 에큐메니칼 선교에 나타난 선교 방법들

　1) 현존의 삶 / 82
　2) 대화와 협력 / 85
　3) 구조악 해결을 위한 행동 / 89

2. 에큐메니칼 선교 방법의 명암

　1) 단방향성 vs. 양방향성 / 93
　2) 급진적 변혁 vs. 점진적 변혁 / 96
　3) 사회로 vs. 교회로 / 99
　4) 인간의 노력 vs. 하나님의 주권 / 102

3. 요약 및 전망

4장 선교의 내용 / 109

1. 에큐메니칼 선교 내용의 배경

   1) 세계에 대한 폭넓어진 관심 / 112

   2) 인간에 대한 새로운 이해 / 113

   3) 창조신학적 이해 / 115

2. 에큐메니칼 선교 내용의 주된 경향들

   1) 통전적인 구원 / 116

   2) 만유의 화해와 일치 / 120

   3) 생명살림 / 123

3. 에큐메니칼 선교 내용의 명암

   1) 구원 개념의 확장 / 126

   2) 만유의 화해 / 129

   3) 생명 개념의 의미 확대 / 131

4. 요약 및 전망

5장 선교의 주체 / 139

1. 달라진 '선교 주체' 개념의 배경

1) 교회의 연약성에 대한 인식 / 142
2) 하나님의 관심에 대한 변화된 이해 / 144
3) 세상에 대한 이해 변화 / 146

2. 에큐메니칼 신학의 '선교 주체' 이해에 나타난 주된 경향

1) 삼위일체 하나님 자신 / 148
2) 세상의 다양한 기구들 / 151
3) 평신도와 가난한 자들 / 153

3. 에큐메니칼 신학의 '선교 주체' 이해의 명암

1) 교정 vs. 약화 / 156
2) 연합 vs. 혼합 / 160
3) 이상 vs. 현실 / 163

4. 요약 및 전망

6장 선교의 대상 / 169

1. 에큐메니칼 선교 관심의 배경

1) 하나님의 선교 개념의 포괄적 관심 / 171
2) 예수 그리스도에 대한 새로운 이해 / 173
3) 갈수록 심각해지는 창조 세계에 대한 위기 의식 / 175

2. 에큐메니칼 선교의 주요 대상

1) 가난한 자들 / 177
2) 소외되고 억눌린 자들 / 180
3) 창조 세계 안의 모든 피조물 / 184

3. 에큐메니칼 신학에 나타난 '선교 대상' 이해의 음과 양

1) 교회의 사회 참여 고양에 도전 / 186
2) 선교 효율성의 감소 가능성 / 188
3) 선교의 편협성 경향 / 191

4. 요약 및 전망

7장 선교의 우선순위 / 199

1. 에큐메니칼 선교 역사에 나타난 우선순위

1) 복음화에 우선순위를 두는 경향의 시기 (1910-1951) / 202
2) 인간화에 우선순위를 두는 경향의 시기 (1952-1974) / 207
3) 통전성을 추구하는 시기 (1975-현재) / 212

2. 우선순위 지양의 음과 양

1) 균형감에 대한 도전 / 217
2) 개념의 혼란 가능성 / 219
3) 효율성의 감소 가능성 / 222
4) 교회의 약화 가능성 / 224

3. 요약 및 전망

부록 1. English Abstract / 234
부록 2. A Study on 'Target of Mission' in Ecumenical Mission Theology / 246

CHAPTER 1

선교의 개념
CONCEPT OF MISSION

모든 학문과 그 학문의 실천에 있어서 가장 중요한 것은 그 학문의 정확한 개념 정의일 것이다. 개념이 명확할 때 효과적인 실천과 그 실천에 대한 평가 그리고 보다 나은 진보가 가능해진다. 개념이 모호하면 그 모호한 개념으로 인해 실천은 방향성을 상실하게 되고 자연히 효율성이 크게 떨어지게 되는 것이다. 선교신학의 대가라 할 수 있는 데이비드 보쉬(David J. Bosch)가 "궁극적으로 선교는 정의할 수 없다"라고 말할 정도로 현대선교는 그 개념조차 명확히 정의하기 어렵다. 이런 상황에서는 효율적인 선교가 어렵게 된다. 바람직한 선교의 개념을 어떻게 잡아야 할지 함께 살펴보자.

선교의 개념

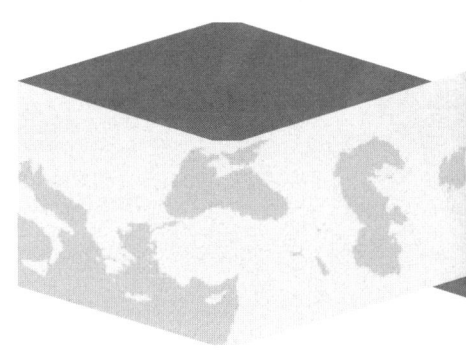

전통적인 선교에서는 선교의 개념에 대한 명확한 이해가 있었다. 즉 선교는 "타문화권에서 복음 전도를 위한 교회의 모든 활동"이라는 점에 거의 이의가 없었다. 하지만 대략 2차 세계대전 이후부터 선교라는 용어는 매우 폭넓은 의미를 지니게 되었다. 구령이나 타문화권 교회 개척과 같은 의미를 넘어서 세상에 샬롬을 가져오는 모든 활동 또는 교회가 하는 모든 일이 다 선교로 이해되기 시작했다. 이렇듯 선교의 개념이 폭넓게 이해되면서, 과거에는 선교의 개념이 분명하여 다만 선교의 방법만을 고민하면 되었지만, 이제는 선교 개념 자체가 논쟁의 대상이 되었다.[1] 이런 이유로 데이비드 보쉬는 "궁극적으로 선교는 정의할 수 없다"[2]라고 말하였다. 즉 현대의 선교는 그 개념조차도 명확히 정의하기

---

1) 전호진,『선교학』(서울: 개혁주의신행협회, 1987), 17-23.
2) David J. Bosch, *Transforming Mission: Paradigm Shifts in Theology of Mission*, 김병길, 장훈태 역,『변화하고 있는 선교』(서울: CLC, 2000), 35.

어려울 정도로 다양한 견해가 나오고 있다는 말이다.

이상과 같이 선교의 개념 자체가 폭넓어지거나 모호해질 경우 선교 행위는 자연히 효율성이 떨어질 수밖에 없을 것이다. 남정우는 모호해진 선교 개념을 언급하면서, "모든 것이 선교가 되면, 선교는 아무 것도 아닌 것이 되고, 선교인 것과 선교 아닌 것을 구분하는 일도 어려워져 혼란에 빠지게 되어 결국 선교는 실패하고 말 것이다"[3]라고 진단한다. 모든 학문과 그 학문의 실천에 있어서 가장 중요한 것 중의 하나는 그 학문의 정확한 개념 정의일 것이다.[4] 개념이 명확할 때 효과적인 실천과 그 실천에 대한 평가 그리고 보다 나은 진보가 가능해질 것이다. 개념이 모호하면 그 모호한 개념에 근거한 실천은 방향성을 상실하게 되고 자연히 그 실천의 효율성은 크게 떨어지게 된다. 이런 점에서 선교도 그 개념의 모호성을 벗어나서 명확한 개념의 정의가 필요하다고 생각된다.

이런 점에서 본 장은 선교의 개념을 추구해보고자 한다. 특별히 전통적인 선교 개념의 문제성을 지적하면서 등장한 에큐메니칼 선교 개념을 집중적으로 분석하면서 바람직한 선교 개념은 어떤 것이어야 하는지를 생각해보고자 한다. 이를 위해 에큐메니칼 선교 개념이 탄생하게 된 시대적, 이론적 배경을 먼저 살펴보고, 그 개념이 전통적인 개념에 비하여 지니는 특정 경향들을 살펴보고, 그 개념의 기여점과 한계점 등을 분석해보고자 한다. 이러한 작업을 통하여 우리는 바람직한 선교 개념은 어떤 것이어야 하는가에 대한 답을 찾아낼 수 있을 것이다.

---

[3] 남정우, 『선교란 무엇인가』 (서울: 쉐키나, 2010), 24.
[4] 개념은 "개개의 사물로부터 비본질적인 것을 버리고 본질적인 것만을 추출해내는 사유의 한 형식"이라고 정의되어 있다. 즉 개념을 정한다는 것은 대상의 본질을 찾아내는 작업이며, 이런 점에서 개념을 명확히 하는 것은 오늘의 선교를 위해 매우 중요한 과제라 할 수 있다. 김민수 외 편, 『국어대사전』 (서울: 금성출판사, 1991), 91.

1. 에큐메니칼 선교 개념의 배경

1) 2차 세계대전 후 전통적 선교에 대한 반성

모든 신학이 그렇듯이 에큐메니칼 선교신학 역시 그 탄생의 배경에는 시대적 배경이 있다. 에큐메니칼 선교 정신인 선교를 위한 교회들 간의 협력에 대한 강조는 1910년 에딘버러 선교대회에서부터 태어났다고 할 수 있지만, 보다 구체적인 에큐메니칼 선교 개념의 배경은 2차 세계대전과 깊은 연관성을 지닌다. 1918년에 막을 내린 1차 세계대전에 이어 1939년부터 1945년까지의 2차 세계대전이 끝난 후 기독교는 심각한 고민에 빠지게 되었다. 그도 그럴 것이 두 번의 세계대전의 주범이 모두 기독교 국가들이었으며, 그 국가들이 하나님의 이름을 내걸고 전쟁을 치루면서 온 세계를 전쟁의 포화와 불행 속으로 몰아넣었기 때문이다. 이런 이유 때문에 기독교는 세계에 평화를 주는 것이 아니라, 오히려 갈등과 분쟁 그리고 미움과 전쟁을 부추기는 종교로 인식되었던 것이다.[5]

또한 2차 세계대전 후 제3세계 국가들이 대거 독립을 맞이하게 되면서, 제3세계 지역을 중심으로 강력한 반(反) 기독교운동, 반(反) 선교운동이 일어났고,[6] 이로 인해 기독교 선교는 어딜가나 환영을 받지 못하는 상황에 직면하게 되었다. 결국 기독교는 내부적으로 세계대전을 일으킨 주범 나라들의 종교였다는 자각을 갖게 되었고, 외부적으로는 과거 식민지 국가들의 강력한 기독교 적대 운동에 직면하게 되었던 것이다. 상황이 이렇게 되자 기독교는 기독교의 추진 방향 즉 선교 방향에 대하여

---

5) 남정우, 『선교란 무엇인가』, 21.
6) 위의 책, 22-23.

심각한 반추작업에 들어갔다. 그 결과 기독교는 기독교 국가들을 중심으로 서구뿐 아니라 비서구 세계에 엄청난 피해를 주었으며, 전통적인 선교는 가부장주의, 비관용, 오만함 등으로 점철되어, 문화 파괴, 사회구조 와해, 전통 종교 억압, 낯선 이방 교회 설립 등을 가져왔다는 진단을 내리고 이러한 문제점들을 수정할 수 있는 선교 방향의 필요성을 깨닫게 되었다. 그리하여 19세기의 확장적이고 승리주의적인 선교방식, 그리고 선포와 전도와 교회 개척의 방식이 아닌 섬김과 대화와 공존의 방식으로 선교해야 한다는 점을 강조하게 되었는데, 이러한 경향들이 에큐메니칼 선교 개념 탄생의 주된 배경이 되었다.[7]

2) 세상을 긍정하는 하나님의 선교(Missio Dei) 개념

앞서 언급한 것과 같이 2차 세계대전 후 기독교가 선교의 방향 전환 모색을 심각하게 고려하는 상황 속에서 1952년 독일 빌링겐에서 개최된 빌링겐 선교대회(IMC)는 '정복적인 태도'가 아닌 '섬김과 봉사의 태도'로 선교를 수행해야 한다는 생각으로 '십자가 아래서의 선교'(Missions under the Cross)라는 주제로 열리게 되었다. 이 대회가 끝난 후 독일 슈투트가르트(Stuttgart) 교구의 감독이었던 칼 하르텐슈타인(Karl Hartenstein)은 빌링겐 대회의 신학적 성과를 개인적으로 요약하면서 'Missio Dei'(하나님의 선교)라는 라틴어 단어를 처음 사용하였다.[8] 하르텐슈타인은 이상에

---

[7] 김영동, 『교회를 살리는 선교학』 (서울: 장로회신학대학교출판부, 2003), 259-260.

[8] 하르텐슈타인은 말하기를, "선교란 단순히 개인의 회심이나 주님의 말씀을 향해 복종하는 것만을 뜻하지 않는다. 그것은 또한 공동체의 회집에 대한 의무만을 뜻하는 것이 아니라, 선교란 구원받은 전 피조물 위에 그리스도의 주권을 세우려는 포괄적인 목표를 가지고 '아들의 보내심'(an der Sendung des Sohnes), 즉 하나님의 선교(Missio Dei)

나타난 문제들이 근본적으로 사람과 교회가 중심이 되어 선교를 수행한 결과 생겨난 것이라고 분석하면서, 오직 하나님만이 선교의 동기와 목적이며, 그분만이 선교의 수행자가 되시고 사람들은 단순히 그 하나님의 선교에 동참할 때만 바른 선교가 이루어진다고 보았다.[9] 그 후 이 개념은 하르텐슈타인의 예기치 못한 갑작스런 사망 후 비체돔(Georg F. Vicedom)과 후켄다이크(J. C. Hoekendijk) 등에 의하여 이론적인 발전을 하였는데, 세계교회협의회는 후켄다이크의 이론을 많이 수용하면서,[10] 전통적인 선교의 개념은 다음과 같은 변화를 갖게 되었다.

첫째, 교회 중심적 선교 개념이 하나님 중심적 선교 개념으로 변환되게 되었다. 즉 전통적으로는 교회가 중심이 되어서 선교를 계획하고 추진하였던 반면, 하나님의 선교는 하나님이 친히 선교의 주체가 되시어 세상에서 직접 선교를 수행하시므로 교회는 단지 하나님의 선교를 수행하는 여러 다양한 기구들 중의 하나로 인식되었다.

둘째, 교회 중심적 선교관이 세계 중심적 선교관으로 전환되었다. 전통적으로 교회는 세상을 멸망할 세상으로 보면서 교회로 올 때만 구원이 있다는 믿음을 지녔기에, 세상의 변화에 대해서는 그리 큰 관심을 갖지 않는 경향이 있었다. 그러나 하나님의 선교 개념은 하나님의 관심이 교회에 있는 것이 아니라 오히려 세상에 더 많이 있다는 것을 역설하였

에 참여하는 것이다"라고 하였다. Karl Hartenstein, "Theologische Besinnung," Walter Freytag ed., *Mission zwishen Gestern und Morgen* (Stuttgart: Evang. Missionsverlag, 1952), 54.

9) K. Hartenstein, "Krisis der Mission?" *Die Furche*, Vol. 17 (1931), 205-206.
10) 세계교회협의회는 교회에 대해 비판적인 견해를 갖고 샬롬을 하나님의 선교의 목표로 세운 후켄다이크의 견해와 하나님의 선교를 강조하면서도 여전히 구원사와 교회의 역할을 긍정적으로 보았던 비체돔의 견해 중 후켄다이크의 견해를 더 많이 수용하였는데, 이것은 아마도 후켄다이크가 세계교회협의회에서 많은 활동을 하였기 때문에 자연스럽게 그의 견해를 더 많이 수용한 것으로 보인다.

다. 따라서 하나님의 선교는 세상을 참으로 사람 살만한 곳으로 만드는 것을 선교의 목표로 삼게 되었다. 선교 역시 교회를 중심으로 추진되는 것이 아니라, 세상의 다양한 기구들이 추진하며 교회는 단지 그러한 기구들 중의 하나 정도의 위치를 갖게 되었다.[11]

3) 인간다운 삶을 추구하는 해방신학

에큐메니칼 선교 개념의 가장 깊은 토대를 형성하는 개념인 하나님의 선교 개념은 세상에 대한 깊은 관심을 지니고 있고, 그러한 관심 속에서 세상을 변화시키고 샬롬을 이룩하는 일에 많은 노력을 기울이는 경향을 보인다는 것을 앞에서 살펴보았다. 이러한 경향은 자연히 세상의 분석과 변혁에 깊은 관심을 지니는 해방신학과의 접목을 불러오게 되었다. 해방신학은 마르크시즘이 그러하듯이 세상을 단지 설명하고 해석하는 것만이 아니라, 세상을 변혁하는 데 관심을 갖고, 그런 목적 때문에 사회 구조를 명료화하고 체계화하기 위해 사회과학 특별히 마르크시즘의 도움을 많이 얻어왔다.[12] 해방신학은 서구 교회와 서구 중심의 선교를 통해서는 이 세계에 현존하는 구조적 불의(systematic injustice)의 문제를 해

---

11) WCC, *The Church for Others: Two Reports on the Missionary Structure of the Congregation* (Geneva: WCC, 1968), 16-17. 참조.

12) 해방신학이 도움을 받은 사회과학의 갈등 모델에서 가장 주된 사항은 마르크시즘이라 할 수 있다. 따라서 해방신학은 마르크시즘과 깊은 연관성을 지니고 있고, 특별히 계급 투쟁의 개념을 사용하는 것 때문에 적지 않은 비평을 받아온 것도 사실이다. 유진열, 『21세기 현대신학』(서울: 대한기독교서회, 2010), 244. 마르크시즘의 영향을 받은 해방신학이 에큐메니칼 신학에 수용된 것을 이형기는 "1968년에는 [웁살라 대회에서] 마르크스주의 등 사회학적 통찰이 기독교 신학에 적극 수용되기 시작하였고…"라고 표현한다. 이형기, "WCC에 나타난 교회와 사회문제," WCC, *The Section Reports of the WCC: from the first to the seventh*, 이형기 역, 『역대총회 종합보고서』(서울: 한국장로교출판사, 1993), 567.

결할 수 없다고 생각하면서 구조적 모순을 그대로 안고 있는 '발전'이 아니라 '해방'을 추구하였다.[13)]

해방신학이 인간다움이 보장되는 해방을 추구하였다면, 이러한 해방신학의 영향이 에큐메니칼 신학에서는 '인간화'라는 개념으로 잘 나타난 것으로 보인다. 해방신학은 구원을 현실에서의 인간화로 규정하는 경향이 있다. 즉 신과의 화해보다는 정치질서의 변혁을 위한 해방이나 투쟁에 깊은 관심을 지닌다. 이와 같은 관심 때문에 해방신학은 죄로부터의 구원보다는 '사회적 회개'를 말하고, 죄의 억압에 대해 괴로워하는 양심보다 억압적 정치 세력이나 계급에서 눌리고 있다는 것을 의식시키는 '의식화'를 강조하면서 사회악은 말하지만 개인의 악은 간과하는 경향이 강하다.[14)] 이러한 경향과 연관하여 1968년 웁살라 대회는 "우리는 메시지와 영적인 사역만을 요구하고 물질적 필요들에 대한 내용은 취급하지 않았다. 우리는 물질적, 사회적 필요들은 단순히 영적인 필요를 위한 우리의 책임의 부차적인 것으로만 취급할 뿐이었다"[15)]라고 강조하였다. 즉 영적인 사역에 비하여 물질적인 문제나 사회적인 문제를 부차적인 문제가 아니라 교회가 책임져야 할 핵심 문제로 생각하고, 그 문제를

---

13) 해방신학은 종속관계에서 배불리 먹고 사는 것보다는 인간다움이 보장되는 '해방'을 추구하는 경향을 지닌다. Gustavo Gutierrez, *A Theology of Liberation* (Maryknoll: Orbis Books, 1973), 22-33.
14) 이러한 경향에 대하여 김명용은 해방신학이 "너무 정치화되어서 기독교의 영성인지 정치 운동인지 구별이 어려운 경우가 많다는 점, 그리고 하나님과의 개인적 만남과 개인적 체험의 중요성을 상대적으로 소홀히 하고 있는 점에는 상당한 문제점이 있다"라고 평가하였다. 김명용, "통전적 영성신학," 이종성 외 편, 『통전적 신학』 (서울: 장로회신학대학교출판부, 2004), 149. 한편 해방신학에 나타나는 개인의 죄와 회개에 대한 무관심은 자연히 전통적인 복음 전도 중심의 선교를 약화시키는 경향이 강하다.
15) WCC, "1968년 웁살라 WCC 총회보고서: 선교 갱신," in 조동진, 『세계선교트렌드 1900-2000(하)』 (서울: 아시아 선교연구소, 2007), 53.

해결하기 위해 구체적인 행동을 취해야 함을 강조한 것이다.[16]

2. 에큐메니칼 선교 개념의 주된 경향

1) 세상을 품는 선교 개념 경향

전통적인 선교 개념과 비교하여 에큐메니칼 선교 개념에서 가장 두드러지게 나타나는 경향 중의 하나는 세상에 대한 관점의 변화라고 할 수 있다. 전통적인 관점에서는 세상은 하나님을 대적하는 곳이요 그리하여 멸망할 곳으로 여겨졌다. 즉 전통적인 신학에서는 세상이 매우 부정적인 관점에서 인식되었기에 멸망할 세상을 위한 최선의 기여는 사람들을 교회로 인도하는 것이었다. 세상은 어차피 교회로 나오지 않는 한 소망이 없는 곳이었기에 세상을 아름답게 변화시키기 위해 노력을 한다는 것에 다소 관심이 적었다. 관심이 있다면 그것은 멸망으로 달려가는 사람들을 하루 속히 한 영혼이라도 더 구원하는 일이었다. 이런 점에서 전통적인 선교는 세상을 살기 좋은 곳으로 만드는 일보다는 속히 세계를 복음화하여 전 인류를 하나님께로 인도하고, 이러한 선교의 목표가 이루어질 때 세상도 참으로 아름다운 세상으로 바뀐다고 생각하는 데 큰

---

16) 전통적인 선교는 복음화에 모든 관심이 집중되어 있었다. 사람이 잘 사느냐 못 사느냐의 문제는 복음화에 비해서 그리 큰 문제가 아니었다. 어차피 이 세상은 잠시 살다가 갈 곳인 반면, 천국은 영원히 살 곳이므로 사람이 잘 사는 것에는 큰 관심이 없었다. 또 이 세상을 완벽하게 행복한 곳으로 만든다는 것은 불가능한 일이므로, 이 세상을 잘 살게 만드는 것 보다는 저 영원한 천국을 준비시키는 것이 더 바른 선택이라고 생각했다.

이의가 없었다.[17]

그러나 에큐메니칼 신학은 선교의 관심을 '교회'에서 '세상'으로 돌려 놓았다. 즉 전통적인 선교에서 세상을 부정적으로 보던 관점을 서서히 긍정적으로 보기 시작하였다. 이제 하나님의 계획의 초점은 교회 안에서가 아니라 세계 속에서 발견되고, 그리하여 세상은 하나님의 구원역사의 출발점이요, 현장이 되었다. 이처럼 선교의 강조점이 교회에서 세상으로 옮겨지면서 구원도 천국으로 들어가는 구원이 아니라 세상의 삶의 모든 영역에서 실현되는 구원으로 폭넓게 이해되게 된 것이다.

또한 하나님은 '샬롬의 구현'이라는 목표를 가지고 선교를 이루어가실 때 기독교인들만을 통해서 일을 하시는 것이 아니라 불신자 혹은 다른 신앙을 가진 사람들을 통해서도 일을 이루어가신다는 생각을 갖게 되었던 것이다.[18]

에큐메니칼 신학의 주된 관심이 이처럼 교회에서 세상으로 바뀌게 되면서 나타난 모습 중의 하나는 교회와 세상 사이의 구분선의 약화현상이었다. 전통적인 교회관에서는 교회를 '에클레시아'로 부르면서 세상으로부터 불러냄 받은 것을 강조하였다. 물론 세상으로부터 불러냄 받은 것

---

17) 성경은 세상을 두 모습으로 보여준다. 한편에서 세상은 분명 하나님의 피조물이며 하나님의 지극한 사랑의 대상이다. 하나님은 이 세상을 지극히 사랑하시사 세상을 구원하시기 위하여 그의 독생자 예수까지 보내셨다(요 3:16). 그러나 동시에 세상은 매우 부정적인 모습으로 나타난다. 세상은 그 독생자를 알지 못하고 배척하였다(요 1:9-11; 요일 2:15-16). 따라서 세상은 하나님의 사랑의 대상이지만 하나님이 보내신 구원의 길인 그리스도를 받아들이지 않는 한 멸망의 대상이라는 것이 전통적인 세상 이해이다. 반면에 에큐메니칼 이해에서는 하나님이 사랑하시는 세상에 대한 면을 강하게 부각시키는 경향이 강하다. 안승오, 박보경, 『현대 선교학 개론』 (서울: 대한기독교서회, 2008), 274-275.

18) Jacques Matthey, "Missiology in the World Council of Churches," Lalsangkima Pachuau, ed., *Ecumenical Missiology* (Bangalore, India: The United Theological College, 2002), 75.

이 세상으로부터의 완전한 결별을 의미하는 것은 아니고 결국 세상을 향하여 나아감을 내포하고 있지만, 어찌되었든 세상과의 구별이 분명하였다. 그러나 에큐메니칼 신학에서는 교회와 세상의 구별보다는 세상과의 하나 됨을 강조하면서, "하나님의 백성은 이 세상 한복판에 있는 교회이다. 이들은 결코 세상을 떠나서 주님과만 함께 있을 수 없다. 예수 그리스도께서는 바로 이 세상을 구원하시기 위하여 오셨다"[19]라고 강조한다.

또한 세상에 대한 긍정성을 강조하는 에큐메니칼 신학은 세상을 섬기지 않고 교회의 확장에 관심을 갖는 전통적인 선교에 매우 비판적인 자세를 지니게 되었다. 즉 교회를 중심으로 하는 선교의 목적이 교회의 자기 세력을 확장하려는 제국주의적인 사역이 될 수 있다는 점에서 심각한 이의를 제기하면서 교회의 목적은 교회의 세력을 확장하는 것이 되어서는 안 되고 세상에 샬롬을 이루고 그리스도 안에 있는 인간성을 실현하는 것 즉 인간화를 목표로 삼아야 한다는 것을 강조하게 되었다.[20]

에큐메니칼 선교는 사람들을 교회로 이끌어 교회를 성장시키는 데 관심을 갖는 전통적인 선교에 대하여는 자기 세력을 무한히 확장하려는 '제국주의적인 선교'라는 딱지를 붙이고, 오히려 이 세상을 참으로 사람이 살만한 세상으로 만드는 일 즉 '인간화'와 '샬롬' 등에 깊은 관심을 갖게 되었다.[21] 이형기는 에큐메니칼 신학의 이러한 현상을 '탈(脫) 교회 중

---

19) WCC, *Evanston Report* (New York: Harper & Brothers, 1955), 86. 이와 같은 관심에서 에큐메니칼 교회관은 "타자를 위한 교회"(The Church for Others), "세계를 위한 교회"(The Church for the World) 혹은 "자신을 주는 교회"(Self-giving Church)라는 표현 속에서 그 특징을 잘 찾을 수 있다. Rodger C. Bassham, *Mission Theology: 1948-1975 Years of Worldwide Creative Tension Ecumenical, Evangelical, and Roman Catholic* (Eugene: Wipf and Stock Publishers, 2002), 67.

20) WCC, *The church for others and the church for the world*, 박근원 역, 『세계를 위한 교회』(서울: 대한기독교출판사, 1979), 137.

21) 이런 점에서 세계교회협의회는 개종을 강조하는 전통적인 선교에 대하여 "개종화만

심적 교회관'이라고 명명할 수 있다고 말한다.[22] 즉 에큐메니칼 신학은 세상에 대한 깊은 관심을 표명하면서 상대적으로, 전통적으로 많은 초점을 두었던 교회에 대한 관심을 세상으로 향하게 하는 경향을 보인다.

2) 폭이 넓어진 선교 개념 경향

전통적으로 선교는 복음을 전하고 교회를 세우는 사역이었다. 물론 전통적인 선교도 수없이 많은 사역들을 추진하였지만 그것은 주로 복음 전파 사역을 원활케 하기 위한 사역 즉 선교의 한 수단이었지 그것을 목표로 삼지는 않았다. 그런데 에큐메니칼 선교에서는 선교의 개념 자체가 매우 폭넓게 되었다.

앞서 언급한 대로 에큐메니칼 선교는 세상으로부터 사람들을 교회로 끌어내오는 선교가 아니라 세상 자체를 품에 안고 세상의 변화와 샬롬을 추구하는 선교가 되었기 때문에 자연히 선교의 폭이 넓어질 수밖에 없게 되었다.

특별히 하나님의 선교 개념의 영향으로 선교는 단순히 영혼을 구원하고 교회를 세우는 것을 넘어서, 샬롬을 이루시는 하나님과 동역자의 관계 안에 들어가는 것, 세계 역사 안에서 하나님의 하시는 일들과 그리스도 안에 있는 인간성을 지적하는 것, 그리고 하나님의 선교의 견지에서 역사 안에서 일어나는 변화들을 이해하면서 그 변화를 위해 힘쓰는 것

추진하는 교회는 그 자신을 구원의 중개소로 취급하며 사람들이 세상으로부터 교회 구조 안으로 이민해 오기를 기대한다"라는 말로 비평을 가한다. 위의 책, 38.

22) 이형기, 『21세기를 향한 새로운 신학적 패러다임의 모색』 (서울: 장로회신학대학교출판부, 1997), 576.

으로 이해되었다.[23] 따라서 폭이 좁은 전통적인 선교의 개념에 비해 에큐메니칼 선교 개념은 그 폭이 크게 확장되어 세상을 변화시키는 모든 활동이 선교로 포함되었다.

또한 해방신학의 영향도 에큐메니칼 선교 개념 확장에 기여하였다. 해방신학이 말하는 구원의 개념은 기본적으로 매우 광범위하다. 즉 전통적인 신학에서의 해방 개념이 개인적인 죄에서의 구원이었다면, 해방신학에서는 구원 개념에 정치, 경제, 사회적 해방 등을 포함한다. 그래서 해방신학이 말하는 구원은 억압, 가난, 불의, 비인간성 등으로부터 해방되는 현실적인 구원을 의미한다.[24]

이러한 해방신학의 영향으로 에큐메니칼 신학은 모든 억압, 가난, 불의, 비인간성의 문제에 깊은 관심을 가지고 이런 문제들을 해결하기 위해 힘을 기울인다.

예를 들어 웁살라는 "인종과 민족간의 분규가 우리의 공통된 삶의 골격을 부수어 놓고 있고, 선진국과 개발도상국은 서로 간에 더욱 더 소홀해지고 있으며, 이데올로기 투쟁과 종교분쟁은 생존을 위하여 필사적으로 투쟁하고 있는 때 우리는 우리 시대의 충격과 혼란으로부터 떨어져 있을 수 없다"[25]라고 말하면서 교회가 세계의 문제에 깊은 관심을 가져야 함을 촉구한다.

한걸음 더 나아가 웁살라는 "갱신은 각 지역 공동체에서 인종과 계급에 따른 모든 배척을 조사하여 쫓아내고, 또 모든 경제적, 정치적, 사회

---

23) WCC, *The Church for Others: Two Reports on the Missionary Structure of the Congregation*, 16-17.
24) 유진열, 『21세기 현대신학』(서울: 대한기독교서회, 2010), 234.
25) WCC, 『역대총회 종합보고서』, 252.

적 인간 타락과 착취에 대하여 투쟁함으로써 시작되어야 할 것이다"[26]라는 주장을 하면서 교회가 세상의 비인간화 문제에 구체적이고 직접적으로 개입해야 함을 강조하였다.[27]

3) 확장이 아닌 공존을 강조하는 선교 개념 경향

에큐메니칼 신학의 주된 관심은 교회가 아니라 세상임을 앞에서 살펴보았다. 세상의 행복을 위해 기여하는 것이 곧 교회의 사명인 셈이다.[28] 세상의 행복이란 분열이 아니라 화합이요, 싸움이 아니라 평화요, 착취와 억압이 아니라 상생인 것이다. 이런 목적의 관점에서 본다면 전도는 기독교의 교리를 일방적으로 선언하는 것이고, 그것을 받아들이라고 강요하는 것이므로, 그것을 받아들이는 사람의 인권과 문화를 말살하는 것이다. 또한 복음이 들어가고자 하는 지역에는 이미 다른 종교가 존재

---

26) 위의 책, 259-260.
27) 에큐메니칼 선교가 세상의 문제 해결을 선교의 영역에 포함시키는 확대된 선교 개념을 가지면서 이러한 관심을 가장 잘 명쾌하게 요약하여 표현한 개념 중의 하나가 JPIC(Justice, Peace, Integrity of Creation) 인데, 이러한 선교 개념을 통하여 에큐메니칼 선교는 정의(Justice), 평화(Peace), 창조질서 보존(Integrity of Creation) 등의 사역을 모두 포함하는 폭넓은 선교 개념을 지니고 있는 것이다. 이형기, "생명과 신학-에큐메니칼 운동과 WCC에 나타난 창조신학 (Theology of Creation)의 기원과 역사"「교회와 신학」제 29집(1997년), 8.
28) 이 같은 교회의 사명을 한국일은 다음과 같이 정리하고 있다. "인류 공동체의 단절과 소외, 갈등과 충돌을 극복하고 서로 화해하는 새로운 공동체의 수립은 교회에 주어진 지상명령이다. 그것은 초월적 사실도, 피안 세계에서만 기대할 수 있는 것이 아니라 이 역사 속에서 실현시킴으로 하나님 나라를 가시화 하는 교회의 지상 과제이다. 인간의 힘으로 불가능하지만 그리스도 안에서 이 불가능을 가능으로 바꾸어 가는 것이 선교이다. 교회는 자신의 소명에 근거한 자의식을 품고 세계 안에서 발생하는 갈등과 충돌 및 여러 가지 차별들을 극복하고 모든 인류가 하나님의 평화 속에 함께 살아가며 상호 공존하는 데 기여할 수 있어야 한다." 한국일,『세계를 품는 선교』, (서울: 장로회신학대학교출판부, 2004), 240.

하므로 복음이 선포되면 자연히 싸움과 분쟁이 발생할 수 있다.[29]

따라서 일방적으로 복음을 선포하여 자신의 세력을 확장하고자 하는 전도보다는 대화와 현존 그리고 공존 등이 더 바람직한 선교 방식으로 이해되기 시작했다. 특별히 2차 세계대전 이후의 제국주의 시대 종식과 함께 서구교회는 서구 기독교 중심적 세계관에 근거한 우월한 태도를 가지고 일방적 선교를 수행해왔음을 인식하면서 과거 지배자의 종교라는 오명을 벗어나 과거 서구 제국주의의 영향하에서 형성되었던 절대주의와 문화 우월주의의 이데올로기에 근거한 선교 형태를 종식시켜야 한다는 생각을 절실하게 갖게 되었다.[30]

이런 상황에서 바른 선교는 대화와 나눔의 정신 속에서 경계선 너머에 있는 사람들과의 연대를 추구해야 하며, 서로가 서로를 존중하고 인정하는 대화와 공존을 통해서 이루어질 수 있다는 주장이 강하게 대두되게 된 것이다.[31]

결국 에큐메니칼 선교신학은 분쟁의 원인이 될 수 있는 복음의 선포나 경쟁적인 선교(서로 다른 종교를 가진 사람을 개종시키는 데 집착하는) 대신에, 평화로운 세계 공동체를 만들기 위하여 대화와 공존을 추구해야

---

29) 이런 점에서 가톨릭 신학자 한스 큉 (Hans Kung)은 "세계(시민) 정신 없이 생존할 수 없고 종교 평화 없이 세계 평화 없으며, 종교 대화 없이 종교 평화 없다"라는 말을 하였다. Hans Kung, *Projekt Weltethos*, 위의 책, 214. 재인용.

30) 위의 책, 218.

31) Donal Dorr, *Mission in Today's World* (Maryknoll: Orbis Books, 2000), 188. 이러한 점은 호주 캔버라의 다음 글에 잘 나타난다. "오늘날 세계의 많은 곳에서 종교가 분열의 힘으로 사용되고 있으며, 종교언어와 상징들이 갈등을 부채질하는 데 사용되고 있다. 무지와 관용치 않음이 화해를 어렵게 만든다. 우리는 타 종교인들과 존중심과 이해로서 함께 살아가기를 추구하며, 이 목적을 위해서는 상호 신뢰 및 '대화의 문화' 구축이 필요하다. 이러한 일은 우리가 타 종교인들과 대화하고, 특별히 정의 및 평화 증진에 공동행동을 취함으로써 지역적 차원에서 시작된다." WCC, 『역대총회 종합보고서』, 525.

함을 주장하며,[32] 이러한 일이야말로 세계와 인류의 평화로운 삶을 보존하고 실현할 수 있는 길이 된다는 점을 강조한다.

3. 에큐메니칼 선교 개념의 기여점과 한계점

1) 참여도 vs. 정체성

앞장에서 우리는 에큐메니칼 선교의 주된 특징들을 살펴보았는데, 그 특징들 중 한 가지는 '세상을 품는 선교'라는 점이었다. 전통적인 선교가 세상에 대한 부정적인 사고를 가지고 세상을 단지 교회로만 이끌려는 활동에 주된 관심을 지녔던 반면, 에큐메니칼 선교는 세상을 긍정적으로 보면서 세상을 품고, 세상의 문제를 해결하는 일에 앞장선 선교가 되었다. 이러한 선교는 교회를 교회 담장 안에만 있는 교회가 아니라, 세상에 참여하는 교회로 만드는 데 도전을 주었다고 할 수 있다. 특별히 지금까지 교회와 세계 사이에 높이 쳐져 있던 담을 허물고, 교회와 세계의 경계를 무너뜨려서, 세계와 상관없는 교회가 아니라 세계 속에 존재하는 교회의 위치를 일깨워주었다.

교회는 교회만을 위해 존재하는 것이 아니라, 세상의 문제를 자신의 문제로 떠안고 세상의 고뇌와 함께 아파하는 교회가 되도록 도전하고, 그리하여 세상 사람들이 볼 때 자신들만의 잔치를 위한 교회가 아니라

---

[32] 나이로비 역시 "거의 모든 곳에서 기독교인은 다른 종교를 갖고 있는 이웃들과 함께 살아가고 있으며 우리 모두는 세계 공동체의 일부분이다. 우리는 하나의 세계 속에서 살고 있으며 이 세계의 생존과 향상을 위해 일해야 하는 공통의 사명이 있다"라는 점을 강조하였다. 위의 책, 354.

세상과 함께 하는 교회라는 인식을 주는 데 기여한 점이 있다고 보인다. 그런데 세상에의 참여를 강조한 에큐메니칼 선교의 기여점은 동시에 한계점도 지니고 있음을 볼 수 있다. 이것은 몰트만(Juergen Moltmann)의 다음과 같은 주장에서 그 힌트를 찾을 수가 있다.

> 신학자들의 기독교적 삶, 교회들 및 인류는 언제나 이중적 위기에 직면해 있다. 하나는 참여의 위기요, 다른 하나는 자기 정체성의 위기이다. 이 두 위기는 상호 보충적이다. 신학과 교회가 현재의 문제들에 부심하고 관계하면 할수록 자신의 기독교적 정체성이 더욱더 위기에 떨어진다. 반면에 이들이 전통적인 교리들, 전통적인 기득권들 및 전통적 도덕표준을 주장하려 하면 할수록, 이들은 현대의 문제들에 더욱 무관심하게 된다. 우리는 이것을 '정체성-참여(Identity-Relevance)의 딜레마'라고 표현해야 더 정확하다. 그런데 우리가 이와 같은 이중적 위기를 경험할 때 오직 십자가에 대한 심사숙고만이 무엇이 기독교적 정체성이고 무엇이 기독교적 참여인가를 밝혀줄 것이다.[33]

몰트만의 주장 가운데 에큐메니칼 신학은 전통적인 교리와 도덕표준을 강조하기보다는 현재의 문제들에 부심하는 신학에 해당된다고 할 수 있고, 이러한 신학의 약점은 정체성의 약화 경향이라고 할 수 있을 것이다. 즉 에큐메니칼 신학은 세상에의 참여를 강조하면서 교회와 세상 간의 경계선이 흐려지고 정체성이 약화되며, 종국적으로는 세상이 주된 것이 되고 교회는 부차적인 것으로 이해되는 경향을 지니는 것이다. 벤

---

33) Jurgen Moltmann, *The Crucified God* (New York: Harper & Row, 1974), 7.

엥겐(Van Engen)은 '하나님의 선교'(Missio Dei) 개념을 강조한 후켄다이크의 견해를 평가하면서 이 견해는 교회를 "하나님의 행위에 박수를 보내는 구경꾼"으로 전락시키고 자연스럽게 "교회의 안락사"로 이어지게 된다고 말하였는데,[34] 이는 깊이 고려해야 할 평가이다.

이러한 사실은 이미 역사적으로도 검증되고 있다. 오늘날 전 세계의 기독교를 보면, 기독교의 참여 즉 교회의 사회적 책임을 강조한 교회들은 대부분 쇠퇴하면서, 그 쇠퇴로 인하여 그토록 강조하던 사회적 책임도 잘 감당하지 못하게 된 반면에, 정체성을 강조한 교회들은 교회가 성장하면서 사회봉사나 책임도 잘 감당하는 모습을 보여주고 있다.[35] 참여가 중요하지만, 적어도 교회가 존재하는 한 참여가 가능하다는 점은 에큐메니칼 선교가 깊이 고민해야 할 문제가 아닌가 싶다.

2) 이 세상 vs. 저 세상

전통적인 선교는 이 세상보다는 저 세상에 대한 관심이 많았다. 선교의 목표는 이 세상의 변화보다는 저 세상에 들어가는 데 필요한 복음을

---

34) Charles Van Engen, *Mission on the Way*, 박영환 역, 『미래의 선교신학』(서울: 바울, 2004), 221. 이런 이유 때문에 하나님은 이스라엘이 가나안 족속들과 섞이는 것을 엄히 경계하신 것을 볼 수 있다. 선교백성으로 불리움을 받은 이스라엘이 가나안 족속과 섞여 버리면 세상을 섬기는 일을 수행하기 전에 먼저 택함 받은 이스라엘의 정체성 자체가 사라져 버리게 되는 것이다. 교회도 마찬가지다. 세상을 섬기고 변화시키는 일은 일단 교회가 있을 때 가능한 일이다. 교회 자체가 사라진 후 즉 교회의 정체성이 사라진 후에는 세상에의 참여도 불가능해지는 것이다. 안승오, 박보경, 『현대 선교학 개론』, 279-281.

35) 김성건, 『한국사회와 개신교』(서울: 서원대학교출판부, 2005), 151. 이런 엄연한 현실 때문에 평생을 통해 가차없이 교회를 비판하고 교회론을 위한 여지가 전혀 없다고 강하게 주장한 호켄다이크 조차도 교회에 그의 등을 돌리는 것이 불가능한 것을 발견했다고 보쉬는 말한다. David J. Bosch, 『변화하는 선교』, 572.

전하는 것에 초점이 맞추어져 있었다. 이와 같은 선교에 비하여 에큐메니칼 선교는 세상을 품는 선교로서 저 세상에만 편중되어 있던 관심을 이 세상으로 돌리는 데 많이 기여하였다. 즉 전통적인 선교가 저 세상에 깊은 관심을 가지면서 세상을 지나치게 부정적인 관점으로 봄으로 말미암아 세상에 대하여 무관심하거나 무책임한 모습을 드러낸 경향이 있었다. 이러한 경향에 대하여 에큐메니칼 신학은 하나님의 관심이 이 세계에 있음을 강하게 일깨워주었고, 이로 인해 격변하는 세계와 역사 속에서 기독인의 사회적 책임의식을 강화시켜 주었다. 또한 이 세계에 대한 안목을 열어줌으로써 사회, 경제, 정치, 문화 등의 폭넓은 분야에서의 선교의 영역과 과제를 알고 그것을 실천할 수 있도록 도전하였다.[36] 이로 말미암아 기독교의 선교가 피안의 세계로만 향하는 활동이 아니라 이 세계 속에서도 책임적인 교회가 되는 데 일정 부분 기여한 것으로 보인다.

그런데 에큐메니칼 신학의 이 세상에 대한 강조는 저 세상에 대한 약화로 이어지는 경향을 보인다. 즉 에큐메니칼 신학은 구원을 이 세상적인 차원에서 많이 바라보며, 이 세상에 이루어지는 하나님의 나라에 깊은 관심을 기울임으로 말미암아 하나님의 나라의 초월적이고 내세적인 측면에 대해서는 관심이 적은 편이다.[37] 이런 이유 때문에 에큐메니칼 선교는 이 세상에 많은 강조점을 두면서 마땅히 주어져야 할 저 세상에 대한 강조를 약화시키는 경향을 보인다. 즉 에큐메니칼 선교는 이 땅 위에 많은 관심이 치중되어 있고, 자연히 저 땅을 준비시키는 사역으로서의 기능은 다소 약화된 것이 사실이다.[38]

---

36) 김은수, 『현대선교의 주제와 흐름들』(서울: 대한기독교서회, 2001), 125.
37) 이동주, 『현대선교신학』(서울: CLC, 1998), 197.
38) 에큐메니칼 신학의 저 세상에 대한 관심 결여 경향은 해방신학과 마르크시즘과 연관

종교사회학적으로 볼 때 종교는 사후 세계에 주어지는 어떤 의미심장한 보상, 즉 예를 들면 천국을 마련해 주는 힘 등으로 인식된다.[39] 종교사회학적 관점에서 볼 때 사람들이 종교를 찾는 가장 절실한 이유 중의 하나는 죽음의 문제에 대한 길을 찾기 위한 것이라 할 수 있고, 이런 점에서 종교의 가장 중요한 역할 중의 하나는 죽음의 문제에 대한 해답을 주는 것이다. 이런 이유 때문에 대부분의 종교는 기본적으로 사후세계는 영원하고 이 땅에서의 삶은 잠시이며, 따라서 이 땅에서 자신의 욕심을 따라서 살지 말고 신의 뜻을 따라서 열심히 헌신하며 영원한 세계를 잘 준비하라는 가르침을 베푼다.[40]

이 세상에서의 헌신은 저 세상을 위한 것이므로 저 세상이 믿어지지 않거나, 저 세상보다 이 세상이 더 중요하다는 생각이 들면, 이 땅에서의 종교인들의 헌신, 충성, 봉사, 그리고 목숨을 바쳐 신앙을 전파하는 순교는 현저하게 약화될 수 있다. 즉 한 신앙인을 헌신하게 하고, 순교하게 하는 신앙 수준까지 이르도록 만들 수 있는 가장 강력한 동인 중의 하나는 바로 저 세상에 대한 확신이라고 할 수 있다. 이런 점에서 보면 이 세상에 깊은 관심을 보이는 에큐메니칼 선교 개념은 교인들의 헌신과 충

성이 있다고 할 수 있다. 마르크시즘은 유토피아를 이 땅 위에 인간 스스로의 힘으로 건설하려고하고, 이러한 마르크시즘의 영향을 받은 해방신학도 신국은 초자연적으로 도래하지 않고 대가를 지불하는 혁명을 통해서 이루어진다고 보며 이런 이유에서 피억압자의 폭력을 정당화하는 경향이 강하다. 그러나 하나님의 나라의 완성으로 나타나는 완전한 구원 그리고 그로 인해 인간의 결핍과 고난과 슬픔이 종식되는 기쁨은 이 땅 위에서 완성된다기 보다는 종말의 때에 오는 세상에서 완전하게 이루어진다. 김균진, 『종말론』(서울: 민음사, 1998), 111.

39) Frederick J. Streng, *Understanding Religious Man*, 정진홍 역, 『종교학 입문』(서울: 대한기독교서회, 1973), 67.
40) 사람들이 이 땅 위에서 물질을 드리고, 가난한 이웃을 구제하고, 신앙을 위하여 순교하는 것은 "사후 세계가 참된 세계이고 그 세계야 말로 영원히 살 세계"라는 믿음 때문에 가능해지는 것이라 할 수 있다. 안승오, 『성장하는 이슬람 약화되는 기독교』, 107-108.

성 그리고 복음 전도 실천을 이끌어내는데 비효율적일 수 있고 이것은 종국적으로 교회 자체를 약화시키는 것으로 이어질 가능성이 높아지게 된다는 점은 깊이 고려해야 할 문제가 아닌가 생각된다.

3) 공존 vs. 본질

에큐메니칼 선교에서 '에큐메니칼' 이란 용어는 '오이케오'(Oikeo, 살다 또는 거주하다) 혹은 '오이코스'(Oikos, 집) 등으로부터 유래되었기에 에큐메니칼 선교는 기본적으로 이 세계를 '인류가 함께 사는 집'으로 보면서 모든 만물의 공존에 깊은 관심을 갖는다. 이런 점에서 에큐메니칼 선교의 주된 관심 중의 하나는 확장보다는 공존에 있다는 것을 앞에서 이미 살펴보았다. 과연 오늘의 세계는 참으로 많은 인종, 종교, 계급, 관심 등으로 나뉘어져 있고 이런 요소들이 심각한 갈등과 분쟁 나아가서는 전쟁으로 이어지는 요인들이 되고 있다. 이런 세계 속에서 에큐메니칼 선교는 기독교만의 진리를 주장하고 강요함으로 말미암아 갈등과 불행을 야기하는 자세보다는 평화와 샬롬을 추구하면서 함께 공존할 수 있는 방안을 모색하는 데 많은 기여를 해왔다고 할 수 있다.

세계교회협의회는 '살아있는 신앙을 갖고 있는 사람들과의 대화'[41]라는 부서를 설치하고 타 종교들과의 대화를 시도하는 데 많은 힘을 기울여 왔다. 이런 시도들을 통하여 타 종교에 대한 이해를 넓히고, 갈등과 분쟁을 방지하고, 세계 평화와 샬롬을 이룩하는 데 범종교적인 협력을

---

41) WCC는 기획 제1부인 신앙과 직제 산하에 "살아있는 신앙을 갖고 있는 사람들과의 대화"라는 부서를 설치해놓고 종교 간 대화를 적극 추진하고 있다. WCC, *And So Set Up Signs: The World Council of Churches first 40 years*, 이형기 역, 『세계교회협의회 40년사』 (서울: 한국장로교출판사, 1993), 174.

추구하여 왔고, 이러한 노력들은 일정 정도 결실을 얻고 있는 것으로 평가된다.[42]

이상과 같이 오늘의 상황 속에서 공존이 중요한 과제이고, 에큐메니칼 선교가 공존에 깊은 관심을 갖고 일정 부분 기여한 점은 확실하다. 그러나 공존에 대한 강조는 동시에 기독교 본질의 약화로 이어질 가능성이 있다는 점도 함께 인식할 필요가 있어 보인다. 공존을 위해서는 타인의 주장에 기꺼이 귀를 열어야 하며, 그 속에 담긴 진리를 인정할 수 있는 자세가 요구된다. 상대를 참으로 인정하려면 서로를 동등하게 여기는 자세가 필요하다. 나의 것만이 진리라고 말하는 자세로는 공존을 추구할 수 없다. 그런데 기독교는 기본적으로 예수만이 구원의 유일한 길이며, 이것은 모든 인류에게 예외 없이 적용되는 진리라는 신앙을 핵심으로 지니고 있다. 따라서 공존과 기독교 진리에 대한 확신은 서로 반비례적 성격을 지니며, 공존을 강조하면 그만큼 예수만이 진리라는 확신은 약화되면서, 기독교의 정체성은 그만큼 약화될 수 있다.[43]

선교란 기본적으로 "한 종교가 구원의 길이라고 확신하는 신앙을 전파하는 활동"이라고 할 수 있다. 모든 종교는 나름대로 선교 활동을 하며, 이러한 선교 활동을 통하여 종교는 성장하고 영향력을 확장하는 것이다. 이런 점에서 선교는 종교의 본질이라고 할 수 있으며, 만약 한 종

---

42) 밴쿠버는 대화를 "궁극적 실재에 대해 다른 주장을 가지고 있는 사람들이 서로 만나 상호 존중하는 마음으로 그 주장들을 탐구할 수 있는 만남"으로 진술하고 있다. 그리고 이러한 대화를 통해서 이 세상 안에서 일하시는 하나님의 활동에 대하여 보다 많은 것을 얻을 수 있고 또한 타 종교인들의 궁극적 실재에 대한 통찰과 경험을 많이 이해하게 될 것이라고 기술한다. WCC, 『역대총회 종합보고서』, 430.
43) 이런 점에서 보쉬는 "그러나 모든 것이 동등하게 타당성을 가지는 경우에 참으로 어떤 것도 더 이상 중요하지 않다"라고 강조하였다. David J. Bosch, 『변화하고 있는 선교』, 716.

교가 자신의 확신을 전파하는 활동을 게을리한다면 그것은 곧 그 종교가 자체의 진리에 대한 확신이 약하다는 것을 반증하는 것이라 할 수 있다.[44] 기독교 역시 기독교만의 진리를 전파할 때 역사 속으로 사라지지 않고, 지속적으로 세상 속에서 선한 영향력을 미칠 수 있는데, 공존을 강조하는 것은 양날의 검과 같아서 타 종교와의 협력 등에는 도움이 될지 모르지만, 예수만을 통한 기독교의 구원 진리를 약화시키면서 기독교 본질의 약화와 선교의 약화로 이어지고 종국적으로 기독교 자체의 약화로 이어지게 될 수 있다는 점은 공존에 큰 관심을 두고 있는 에큐메니칼 선교가 심각하게 고민해야 할 점이 아닐까 생각된다.

『문명의 충돌』을 지은 사무엘 헌팅턴(Samuel Huntington)은 현재 약 30% 정도를 차지하는 기독교가 2025년까지 25%로 감소하는 반면, 현재 약 20%만을 차지하는 이슬람이 30%를 차지하게 될 것이라고 내다보았는데,[45] 이런 시점에서 우리는 기독교가 약화되는 문제를 심각하게 생각하지 않을 수 없을 것이다.

4) 포괄성 vs. 선명성

앞에서 살펴본 대로 에큐메니칼 선교의 주요한 특징 중의 하나는 포

---

44) 이런 점에서 보쉬는 "…기독교 신앙은 '이 땅의 모든 세대들을' 하나님의 구원 의지와 구원 계획의 대상들로 보거나, 신학의 용어로 말하면 그것이 예수 그리스도 안에서 시작된 '하나님의 통치'를 '모든 인류'를 위해 성취된 것으로 간주한다(cf. Oecumenishe inleidung, 1988:19). 기독교 신앙의 이 차원은 선택할 수 있는 부가물이 아니다: 기독교는 본질상 선교적인 신앙이다. 그렇지 못할 때 기독교는 자신의 존재이유(raison d'etre)를 부인하는 것과 같다"라고 주장한다. 위의 책, 34.

45) Samuel P. Huntington, *The Clash of Civilizations and Remaking of World Order*, 이희재 역, 『문명의 충돌』 (서울: 김영사, 1997), 82.

괄성이다. 즉 전통적인 선교가 복음화를 선교의 최종목표로 삼고 영혼 구원과 교회 개척에 주된 관심을 두었다면, 에큐메니칼 선교는 모든 인간을 인간답게 살도록 만드는 인간화와 사회 구원을 목표로 두면서 매우 폭넓은 과제를 수행하고자 한다. 에큐메니칼 선교의 이와 같은 포괄성은 여러 기여점을 지니는 것으로 보인다. 즉 에큐메니칼 선교의 포괄성으로 인해서 선교는 세상과 동떨어진 선교가 아니라 세상에 대해 보다 책임적인 선교를 수행하도록 도전을 받고 있다.

에큐메니칼 선교는 교회가 굶주린 자와 병든 자, 그리고 비인간성에 희생된 사람들에 무관심하면서 복음을 신실하게 전한다는 것이 불가능하다는 것을 일깨워주면서 교회가 사회의 그늘진 곳에 보다 더 많은 관심을 두도록 도전하였다. 또한 세계가 환경오염과 파괴를 겪고 있으며, 이런 상황에서 전 생태계의 구원을 이루어가시는 하나님의 선교에 동참하는 것이 선교의 중요한 과제임을 일깨워주었다.[46]

이상과 같은 기여점에도 불구하고, 에큐메니칼 선교의 포괄성은 상당한 한계점도 지닌 것으로 보이는데, 그것은 다름 아닌 선명성의 약화라고 할 수 있다.

모든 조직은 기본적으로 시간과 에너지가 제한되어 있으며, 이 제한된 시간과 에너지를 가지고 여러 가지를 동시에 포괄적으로 하면 힘이 분산되어 추진력이 약화되는 것이 자연스러운 이치이다.[47] 즉 에큐메니

---

[46] 김은수, "생태적 위기와 선교적 과제," 「한국기독교신학논총」, 30집(2003), 544-547.

[47] 이러한 원리와 연관하여 딘 켈리(Dean Kelly)는 진보적인 교회들이 퇴보하는 이유를 분석하면서, "사회를 섬기는 일을 해서가 아니라 교회만의 본질적인 일을 게을리 해서"라고 진단하였는데, 동감이 되는 분석이다. Dean M. Kelly, *Why Conservative Churches are Growing: A Study in Sociology of Religion with a new preface for the Rose edition* (Macon, Georgia: Mercer University Press, 1986), xx-xxi.

칼의 포괄성은 곧 자연스럽게 선명성과 추진력의 약화로 이어지는 모습을 보이면서, 전통적으로 강조점이 주어졌던 복음 선교 분야의 동력이 현저하게 약화되는 경향을 보인다.

이런 모습에 대하여 WCC의 회원 교회인 동방교회도 심각한 우려를 표명하였었고,[48] 에큐메니칼 신학의 대가로 알려진 이형기도 에큐메니칼 진영의 복음화 약화 현상을 지적한 바 있다. 그는 1948년 암스테르담 창립총회에 대한 평가에서 WCC가 교회의 역사와 사회 참여를 실천한 공로가 있지만, "그러나 WCC가 1910년 에딘버러의 WMC 이전의 복음주의적 선교열의로부터 점점 거리를 멀리하고 있는 것도 사실이다"[49]라고 평하였다.

또한 1954년 에반스톤에 대하여는 "에반스톤의 WCC 역시 교회의 사회 참여에는 지대한 발전을 보였으나, 19세기적 복음주의적 선교 열정을 상당히 상실하였다"[50]라고 평하였고, 1975년 나이로비에 대하여서도 "이런 의미에서 로져 바샴(Bassham)의 말대로 1975년의 나이로비 WCC는 '통전적 선교'(Holistic Mission)를 지향했다. 그러나 역시 19세기의 복음주의적 선교적 열의로부터 멀어져만 갔다"[51]라는 평가를 내어놓았다.

---

48) 동방교회는 WCC의 신학 성향에 대하여 "우리는 WCC의 많은 문서들에서 예수 그리스도께서 세상의 구세주라는 고백이 빠져 있음을 안타깝게 생각한다. 우리는 WCC가 다음과 같은 신학적 항목들에 대한 성경적 이해로부터 일탈하고 있음을 감지한다. a. 삼위일체 하나님, b. 구원, c. 복음 자체의 좋은 소식, d. 하나님의 형상 (the image and likeness of God) 으로 창조된 인간, e. 교회…"라고 표명하면서 WCC가 정통적인 신앙으로부터 멀어짐을 지적하였다. 이형기, "에큐메니즘의 역사적 고찰," WCC, 『세계교회협의회 40년사』, 291.

49) 위의 글, 231.

50) 위의 글, 233.

51) 위의 글, 235-236.

4. 요약 및 전망

지금까지 우리는 전통적인 선교에 대한 문제의식에서 출발한 에큐메니칼 선교 개념의 태동 배경, 주요 특징, 기여점 및 한계점 등을 살펴보았다. 에큐메니칼 선교 개념은 2차 세계대전 후 전통적 선교에 대한 반성, 세상을 긍정하는 하나님의 선교(Missio Dei) 개념, 인간다운 삶을 추구하는 해방신학 등을 배경으로 탄생되었다.

이러한 에큐메니칼 선교는 전통적인 선교 개념에 비하여 세상에 대하여 매우 긍정적인 견해를 지니면서 세상을 품는 경향, 주로 전도와 교회 개척에 집중된 전통적인 선교에 비하여 다양한 사역을 선교에 포함시키는 포괄적 경향, 그리고 확장보다는 공존에 더 무게를 두는 경향 등을 지니는 것으로 나타났다.

이상과 같은 특징을 지니는 에큐메니칼 선교는 전통적인 선교의 약점을 극복한다는 점에서 기여하는 바가 있지만, 동시에 전통적인 선교의 강점을 약화시키는 한계점도 지니는 것으로 평가된다. 즉 전통적인 선교의 약점이라 할 수 있는 세계에의 참여를 높이는 반면, 이것이 교회의 정체성을 약화시키는 한계를 지닌다. 또한 이 세상을 강조하는 반면, 종교의 중요한 차원인 저 세상 차원의 약화를 가져오며, 공존을 강조하다 기독교 본질의 약화를 가져오며, 포괄성을 추구하다가 선명성을 떨어뜨리는 한계를 노출하는 것으로 평가되었다. 에큐메니칼 선교는 이러한 한계점을 보완할 수 있는 방안을 추구할 때 바람직한 선교로 거듭날 수 있으리라 생각된다.

: 참고문헌 :

김균진. 『종말론』. 서울: 민음사, 1998.
김민수 외 편. 『국어대사전』. 서울: 금성출판사, 1991.
김성건. 『한국사회와 개신교』. 서울: 서원대학교출판부, 2005.
김영동. 『교회를 살리는 선교학』. 서울: 장로회신학대학교출판부, 2003.
김은수. 『현대선교의 주제와 흐름들』. 서울: 대한기독교서회, 2001.
_____. "생태적 위기와 선교적 과제."「한국기독교신학논총」. 30집 (2003).
남정우. 『선교란 무엇인가』. 서울: 쉐키나, 2010.
안승오, 박보경. 『현대 선교학 개론』. 서울: 대한기독교서회, 2008.
안승오. 『성장하는 이슬람 약화되는 기독교』. 서울: CLC, 2010.
이동주. 『현대 선교 신학』. 서울: CLC, 1998.
이종성 외 편. 『통전적 신학』. 서울: 장로회신학대학교출판부, 2004.
이형기. 『21세기를 향한 새로운 신학적 패러다임의 모색』. 서울: 장로회신학대학교출판부, 1997.
_____. "WCC에 나타난 교회와 사회문제." WCC. *The Section Reports of the WCC: from the first to the seventh*. 이형기 역. 『역대총회 종합보고서』. 서울: 한국장로교출판사, 1993.
_____. "에큐메니즘의 역사적 고찰." WCC, in And So Set Up Signs: The World Council of Chruches first 40 years. 이형기 역. 『세계교회협의회 40년사』. 서울: 한국장로교출판사, 1993.
_____. "생명과 신학-에큐메니칼 운동과 WCC에 나타난 창조신학

(Theology of Creation)의 기원과 역사." 「교회와 신학」. 제 29집 (1997년).

유진열. 『21세기 현대신학』. 서울: 대한기독교서회, 2010.

전호진. 『선교학』. 서울: 개혁주의신행협회, 1987.

한국일. 『세계를 품는 선교』. 서울: 장로회신학대학교출판부, 2004.

Bassham, Rodger C. *Mission Theology: 1948-1975 Years of Worldwide Creative Tension Ecumenical, Evangelical, and Roman Catholic*. Eugene: Wipf and Stock Publishers, 2002.

Bosch, David J. *Transforming Mission: Paradigm Shifts in Theology of Mission*. 김병길, 장훈태 역. 『변화하고 있는 선교』. 서울: CLC, 2000.

Dorr, Donal. *Mission in Today's World*. Maryknoll: Orbis Books, 2000.

Gutierrez, Gustavo. *A Theology of Liberation*. Maryknoll: Orbis Books, 1973.

Hartenstein, Karl. "Theologische Besinnung." Walter Freytag. ed. *Mission zwishen Gestern und Morgen*. Stuttgart: Evang. Missionsverlag, 1952.

_____. "Krisis der Mission?" *Die Furche Vol. 17*(1931).

Huntington, Samuel P. *The Clash of Civilizations and Remaking of World Order*. 이희재 역. 『문명의 충돌』. 서울: 김영사, 1997.

Kelly, Dean M. *Why Conservative Chruches are Growing: A Study in Sociology of Religion with a new preface for the Rose edition*. Macon, Georgia: Mercer University Press, 1986.

Moltmann, Jurgen. *The Crucified God*. New York: Harper & Row,

1974.

Pachuau, Lalsangkima. *Ecumenical Missiology*. Bangalore, India: The United Theological College, 2002.

Streng, Frederick J. *Understanding Religious Man*. 정진홍 역.『종교학 입문』. 서울: 대한기독교서회, 1973.

Van Engen, Charles. *Mission on the Way*. 박영환 역.『미래의 선교신학』. 서울: 바울, 2004.

Wagner, William. *How Islam Plans to Change the World*. 노승헌 역.『이슬람의 세계 변화 전략』. 서울: Apostolos Press, 2007.

WCC. *Evanston Report*. New York: Harper & Brothers, 1955.

─────. *The Church for Others: Two Reports on the Missionary Structure of the Congregation*. Geneva: WCC, 1968.

─────. *The church for others and the church for the world*. 박근원 역.『세계를 위한 교회』. 서울: 대한기독교출판사, 1979.

─────. *The Section Reports of the WCC: from the first to the seventh*. 이형기 역.『역대총회 종합보고서』. 서울: 한국장로교출판사, 1993.

─────. *And So Set Up Signs: The World Council of Chruches first 40 years*. 이형기 역.『세계교회협의회 40년사』. 서울: 한국장로교출판사, 1993.

─────. "1968년 웁살라 WCC 총회보고서: 선교 갱신." in 조동진.『세계선교트렌드 1900-2000(하)』. 서울: 아시아 선교연구소, 2007.

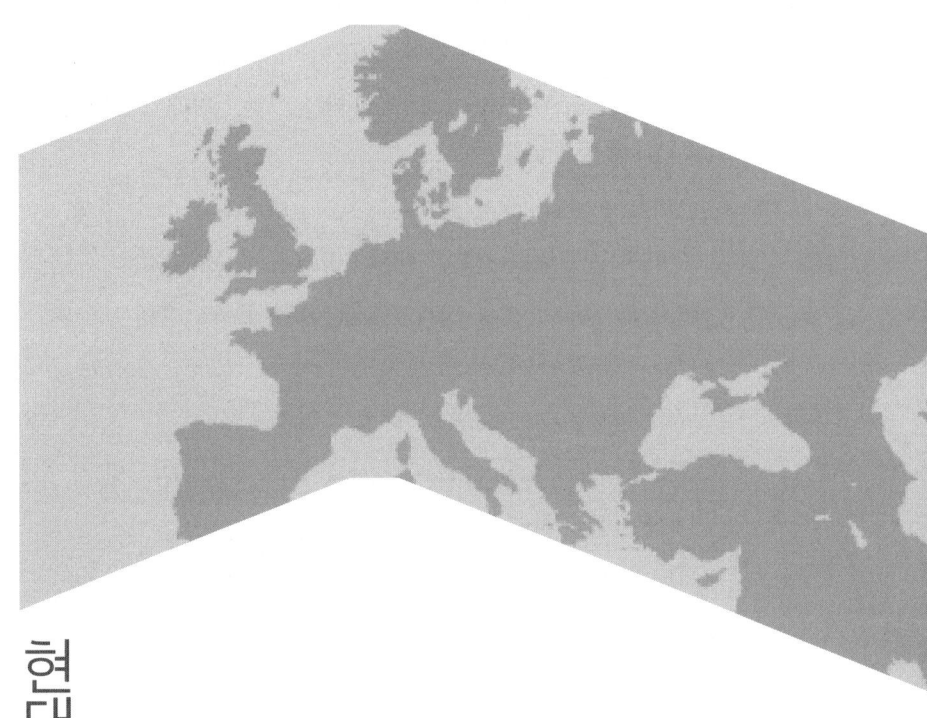

현대선교의 **프레임**

CHAPTER 2

선교의 목표
GOAL OF MISSION

모든 일을 수행함에 있어서 목표의 역할은 참으로 중요하다. 목표가 정확하게 잘 설정될 때 일의 성공 가능성이 높아진다. 목표가 분명하게 설정되면 그 목표를 달성하기 위해서 해야 할 일과 하지 말아야 할 일 또는 우선적인 일과 차선적인 일 등을 구분할 수 있다. 기독교의 선교는 전 세계의 모든 교회가 참여하는 매우 광범위한 사역이므로 목표가 분명해야 그 일의 효율성을 높일 수 있다. 하지만 2차 세계대전 이후 기독교의 선교 목표는 너무 광범위하게 되면서 초점이 흐려진 측면이 없지 않다. 위기에 빠진 기독교가 추구해야 할 바람직한 선교의 목표는 어떤 것이어야 할지 함께 살펴보자.

선교의 목표

　어떤 일을 수행함에 있어서 목표의 역할은 참으로 중요한 위치를 차지한다. 목표가 정확하게 잘 설정될 때 일의 성공 가능성이 높아진다. 목표가 분명하게 설정되면 그 목표를 달성하기 위해서 해야 할 일과 하지 말아야 할 일 또는 우선적인 일과 차선적인 일 등을 구분할 수 있다. 또 목표가 지속성을 지닐 때 일정하게 그 목표를 향해 매진할 수 있게 된다. 만약 목표가 불분명하든지 계속 바뀐다면 일을 추진하는 에너지는 낭비된다. 아울러 목표가 분명해야 그 일을 시행한 후 평가를 제대로 할 수 있다. 목표 자체가 분명하지 않으면 기준이 없기에 평가도 불가능해지는 것이다.[1] 선교 역시 종교의 확장과 연관된 중요한 하나의 활동이므로 선교를 수행함에 있어서 목표는 중요한 기능을 감당하는 것이다.

　기독교는 2천여 년 전 갈릴리 한 구석에서 아주 적은 인원으로 시작되

---

1) 남정우, 『선교란 무엇인가』 (서울: 쉐키나, 2010), 25.

었고 꾸준한 선교를 통하여 오늘의 규모로 성장해 왔다. 오늘과 같은 모습으로 성장하게 되기까지 기독교는 일정한 목표 아래 선교를 수행해왔고, 적어도 1950년대까지는 선교의 목표가 무엇인지에 대한 이견이 별로 없었다.[2]

그러나 1950년대 이후로부터 기독교에는 선교의 목표에 대한 다양한 견해들이 출현하기 시작하였고 오늘까지도 기독교는 선교의 목표가 무엇인지를 두고 상당한 논쟁을 거듭해오고 있다. 때로 어느 정도 의견의 일치를 보는 것 같은 느낌을 주기도 하지만 여전히 선교의 목표에 대하여는 상당한 이견이 존재하고 있는 실정이다.

이런 상황에서 본 장은 전통적인 선교 목표와 달리 1950년대 이후 새로운 선교 목표를 제시하여 온 에큐메니칼 진영의 선교 목표를 분석하면서, 바람직한 선교의 목표는 어떤 것이어야 하는지를 살펴보고자 한다. 이를 위해 에큐메니칼 진영에서 제시하는 주된 목표들이 어떤 것들인지를 먼저 살펴보고, 그 목표들 속에 나타나는 주된 특징들을 보면서 에큐메니칼 진영의 선교 목표들이 지니는 주된 경향들을 살펴보고자 한다. 그 다음 에큐메니칼 선교 목표들이 지니고 있는 기여점과 한계점 등을 분석해보고자 한다. 이러한 작업들은 오늘날 위기에 빠진 기독교가 추구해야 할 선교의 목표가 어떤 방향으로 정립되어야 할지에 대한 기본적인 토대를 마련하는 데 일정 부분 기여할 수 있으리라 생각된다.

---

[2] 김동선, 『하나님의 선교: 그 신학과 실천』(서울: 한국장로교출판사, 2003), 44. 김동선은 "1910년 에딘버러 대회에서는 '세계 복음화'를 그 이상으로 천명했으며, 세계 상황의 변화와 더불어 교회의 사회적 책임이 광범위하게 논의되기는 하였지만, 1948년 세계교회협의회가 태동될 때까지만 해도 전도는 선교의 중심과제였다"라고 언급하고 있다.

1. 에큐메니칼 선교의 주된 목표들

1) 인간화

전통적인 선교의 목표는 매우 단순했다. 그러나 에큐메니칼 선교의 목표는 상당히 포괄적이어서 그것을 몇 가지로 간추리는 것은 다소 단순화의 위험성을 안고 있지만, 본 연구에서는 크게 세 가지로 구분해보고자 한다. 먼저 에큐메니칼 선교 개념에서 전통적인 선교 목표와 대조적으로 가장 먼저 출현한 선교의 목표는 '인간화'라고 할 수 있는데, 유럽 대륙에서는 이것을 샬롬(Shalom)으로 표현하였다.[3]

이 개념은 1968년에 열린 제4차 WCC 총회인 웁살라 총회 때 등장하였는데, 웁살라 총회 제2분과 위원회는 "선교의 갱신"(Renewal in Mission)을 주제로 다루면서 "인간화"(humanization)를 선교의 목표로 삼고 "우리는 인간화를 선교의 목표로 설정했다. 왜냐하면 우리의 역사 시대에는 무엇보다도 선교란 메시아적 목표의 의미를 전달하는 것이라고 믿기 때문이다"[4]라고 하였다.

웁살라 총회가 이처럼 '인간화'를 선교의 목표로 삼게 된 몇 가지 배경이 있었다.

첫째, 당시 사회 분위기가 인권에 대한 관심이 높아진 시기였다. 특별히 케네디 형제와 킹 목사가 암살되고, 모처럼 맞이한 체코슬로바키아

---

3) Roger Bassham, *Mission Theology: 1948-1975 Years of Worldwide Creative Tension Ecumenical, Evangelical, and Roman Catholic* (Eugene: Wipf and Stock Publishers, 2002), 68.

4) WCC, *Drafts for Sections Prepared for the Fourth Assembly of the World Council of Churches* (Uppsala, Sweden: WCC, 1968), 34.

프라하의 봄마저도 소련군의 탱크에 의해 무참히 짓밟히면서 인권에 대한 열망이 강해졌다. 이런 상황 속에서 인간성이 여러 가지 파괴적인 힘, 즉 인종차별, 각종 착취, 인종폭력, 인종소외, 전쟁 등에 의해 위협을 받고 있는 것을 깊이 있게 자각하면서 세계교회협의회도 강력한 사회 정의와 인간성 회복의 필요성을 절실하게 느끼게 되었다.[5]

둘째, 레온하르트 라가즈와 월터 라우센부쉬(Leonhard Ragaz & Walter Rauschenbusch) 등이 내세운 '사회 복음의 신학'('인간다움'이 차고 넘치는 사회를 건설해야 할 기독교인의 책임 강조) 또는 프리드리히 고가르텐(Friedrich Gogarten)의 '세속화의 신학'(구체적인 현실 즉 세속일에 적극 뛰어들어야 할 기독교인의 책임 강조), 그리고 구티에레즈(Gutierez) 등이 강조한 '해방신학' 등이 대두되면서, 하나님을 대신하여 이 세계에 참된 인간다움을 실현하는 것이 곧 선교적 책임이라는 생각이 큰 호응을 얻었다.[6]

이와 같은 배경하에서 웁살라는 비인간화의 문제를 해결하기 위해 물질적 빈곤을 해결하는 것이 영적 빈곤 못지않게 더 중요함을 강조하였고, 선교의 수직적인 차원(복음화) 보다는 수평적인 차원(인간화)에 더 무게를 두는 경향을 보이게 되었다.[7]

---

5) 김은수, 『현대선교의 흐름과 주제』(서울: 대한기독교서회, 2001), 225.

6) Gerhard Breidenstein. *Humanization*, 박종화 역, 『인간화』(서울: 대한기독교서회, 1988), 20-37. 이 외에도 '사회 변혁의 신학' (Harvey Cox, 하나님의 나라의 현재와 완성 사이의 다리를 놓아 갈라진 틈바구니를 메우는 것이 우리의 책임이다), '혁명의 신학' (Richard Shaull, 오늘의 시대가 제일 먼저 치루어야 할 과제는 곧 사회 혁명이다), '희망의 신학' (Jurgen Moltmann, 희망은 신앙의 중심이다. 그런데 우리가 가져야 할 희망은 세상을 등지는 도피적인 희망이 아니라 세상에 참여하여 개혁하고 변혁해야 할 행동적이며 적극적인 희망이다) 등의 신학이 인간화 개념에 직간접적으로 영향을 미쳤을 것으로 본다.

7) 김은수, 『현대선교의 흐름과 주제』, 230-233.

2) JPIC(정의, 평화, 창조질서 보존)

에큐메니칼 선교의 또 다른 중요한 목표는 JPIC(정의, 평화, 창조질서 보존)이라고 할 수 있다. 즉 에큐메니칼 진영은 이 세상에 정의와 평화를 이루고 창조질서를 잘 보존하는 것을 선교의 주된 목표로 삼는다. 이 주제는 상당한 시간을 거쳐오면서 발전되어왔다. 1960년대에는 주로 정의와 평화에 주된 관심을 두면서 폭력과 억압 그리고 차별을 없애고 이사야가 꿈꿨던 참된 평화와 정의가 실현되는 인류사회(사 11:6-9)를 이루는데 주된 관심이 있었다.[8] 그러다가 1970년대에 들어와서는 창조 세계에 대한 관심을 깊이 갖게 되었는데, 1975년 나이로비회의에서 JPSS(A Just, Participatory, Sustainable Society)가 등장하였고, 1983년 밴쿠버 회의에서 JPIC(Justice, Peace, Integrity of Creation)[9]가 대두되면서 창조질서 보존이 주된 관심이 되었다.[10] 각각의 주제를 좀 더 자세히 살펴보자.

첫째, 정의의 문제인데 특별히 경제적 정의 문제가 심각한 상황에서 정의를 세우는 것이 선교의 한 목표가 되었다. 오늘날 가난한 이들은 부자들을 위한 자본의 부가가치로 첨부되면서[11] 빈부의 격차는 갈수록 심화되어 가고 있다. 이와 같은 불의의 현실은 또한 국가 간에서도 발생하

---

8) 강영옥, "세계교회협의회 흐름," 「세계의 신학」 제 4호 (1989), 135-136.
9) 1983년 밴쿠버 총회에서는 현실의 문제를 세 가지 측면 즉 세계의 무기경쟁, 경제적 지배와 착취, 생태계의 위기로 규정하면서 정의, 평화, 창조질서 보존(Justice, Peace and the Integrity of Creation)이라는 지침을 선정하게 되었고, 뒤이어 1984년 중앙협의회(Central Committee Meeting)에서 정의, 평화, 창조질서 보존을 위한 연계 프로그램의 제시를 통해 창조질서 보존에 대한 관심을 구체화하기 시작했다.
10) 이형기, "생명과 신학-에큐메니칼 운동과 WCC에 나타난 창조신학(Theology of Creation)의 기원과 역사," 「교회와 신학」 제 29집(1997년), 8.
11) 채수일, 『21세기 도전과 선교』(서울: 대한기독교서회, 1998), 169.

게 되는데, 제3세계 국가들은 엄청난 외채위기에 빠져있고, 불어나는 이자로 인해 국가경제는 갈수록 심각한 지경에 빠져가고 있다. 이런 상황 속에서 협의회는 경제적 불의의 문제를 심각한 수준으로 진단하면서[12] 교회가 불평등 해소에 앞장설 것을 강조하였다.

둘째, 평화의 문제이다. 오늘날 인류는 심각하게 평화를 위협받고 있다. 협의회는 이러한 문제를 심각하게 인지하면서,[13] 평화의 문제를 선교의 중요한 과제로 여긴다. 밴쿠버는 평화에 대하여 "참 평화란 전쟁이 없는 상태 이상의 무엇이다. 이 평화는 사랑과 인정과 정의가 회복된 관계이다"[14]라고 말한다. 그리고 교회가 평화에 참여해야 하는 이유를 성자의 사역과 연관하여, "세상의 생명이신 그리스도는 우리의 평화이시다(엡 2:14)…우리의 소망은 십자가에 달리셨다. 부활하신 예수 그리스도, 즉 죄와 죽음의 세력을 승리하사 결코 불의와 전쟁의 궁극적 승리를 허락하지 않으시는 예수 그리스도에 근거한다"[15]라고 강조하였다.

셋째, 창조질서 보존의 문제이다. 창조질서가 무너지는 것은 창조 세계 속에 살아가는 모든 피조물들의 불행으로 이어진다. 인간 역시 창조 세계 속에 살아가는 존재이므로 창조 세계 파괴는 곧 인간의 불행을 가져오게 되는 것이다. 협의회는 창조 세계 파괴의 원인을 진단하면서, "오

---

12) WCC, "화해의 사역인 선교," in WCC, *You Are the Light of the World*, 김동선 역, 『통전적 선교를 위한 신학과 실천』 (서울: 대한기독교서회, 2005), 153-154.
13) 협의회의 선교를 보여주는 문서 중 하나인 "화해의 사역인 선교"는 "그러나 또 다른 한편으로 우리는 많은 상처와 불만을 유산으로 남긴 문화, 종교, 경제적 이익, 남성과 여성의 충돌을 경험한다. 오늘날 세계화가 남긴 고조된 적대감과 힘의 불균형은 2001년 9월 11일에 자행된 폭력주의자들의 행동과 이후 전개된 '테러와의 전쟁'(war on terror)에서 확인되었다"라고 말하면서 오늘날 평화의 심각성을 진단하고 있다. 위의 글, 153.
14) David Gill, ed., *Gathered for Life, Vancouver 1983* (Geneva: WCC, 1983), 72-73.
15) Ibid.

늘날 우리가 직면한 엄청난 생태학적 위기는 생명과 창조질서를 보존하려는 마음이 결여된 결과라 할 수 있다"[16]고 지적한다. 그런데 창조 세계는 하나님이 친히 만드시고 완성해 가시는 세계이므로 하나님의 자녀들은 당연히 그 세계를 잘 보존하고 완성해 나가는 일에 적극적으로 참여해야 한다는 점에서 협의회는 창조질서 보존을 선교의 한 과제로 삼고 있는 것이다.

3) 화해와 일치

에큐메니칼 신학에서 '에큐메니칼'이란 용어는 헬라어의 oikeo(거주하다) 혹은 oikos(집) 등으로 번역될 수 있는 '오이쿠메네'라는 단어에 그 어원을 두고 있으며, '교회 일치' 혹은 '교회 연합'이라는 의미를 지닌다.

에큐메니칼의 어원에서도 볼 수 있듯이 에큐메니칼 운동은 기본적으로 전 세계를 하나의 집으로 보고 그 가운데 사는 모든 우주 만물을 하나님의 사랑 안에 사는 하나의 공동체로 본다. 따라서 에큐메니칼 신학은 모든 피조물들의 하나 됨과 화해에 깊은 관심을 지닌다.

에큐메니칼 운동이 처음 시작될 때 각개 전투의 선교가 아니라 모두 하나로 힘을 모아서 선교를 수행할 것을 강조하면서 교회의 연합을 강조하였다.[17] 나아가서 교회들뿐 아니라 모든 인류가 하나의 공동체가 되어 화해와 일치를 이루는 것을 에큐메니칼 운동은 매우 중요한 가치로

---

16) WCC, "화해의 사역인 선교," in WCC, 『통전적 선교를 위한 신학과 실천』, 180-181.
17) WCC는 선교에 있어서 일치의 배경을 "교회 분열과 교파 경쟁의 추한 모습이 복음의 내용을 크게 훼손시켰음을 인식한 선교사들은 일치를 통한 증언의 방법과 형태를 추구한 첫 번째 사람들이었다"라고 설명한다. WCC, "일치를 통한 오늘날의 선교와 전도," in WCC, 『통전적 선교를 위한 신학과 실천』, 111.

삼고 있다.[18] 협의회는 화해와 일치가 필요한 상황을 각각 다음과 같이 설명한다.

> …우리는 정체를 알 수 없는 종교의 보급, 폭력의 정당화, 종교전파의 호전적인 방법 등 여러 내외적 요인에 의해 유래된 서로 다른 종교 사이의 긴장이 점점 고조되고 있음도 경험한다. 이러한 경향은 우리로 하여금 선교의 화해적 영성을 추구해야 할 긴박한 필요성을 더욱 인식하게 만든다.[19] …후기현대주의의 대중문화는 개인이나 국가의 정체성을 위협하면서 사회의 단편화를 촉진시키는 결과를 가져온다. 세계화의 결과로 많은 사람들이 가족과 지역적 기반을 상실화고, 원치 않는 곳으로 이주하고 있으며, 소외의 현실은 광범위하게 확산되었다. 많은 사람들은 주위 사람들과의 관계를 갈망하고 있으며, 가족과 공동체의 필요성을 느끼고 있다.[20]

이런 상황을 인식하면서 에큐메니칼 선교는 예수 그리스도 안에서 한 가족 된 인류를 분열시키고 위협하는 긴장과 증오를 불식시키는 일에 관심을 갖는다. 참된 복음은 인류를 하나로 만드는 일을 방해하는 모든 방해물과 타협하지 않고 참된 공동체를 추구하는 일을 목적으로 삼아야 한다고 본다.[21]

---

18) 김은수, 『현대선교의 흐름과 주제』, 27-28.
19) WCC, "화해의 사역인 선교," in WCC, 『통전적 선교를 위한 신학과 실천』, 154.
20) WCC, "일치를 통한 오늘날의 선교와 전도," in WCC, 『통전적 선교를 위한 신학과 실천』, 111.
21) WCC, "제 5차 총회: 케냐 나이로비,"(1979), in WCC, *The Section Reports of the WCC*, 이형기 역, 『역대총회 종합보고서』(서울: 한국장로교출판사, 1993), 352. 이와 같은 공

2. 에큐메니칼 선교 목표의 특징들

1) 광범위한 포괄성

전통적인 선교에서 선교의 목표는 비교적 단순하였다. 그것은 주로 복음을 전하여 사람들을 구원하고 이들을 위한 교회를 세우는 일에 초점이 맞추어져 있었다. 물론 이러한 목표를 추진해가는 과정에서 병원, 학교, 고아원, 각종 사회 복지 시설 및 문화 시설 등을 세우는 등의 활동을 하였지만 이러한 사역들은 어디까지나 목표를 수행하는 과정에서의 방법에 해당되는 사항들이었다. 즉 선교 과정에서 실행되는 다양한 봉사 사역과 문화 사역 등은 어디까지나 목표가 아니라 방법으로 이해되었다.

에큐메니칼 선교 역시 20세기 중반까지 선교의 분명한 목표는 복음 전도에 있었다. 에큐메니칼 선교신학의 기원으로 생각되는 1910년 에딘버러 대회가 열릴 때의 주제는 '이 세대 안의 세계 복음화'였고, 1948년에 세계교회협의회가 탄생할 때까지도 선교의 중심과제는 전도였다.[22] 에큐메니칼 운동이 추구한 '일치와 협력'은 어디까지나 세계 복음화를 위한 효과적인 방법이었지 목표는 아니었다.

동체 추구의 한 방안으로 세계교회협의회는 종교 간 대화를 강조하면서, "기독교인들은 예수 그리스도 안에서 자신들에게 계시된 하나님을 자신들의 확신에 따라 유일하게 참된 길이요, 방법으로서 고백하지만, 타 종교들 안에 있는 진리의 요소들을 거부하지 않는다. 이 때문에 기독교인들은 타 종교인들을 존경하고 대화를 위해서 개방하는 태도를 갖는다"라는 주장을 한다. WCC, The Section Reports of the WCC, *Confessing the One Faith*, 이형기 역, 『세계교회가 고백해야 할 하나의 신앙고백』(서울: 한국장로교출판사, 1996), 47.

22) 김동선, 『하나님의 선교: 그 신학과 실천』(서울: 한국장로교출판사, 2003), 44.

그러나 두 번에 걸친 세계대전의 주범들이 모두 기독교 국가들이고, 그러한 국가들이 하나님의 이름을 내걸고 온 세계를 전쟁의 포화로 몰아넣은 사실을 보면서, 기독교가 세계에 참된 평화를 주기보다는 오히려 갈등과 분쟁 그리고 미움과 전쟁을 부추기는 역할을 하였다는 생각으로 인해 기독교 선교의 방향을 수정해야 할 필요성이 대두되었다. 즉 에큐메니칼 진영은 전통적인 선교가 지나치게 전도와 교회 개척에 우선 순위를 두면서 기독교의 확장만을 추구한 선교였다는 것을 인식하고 선교를 섬김과 대화와 공존의 방식으로 추구해야 한다는 것을 느끼게 되었다.[23]

이와 같은 인식 속에서 전통적인 선교의 목표인 복음화에 대하여 회의적인 인식이 확산되면서 이제 선교의 목표는 복음화가 아니라 세상을 참으로 평화롭고 행복한 곳으로 만드는 것이 되어야 한다는 사고로 점진적으로 바뀌게 되었다. 이로써 선교의 목표는 복음화를 추구하는 단일한 목표에서 세상에 샬롬을 가져다 줄 수 있는 모든 것으로 바뀌게 되었다.[24]

따라서 선교의 목표는 매우 포괄적이고 광범위한 목표들로 변화되었다. 그리하여 앞에서 다룬 '인간화', 'JPIC', '화해와 일치'를 비롯하여 보건 및 사회 복지 사업, 청소년 및 여성을 위한 사업, 정치적 단체 활동, 경제 및 사회 발전을 위한 사업, 폭력에 대한 건설적 대응 문제, 인종차

---

23) 김영동, 『교회를 살리는 선교학』 (서울: 장로회신학대학교출판부, 2003), 259-260.
24) 이런 점에서 보쉬는 에큐메니칼 선교의 포괄성을 말하면서, "웁살라에서는 모든 것이 다 선교라는 이해를 주장했다. 건강과 사회봉사, 청소년을 위한 활동, 정치적 관심을 가지고 모인 집단과의 관계 안에서의 일, 폭력을 건설적으로 사용하는 것, 그리고 인권 옹호 등이 다 선교 라는 것이다"라고 평가했다. David J. Bosch, *Witness to the World*, 전재옥 역, 『선교신학』 (서울: 두란노, 1992), 224-225.

별에 대한 투쟁 등의 다양한 과제가 선교의 목표로 포함되게 되었고, 이와 같이 다양한 주제들이 선교의 목표에 포함되면서 에큐메니칼 선교의 목표는 매우 포괄적인 범위를 지니게 되었다.

2) 세계의 변혁 추구

전통적인 선교의 목표는 기본적으로 개인 영혼 구원이었다. 개인을 구원하고 변화시키는 것이 주된 목적이었다. 세계의 변화는 개인들이 구원받고 변화되는 것의 결과로 주어지는 것으로 생각했다. 그런 점에서 선교의 우선적인 목표는 개인의 구원이고 세계의 변화는 부차적인 관심이었다. 그러나 에큐메니칼 선교의 목표는 점차적으로 개인의 변화에서 세계의 변화에 주된 관심을 갖게 되었다고 할 수 있다. 에큐메니칼 선교가 세계의 변화에 주된 관심을 두게 된 데 몇 가지 배경이 있었다.

첫째, 에큐메니칼 선교는 그 용어 자체가 말하듯이 온 세계를 '하나님의 집'으로 보면서 태동 때부터 이 세계에 깊은 관심을 갖고 있었다. 그러다가 1952년에 슈투트가르트 교구의 감독이었던 칼 하르텐슈타인(Karl Hartenstein)에 의하여 'Missio Dei'(하나님의 선교)라는 개념이 탄생되면서부터 에큐메니칼의 세계에 대한 관심은 더욱 커졌다.[25] 그 후로부터 에큐메니칼 선교는 단순히 사람들을 구원시켜 교회로 데려오는 것으

---

[25] 하르텐슈타인은 말하기를, "선교란 단순히 개인의 회심이나 주님의 말씀을 향해 복종하는 것만을 뜻하지 않는다. 그것은 또한 공동체의 회집에 대한 의무만을 뜻하는 것이 아니라, 선교란 구원받은 전 피조물 위에 그리스도의 주권을 세우려는 포괄적인 목표를 가지고 '아들의 보내심'(an der Sendung des Sohnes), 즉 하나님의 선교(Missio Dei)에 참여하는 것이다"라고 하였다. Karl Hartenstein, "Theologische Besinnung," Walter Freytag ed., *Mission zwishen Gestern und Morgen* (Stuttgart: Evang. Missionsverlag, 1952), 54.

로 만족하기 보다는 이 세계 자체를 변화시키는 것에 더 많은 관심을 두게 되었다. 즉 하나님의 주된 관심이 교회 안에 있는 것이 아니라 오히려 세상에 더 많이 있다고 인식했기 때문에, 교회가 아니라 세상을 사람 살 만한 곳으로 만드는 것이 선교의 목표가 되어야 한다고 생각하게 되었다.[26]

둘째, 에큐메니칼 선교가 세상의 변화에 관심을 갖게 된 데는 마르크시즘과 그것의 영향으로 탄생된 해방신학의 영향이 또한 큰 역할을 하였다고 할 수 있다. 마르크시즘은 인류 불행의 가장 큰 원인 중 하나가 자본가와 노동자 사이의 물질적 불평등이며, 이런 불평등을 해결하기 위해서는 노동자들이 단결하여 자본가들을 타도하고 모든 물질을 공평하게 소유하여야 한다고 보았다.[27] 인류의 행복을 위한 개인의 노력이나 변화보다 빈부 격차를 낳는 구조악의 해결이 더 근원적이고 확실한 해결책이라고 보았다. 해방신학도 세계를 '지배와 종속'(domination and dependence)의 대결구도로 보면서 문제의 해결은 점진적인 개선이 아니라 구조악 즉, 불의(injustice)의 근원적인 뿌리 자체를 제거해야 한다고 생각하였다.[28]

즉, 이 세계는 구조 자체가 근본적인 악을 품고 있고 이것이 비인간화의 원인이 되고 있으므로 이 세계를 제대로 변혁시키는 길은 복음을 전하

---

26) WCC, *The Church for Others: Two Reports on the Missionary Structure of the Congregation* (Geneva: WCC, 1968), 16-17. 참조.

27) 이런 점에서 공산당 선언(Communist Manifesto)은 "지금까지 존재해오고 있는 모든 사회의 역사는 계급투쟁의 역사이다"라고 선언하였다. Wayne Stumme, *Christians and the Many Faces of Marxism*, 김의훈 역, 『맑스주의에 대한 기독교적 관심』 (서울: 나눔사, 1988), 81-82.

28) David J. Bosch, *Transforming Mission: Paradigm Shifts in Theology of Mission*, 김병길 장훈태 역, 『변화하고 있는 선교』 (서울: CLC, 2000), 641-642.

여 개인을 바꾸는 정도로는 불충분하고 잘못된 사회 구조를 완전히 부수고 다른 사회구조를 세우는 노력이 필요함을 인식하였다.

이와 같은 영향 속에서 세계교회협의회는 웁살라 대회 때부터 마르크시즘 등의 사회학적 통찰을 적극적으로 수용하였고 구조악의 척결과 이를 위해 필요하다면 적절한 폭력도 정당화하면서 세계의 변혁에 깊은 관심을 나타내었다.[29] 이로써 에큐메니칼 선교의 목표는 개인을 바꾸어 세계를 변화시키고자 하는 전통적인 목표와 달리 세계 자체를 바꾸는 일에 더 많은 관심을 보이는 경향을 나타내게 되었다. 특별히 그 변화는 점진적이기 보다는 급진적인 면이 있기 때문에 보쉬는 "…많은 사람들에게 '봉사적'이라는 의미는 점점 '혁명적'이라는 단어와 동시에 되었다"[30]라고 말하였다.

3) 목표의 변동성

일반적인 의미에서 볼 때 선교는 진리의 전파를 통한 종교의 확장 활동이며, 전통적인 선교는 이러한 의미에 충실하게 선교의 목표를 복음 전파를 통한 기독교의 확장을 그 목표로 삼아왔다. 물론 복음화를 위한 방법의 문제에 있어서는 매우 신축적인 다양한 전략을 추구해왔지만 목

---

29) 이형기, "WCC에 나타난 교회와 사회문제," in WCC, 『역대총회 종합보고서』, 567. 웁살라에 이어 1975년에 열린 나이로비 대회 역시 교회의 해방적 기능을 강조하면서, 해방자 예수를 부각하였고, 눌린 자에게 자유를, 가난한 자에게 먹을 것을 주는 일을 선교로 정의했다. 또 교회가 가난한 자와 무력한 자들이 그들의 착취된 상황을 깨닫도록 의식화(Conscientization)하는 작업을 하도록 하였다. 이와 같은 상황 속에서 오래 전에 기독교가 포기한 마르크시즘의 용어가 등장하고 마르크시즘의 역사 분석이 공적으로 수용되는 분위기가 나타났다. 전호진, 『한국교회와 선교 I』(서울: 엠마오, 1985), 150.

30) David J. Bosch, 『선교신학』, 225.

표만큼은 고정적으로 변하지 않았다.[31] 그러나 기독교의 확장이 제국주의적이고 이기적이며 자본주의적인 자기 세력 확장이라는 반성 가운데서 기독교는 '세계 복음화'와 함께 이 세계의 불행이라고 생각되는 문제들을 해결하는 일을 선교의 목표로 삼게 되었다.

앞에서 우리는 에큐메니칼 선교의 주된 목표들을 인간화, JPIC, 일치와 화해로 나누어 살펴보았지만, 이 외에도 불행을 가져오는 원인들에 따라서 에큐메니칼 선교 목표는 계속 변화된다. 그것은 에큐메니칼 선교가 이 세계를 불행하게 만드는 모든 것에 대항하여 투쟁하고 해결하고자 하는 일에 관심을 갖고 있기 때문이다.

보쉬는 벌코프(Berkhof)의 말을 인용하면서 "…1950년대의 세계에 대한 사도적 헌신이 그 이후로 세계에 대한 봉사적 헌신으로 바뀌었다고 했는데, 그는 바른 말을 해준 것이다"[32]라고 언급했다. 즉 에큐메니칼 선교는 처음 시작할 때 사도적 헌신 즉 복음을 전하는 일에 매진하였는데, 1950년 이후로 세계에 대한 봉사로 그 초점이 바뀌었다는 것이다.

사도적 헌신의 경우는 세상이 어떻게 바뀌든 복음 전도의 목표는 변함이 없지만, 세계에 대한 봉사는 세상의 필요가 바뀌므로 지속적으로 목표가 변경되는 것이다.

안승오와 박보경은 에큐메니칼 신학의 관심 주제의 변화를 4가지 패러다임 즉 1) 선교를 위한 협력 패러다임(1910-1948), 2) 하나님의 선교

---

31) 에큐메니칼의 초시라 할 수 있는 1910년 에딘버리 대회까지만 해도 선교가 무엇이며 선교의 목표가 무엇인지에 대해서는 모두가 분명히 알았다. 그러나 1961년에 국제선교협의회(IMC)가 세계교회협의회(WCC)에 통합되기 직전인 1958년 가나 대회 때는 "선교는 무엇인가?"라는 질문이 나왔다. 이제 선교의 개념 자체가 혼란스러워진 것이다. 위의 책, 14.

32) 위의 책, 225.

(Missio Dei) 패러다임(1952-1963), 3) 인간화 패러다임(1968-1975), 4) 생명 패러다임(1983-현재)으로 구분하였는데,[33] 이것은 에큐메니칼 선교의 관심 영역 혹은 목표가 시대의 변화에 따라 계속 변화하고 있으며, 앞으로도 시대적 과제에 따라 선교의 목표는 계속적으로 변화될 수 있음을 짐작하게 한다.

4) 우선순위 지양

전통적인 선교는 다양한 사역들을 펼쳤지만 복음화를 가장 우선적인 목표로 두고 다른 사역들은 이것을 이루기 위한 수단으로 여겼기 때문에 선교에 있어서 가장 중요한 우선순위는 역시 '복음화'라는 것에 이의가 없었다.

로잔 언약도 5항에서 "…전도와 사회 정치적 참여는 우리 그리스도인의 의무의 두 부분임을 우리는 인정한다"[34]라고 말함으로써 사회 정치적 참여를 선교의 한 부분으로 분명히 포함하였지만, 6항에서 "교회가 희생적으로 해야 할 일 중에서 전도는 최우선적인 것이다"[35]라고 언급하고, 9항에서 "목표는 가능한 모든 수단을 동원하여, 되도록 빠른 시일 안에 한 사람도 빠짐없이 좋은 소식을 듣고, 깨닫고, 받아들이게 할 기회를 제공

---

[33] 안승오, 박보경, 『현대선교학개론』 (서울: 대한기독교서회, 2008), 288-302. 이러한 구분은 길고 긴 에큐메니칼 신학의 흐름을 지나치게 단순화하는 위험성이 존재하지만 에큐메니칼 신학의 관심이 시대의 흐름에 따라서 변화된다는 것을 잘 보여주는 것이라 할 수 있다.

[34] "로잔 언약," 5항, in C. Rene Padilla, *Mission Integral*, 홍인식 역, 『통전적 선교』 (서울: 나눔사, 1994), 부록, 254.

[35] "로잔 언약," 6항, in C. Rene Padilla, 『통전적 선교』, 부록, 255.

하는 일이다"³⁶⁾라고 선언하였다. 즉 로잔 언약은 선교에 있어서 다른 많은 사역들의 필요성을 인정했지만 여전히 복음 전도의 우선순위에 대하여는 확고한 입장을 지녔다.³⁷⁾

하지만 에큐메니칼 진영에서는 '우선순위' 라는 것을 달갑게 생각지 않는 경향이 강하다. 그것은 우선순위를 말하는 것은 곧 분리할 수 없는 것들에 대한 이분법을 인정하는 것일 수 있기 때문이다.

또한 영과 육, 교회와 세계, 이 세상과 저 세상, 거룩과 세속, 세속 역사와 구속사, 영혼 구원과 사회 구원 등으로 나누는 것은 모든 것의 창조자 되신 하나님의 창조 원리와도 맞지 않을 뿐 아니라, 지금까지 전통적인 선교가 한쪽만을 강조함으로 말미암아 다른 쪽을 등한시하고 그럼으로 말미암아 세상에서 무책임한 교회가 되었고, 지구 전체의 환경 오염과 파괴의 현실 속에서 인간 및 생명체는 물론 모든 피조물까지도 함께 탄식하고 고통하며 구속을 기다리는(롬 8:22) 오늘의 선교적 상황에 대처하기가 어렵다고 보기 때문이다.

그런데 실제적으로 나타나는 모습은 전통적인 선교가 세계 3분의 2에 해당하는 이들을 위한 복음화에 우선순위를 두었던 반면 세계교회협의회의 선교에서는 복음화의 문제가 "…가장 선의를 가지고 말한다 하여도 세계교회협의회 배경에서는 2차적인 것"³⁸⁾이 되고 있다고 보쉬는 평가한다.

---

36) "로잔 언약," 9항, in C. Rene Padilla, 『통전적 선교』, 부록, 256.

37) 김동선, 『하나님의 선교: 그 신학과 실천』(서울: 한국장로교출판사, 2003), 49-50. 2010년 남아공 케이프타운에서 열린 제 3차 로잔대회에서는 '통전적 선교'(Integral mission)라는 용어가 나타나면서 '우선순위'가 나타나지 않는다. "케이프타운 서약(The Capetown Commitment): 믿음과 행동에의 요청에 대한 선언," 1부 10조 C항, in 「복음과 상황」, 242호(2010). 150.

38) David J. Bosch, 『선교신학』, 214.

3. 에큐메니칼 선교 목표의 명암

1) 포괄성과 효율성

앞서 우리는 에큐메니칼 선교의 주된 특징 중의 하나를 포괄성으로 보았다. 전통적인 선교가 '복음화'를 주된 목표로 삼고 행해져 왔던 반면 에큐메니칼 선교는 이 세상에 샬롬을 이룩하는 데 필요한 모든 것을 선교의 목표로 포함하는 경향이 있음을 보았다. 이와 같은 선교의 포괄성은 여러 가지 면에서 기여를 하는 것으로 보인다. 먼저 교회가 자체의 확장만을 추구하지 않고 세상의 문제 해결을 위해 힘씀으로써 교회만을 위한 교회가 아니라 세상을 위한 교회가 되도록 도전을 주었다는 사실이다. 2차 세계대전 후 교회가 직면한 가장 큰 도전 중의 하나는 교회가 세상의 샬롬을 위해 크게 기여하지 못했다는 것에 대한 반성일 것인데[39] 포괄적인 선교 목표는 교회가 세상의 문제를 자신의 문제로 껴안고 고민하는 데 일조한 측면이 있다.

또한 전통적으로 자기 세력만을 무한대로 확장하려는 '제국주의적 선교'에 일침을 가하고[40] 하나님의 관심의 대상인 이 '세상'을 참으로 살만한 곳으로 바꾸는 일에 교회가 동참하도록 도전하면서 세상을 향해 교

---

39) 이와 같은 인식은 19세기의 확장적이고 승리주의적인 선교방식, 그리고 선포와 전도와 교회 개척의 방식을 바꾸어서 섬김과 대화와 공존의 방식으로 선교를 해야 한다는 깨달음을 얻게 하였다. 김영동, 『교회를 살리는 선교학』, 259-260.
40) 이런 점에서 세계교회협의회는 개종을 강조하는 전통적인 선교에 대하여 "개종화만 추진하는 교회는 그 자신을 구원의 중개소로 취급하며 사람들이 세상으로부터 교회 구조 안으로 이민해 오기를 기대한다"는 말로 비평을 가한다. WCC, *The church for others and the church for the world*, 박근원 역, 『세계를 위한 교회』(서울: 대한기독교출판사, 1979), 38.

회에 대한 좋은 이미지를 심어주는 일에 기여한 점이 있다고 할 수 있다. 세상이 볼 때 교회는 지나치게 독선적이고 이기적인 모습을 보여주는 경우가 많다. 전통적인 선교는 그리스도의 모범을 교회 내로 제한하고 개인과 개 교회에 많은 강조점을 둠으로 말미암아 세상 속에서 빛을 발하는 데는 다소 약점이 내재된 것이 사실이다.[41] 이에 비해 에큐메니칼 선교는 포괄적인 목표를 제시함으로 말미암아 선교의 방향이 복음화 일변도에서 세상을 품고 세상의 문제 해결을 위해 뛰어드는 것을 포함하는 방향으로 선회하면서 세상이 교회에 대하여 좋은 이미지를 갖게 되고 이것은 교회의 성장을 위해서도 일정 부분 기여하는 면이 있다고 보인다.

그러나 이상과 같은 기여점은 동시에 다음과 같은 몇 가지 약점도 포함하고 있다. 가장 두드러지게 나타나는 약점은 효율성의 하락이라는 점이다. '목표'라는 것은 기본적으로 단순하고 명확할수록 달성 가능성이 높아지는 법이다. 목표를 너무 많이 잡으면 자연히 효율성은 떨어질 수밖에 없다. 선교란 단순한 이론적인 작업이 아니라 한 종교를 널리 펼치는 활동이며,[42] 이런 점에서 선교 역시 분명하고 간결한 목표를 설정하지 않고 모든 것을 다 목표로 포함한다면 그 활동의 성공 가능성은 매우 낮아질 수밖에 없는 것이다. 아니 성공을 했는지 안했는지 평가조차도 하기가 어렵다. 선교에 있어서 모든 것을 다 목표로 설정하는 경우의

---

41) 안승오, 『현대선교신학』 (서울: 예영커뮤니케이션, 2010), 70-71.
42) 한글학회에서 나온 우리말 사전은 선교를 "종교를 널리 미치게 선전함"이라고 정의하고 있다. 한글학회, 『우리말 사전』 (서울: 어문각, 2008), 1276. 모든 종교는 선교를 통하여 그 종교를 확대해나가고 세상에 선한 영향력을 미치는 것이다. 만약 '선교'라는 행위가 약화되면 그 종교는 자연히 약화되고 그것이 지속될 경우 그 종교는 자연히 역사 속에서 사라지게 되는 것이다.

문제점을 선교역사학자인 스티븐 닐(Stephen Neil)은 "모든 것이 선교라면 아무 것도 선교가 아니다"라고 지적한 바 있다.[43] 초등학교 과학 시간에 돋보기로 까만 종이를 태우는 실험이 있다. 여기서 배울 수 있는 중요한 원리 중 하나는 초점을 최대한 작게 맞추어야 종이가 빨리 탄다는 것이다. 선교도 제한된 시간과 인력 그리고 재물을 가지고 행해지는 교회의 활동인데 이 제한된 힘을 가지고 모든 것을 다 하려면 하나도 제대로 할 수 없는 문제에 직면할 가능성이 있음을 스티븐 닐은 지적한 것이다.

또한 선교가 우선적인 목표를 설정하지 않고 모든 것을 동일한 중요도로 보면서 모두 함께 추구하고자 하면 자연히 전통적으로 우선순위였던 복음화의 목표가 약화되는 모습을 보인다. 어차피 교회가 쓸 수 있는 에너지와 자원은 무한하지 않기 때문이다. 모든 것을 다 할 수 있다면야 좋겠지만 현실적으로 이 세상에 어떤 기관도 모든 것을 다 할 수는 없다.

종교가 지나치게 포괄적 목표를 추구하는 경우 그것이 종교의 약화로 이어진다는 점은 종교사회학적으로 실증되고 있는데, 종교사회학자인 피터 버거(Peter Berger)에 의하면 정의와 평화 같은 문제에 관심을 두고 거기에 힘을 쏟는 종교는 전통신앙의 약화와 그로 인한 종교의 쇠퇴가 일어나는 반면, 전통적인 신앙에 충실한 보수적 종파들은 오히려 종교가 성장하면서 사회봉사에도 더욱 열심을 내는 모습을 보이고 있다고 보고하였다.[44] 에큐메니칼 운동의 이론가 중 하나인 이형기도 이와 비슷

---

[43] 에큐메니칼 진영의 포괄적인 선교 목표를 보면서 스티븐 닐이 한 이 말은 선교가 모든 것을 다 하려고 하면 선교의 가장 본질적인 사역도 제대로 할 수 없게 된다는 것을 강조했다고 할 수 있다. David J. Bosch, 『선교신학』, 23. 재인용.

[44] Peter L. Burger, *Desecularization of the World: Resurgent Religion and World Politics*, 김덕영, 송재룡 역, 『세속화냐? 탈세속화냐?: 종교의 부흥과 정치』(서울: 대한기독교서회, 2002), 20-23.

한 견해를 피력하면서 다음과 같이 간파하였다.

> 복음과 교회의 정체성에 안주하는 한 교회의 사회 참여를 소홀히 여기게 되고, 교회의 사회 참여에 전념하다 보면 복음과 교회의 정체성을 상실하고 헤매지 않나 하는 문제가 오늘 우리 한국에서까지 심각한 문제로 등장하고 있다.[45]

소위 말하는 복음화와 인간화의 반비례성을 언급한 것인데, 복음화와 인간화의 반비례적 관계는 이분법적 사고가 아니라 제한적인 인간에게서 나타나는 한계가 아닌가 싶다. 에큐메니칼의 선교 목표가 광범위하여 모든 것을 다 포함하는 것은 포괄성에서 장점이 될 수 있지만 동시에 효율성의 측면에서는 하나의 약점이 될 수 있는 것이다.

2) 세계와 교회

앞에서 살펴본 대로 에큐메니칼 선교는 세상에 대하여 매우 긍정적인 견해를 지니고 있고 세상에 대한 깊은 관심을 가지고 있다. 전통적인 선교가 세상에 대하여 다소 부정적인 견해를 지니고 세상으로부터 빨리 나와 구원의 방주인 교회로 오는 것이 구원을 얻을 길이라는 사고를 가진 것과는 대조를 보이는 면이다. 전통적인 선교가 세계와 교회를 분리하고 이분법적인 사고로 세상을 보는 것과 달리, 에큐메니칼 선교는 세계와 교회를 함께 보고 세상을 위한 교회가 되어야 함을 강조하여왔다.[46]

---

45) 이형기, "WCC에 나타난 교회와 사회문제," in WCC. 『역대총회 종합보고서』, 569.
46) 협의회는 세상과 교회의 관계에 대하여 "우리는 세상 속에서의 교회의 위치를 미리 확

이와 같은 자세는 여러 가지 면에서 기여점을 지닌 것으로 보인다. 먼저 세상을 품는 에큐메니칼 선교는 저 세상에만 편중되어 있던 교회의 관심을 이 세상으로 돌리는 데 일정 부분 기여한 것으로 보인다. 전통적인 선교는 세상을 지나치게 부정적인 관점으로 보면서 세상을 등지고 저 세상에만 관심을 기울인 면이 없지 않다. 이로 말미암아 세상에 대하여 다소 무관심하거나 무책임한 모습을 드러낸 경향이 있었다.

이에 반하여 에큐메니칼 신학은 하나님의 관심이 이 세계에 있음을 강하게 일깨워주었고, 이로 인해 격변하는 세계와 역사 속에서 기독인의 사회적 책임의식을 강화시켜 주었다. 또한 이 세계에 대한 안목을 열어줌으로써 사회, 경제, 정치, 문화 등의 폭넓은 분야에서의 선교의 영역과 과제를 알고 그것을 실천할 수 있도록 도전하는 데 일정 부분 기여한 것으로 평가된다.[47] 결국 세상으로부터 교회로 나오라는 것을 강조한 전통적인 선교 목표에 비하여 세상에 나아가 세상을 섬기고 변화시키는 것을 목표로 하는 에큐메니칼 선교는 기독교 선교가 교회 중심의 선교가 아니라 세계 속에서도 책임적인 교회가 되는 데 일정 부분 기여한 것으로 보인다.

그러나 세계를 강조하고 교회를 세계를 위한 하나의 도구로 자리매김하는 에큐메니칼의 경향은 다음과 같은 한계점을 내포하고 있다.

첫째, 교회를 세계 속에 부속시키는 이해는 교회와 세계 사이의 경계선을 지나치게 흐릿하게 만들고 이것이 종국적으로는 교회의 약화로 이어질 가능성이 있다. 교회와 세상은 분명한 차이가 있고 이러한 차이는

인할 수 있다거나 교회와 세상 사이의 명확한 한계선을 그을 수 있다는 가정으로부터 우리 자신을 탈피시켜야 된다"라고 주장한다. WCC, 『세계를 위한 교회』, 38.

47) 김은수, 『현대선교의 주제와 흐름들』, 125.

둘 사이를 분명하게 구분 짓는다. 물론 세상이 하나님의 사랑의 대상임에는 틀림없지만 그렇다고 세상이 그 모습 그대로 구원의 대상은 아니라는 것이 성경의 일관된 증거이다.[48]

세상은 하나님이 제시하신 구원의 길로 나아올 때만 소망이 있는 것이며, 이 구원의 길을 따라 세상으로부터 불리움을 받은 자들이 바로 교회(Ecclesia, 부름 받은 자들의 모임)이고, 이런 점에서 교회는 세상의 구원을 위해 존재하지만 동시에 세상과는 분명히 구분지어져야 하는 무리이다. 만약 교회와 세상 사이의 구분선이 약화되면 둘 사이의 차별성이 약화되고 그 결과는 무한대의 힘을 가진 세상 속으로 교회가 흡수되어질 가능성이 높아진다. 세상은 교회와는 비교도 안 되는 무한대의 힘을 가지고 있기 때문이다.[49]

따라서 교회와 세상 사이에는 일정한 구분선이 필요한데 이러한 구분선은 세상으로부터 등을 돌리기 위한 구별이 아니라 세상을 더욱 잘 섬기기 위한 최소한의 장치라 하겠다. 즉 교회는 세상과 구별되는 분명한 정체성을 지닐 때 세상을 제대로 섬길 수 있는 존재다. 교회가 그 자체의 정체성을 상실해버리고 세상과 같아져 버리면 교회는 더 이상 존재할 수 없고 세상을 섬길 수도 없게 된다.[50] 이런 점에서 지나치게 세상을 긍

---

48) 약 4:4; 요 17:16; 요일 2:15.
49) 보쉬는 "첫 번째 견지에서 보면 교회와 세계 사이를 구별하는 선이 희미한 것과 꼭 같이, 둘째 견지에서 보면 기독교와 타 종교와의 구별은 희미하다"라고 평가하였는데, 에큐메니칼 진영의 세상과의 친밀성은 결국 교회와 세계, 나아가서 기독교와 타 종교의 경계선 자체를 무너뜨리는 결과를 가져올 것을 말하고 있다. David J. Bosch, 『선교신학』, 52.
50) 이런 이유 때문에 하나님은 이스라엘이 가나안 족속들과 섞이는 것을 엄히 경계하셨다. 선교백성으로 불리움을 받은 이스라엘이 가나안 족속과 섞여 버리면 세상을 섬기는 일을 수행하기 전에 먼저 택함 받은 이스라엘의 정체성 자체가 사라져 버릴 수 있기 때문이다. Charles Van Engen, *Mission on the Way*, 박영환 역, 『미래의 선교신학』(서

정적으로 보고 교회를 세상 속에 첨부시키려는 에큐메니칼의 세상관은 우려스런 측면이 없지 않다.

둘째, 실현 가능성의 문제를 생각해볼 수 있다. 개인 개인의 영혼 구원 문제에 관심을 두었던 전통적인 선교와 달리 에큐메니칼 선교의 목표는 주로 세계를 변화시키고, 세계를 섬기고, 창조 세계를 보존하는 등의 거대담론의 성향을 지닌다. 그런데 이러한 거대담론적인 목표는 대부분 교회가 할 수 있는 능력의 범위를 넘어서는 것들이다. 교회가 세상을 향하여 이런 것들을 관심을 두고 실천하라고 요구할 수는 있지만 교회 자체가 직접 나서서 실행하는 데는 분명 한계가 있다.

또한 혹시 에큐메니칼 진영에서 관심을 갖는 거대담론의 선교 목표가 완성되어 모든 사람에게 정의와 평화 그리고 샬롬이 이루어지는 세상이 임한다 해도 거기에 있는 사람들이 하나님께 아무런 관심도 없고 하나님 없이 자신들의 힘으로 자신들만을 위해서 살려는 사람들로 가득하다면 그것을 하나님이 이룩하기 원하시는 세상이라고 볼 수는 없을 것이다.[51] 세상은 어차피 세상의 문제에 관심을 가질 뿐 하나님께는 관심이 없다. 이런 점에서 교회는 세상으로 하여금 하나님께로 돌아와 하나님을 하나님으로 인정하고 그 뜻을 따라 살아갈 때 세상에 참된 행복이 임한다는 사실을 전하는 일에 힘을 기울여야 할 것이다. 기독교 선교는

울: 바울, 2004), 221. 안승오, 박보경, 『현대선교학개론』, 279-281.

51) 협의회는 때로 하나님의 나라를 인간 스스로가 만드는 새로운 사회 질서와 유사하게 보는 경향이 있다. 예를 들어 1973년 방콕에서 열렸던 세계선교복음화위원회에서 WCC의 총무 포터(P. Potter)는 중국 공산주의자들의 혁명으로 "새로운 중국"을 이룩하게 되었으며, 이것이 해방과 구원을 의미하는 것이고, '새로운 사회'와 '새로운 인간'이 중국에서 표명되었다고 했다. 이런 경향과 연관하여 보쉬는 하나님 나라의 통치는 본질적으로 "선물"이며 그것은 결코 경험적인 구조와 동일시될 수 없음을 강조하면서, "우리는 하나님의 통치를 우리가 이 세상에서 성취한 것과 혼동하는 죄를 저지를 수 있다"라고 언급했다. David J. Bosch, 『변화하고 있는 선교』, 743.

세상을 바꾸는 가장 근본적이고도 확실한 길이 복음을 전하는 일이라는 것을 확신해야 하며, 이 일에 힘을 쏟을 때 교회도 일어서고 세상도 바로 변하게 될 것이다.

3) 상황성과 항상성

전통적인 선교의 목표는 시대를 초월하여 동일했다. 간단하게 표현하자면 그것은 '세계의 복음화'라는 목표였고 이것은 세상의 환경이 바뀌어도 변하지 않는 목표였다. 물론 이 목표를 이루기 위한 방법에 대해서는 언제든지 열려 있었지만 목표 자체는 변하지 않았다. 그러나 에큐메니칼 선교는 세상에 참된 샬롬을 이루는 것을 그 목표로 두기 때문에 이것을 이루는 일에 필요하다고 생각되는 모든 것을 목표로 추구하는데, 세상의 필요는 늘 바뀌므로 선교의 목표 역시 항상 바뀔 수 있는 상황성을 지니고 있다.

이와 같은 상황성은 여러 가지 점에서 장점을 지닌 것으로 평가된다. 세상이 끊임 없이 변하고 교회에게 주어진 과제가 매우 다양하므로 교회가 세상에서 수행해야 할 다양한 과제를 바로 파악하고 그 과제를 수행하도록 교회를 도전한다는 점에서 일정 부분 기여점이 있다고 평가된다. 교회가 세상의 필요를 파악하고 그 필요를 채워주는 역할을 감당함으로써 교회는 세상과 동떨어진 기관이 아니라 세상을 섬기는 기관으로 인식되며 이러한 인식은 교회의 건강한 성장에도 일정 부분 도움이 될 것이라 여겨진다. 그런데 에큐메니칼 선교의 목표는 선교의 목표와 윤리의 목표를 혼합하여 선교의 목표로 삼는 경향이 있고, 이런 경향으로 인하여 선교의 목표가 다소 혼란스러운 경향이 있다고 보인다. 물론 선교도 교회의 사명이고 윤리적 책임도 교회의 사명이다. 그러나 그렇다고 해서 선교적 과제와 윤리적 과제를 하나로 만들어 선교의 과제로 인식하는 것은 선교의 수행을 혼란스럽게 할 가능성이 있다고 보인다. 윤리적 과제는 이 세상의 변화에 따라서 얼마든지 바뀔 수 있고 또 바뀌어야 한다. 그러나 세상이 바뀐다 해도 종교의 도를 널리 펼쳐야 한다는 선교의 과제는 동일하다. 물론 오늘의 시대가 독선적인 종교에 대하여는 매우 부정적인 인식을 가지고 있으므로 최대한 부드럽게 기독교의 진리를 전해야 할 필요가 있지만 그렇다고 진리 자체를 변화시키거나 진리를 전하는 것 자체를 다른 목표와 적당히 혼합하는 것은 결국 종교 자체의 약화로 이어질 수 있다.[52]

선교 목표의 항상성의 차원에서 본다면 이슬람은 기독교보다 훨씬 더 일관된 태도를 보이는 것 같다. 앞서도 언급했듯이 기독교는 에큐메니칼 진영을 중심으로 선교에 있어서 사도적 헌신을 봉사적 헌신으로 바꾸면서 상황에 따라서 선교의 목표가 변동되는 경향을 보이는 반면,[53] 이슬람 진영은 자신들이 세운 목표에 대하여 추호의 의심이나 회의를 갖지 않고 자신들의 목표인 '세계의 이슬람화'를 차근차근 추진해나가고 있다.[54] 이슬람은 '세계의 이슬람화'라는 목표에 대하여 흔들림 없는 확

---

52) 종교의 진리를 전하고 그 결과 성장이 나타나는 것은 선교의 본질이다. 이것 자체가 약화된다면 그 종교는 그 종교가 확신하는 진리에 대한 자기 확신이 없다는 것을 의미하는 것일 수 있으며, 이런 경우 종교는 자연히 쇠퇴하거나 종국적으로 사라지게 된다. 전호진, 『이슬람 원리주의의 실체』 (서울: 한반도국제대학원대학교, 2007), 199.

53) David J. Bosch, 『선교신학』, 225.

54) 세계 이슬람화의 일차적인 목표는 영국과 네덜란드 등의 무슬림화이며, 2020년까지 유럽을 무슬림화 한다는 목표 아래 활동을 전개해가고 있는 것으로 알려지고 있다. 또한 이 일을 위하여 국가들까지 나서서 협력하고 있는데, 예를 들면 세계에서 두 번째로 큰 무슬림 비정부 기구인 '무슬림월드리그'(MWL)는 이러한 큰 목표 아래 실제적이고 구체적인 전략들을 수행하고 있다. 전호진, 『이슬람 원리주의의 실체』, 70-71.

신을 가지고 끊임없이 선교를 추진해나가는 반면, 기독교 진영은 진보 진영을 중심으로 20세기 초까지만 해도 분명하게 지니고 있었던 세계 복음화의 목표를 뒤로 하고 해결 가능성이 낮은 세계의 문제 해결에 분주한 선교를 추구하고 있다.

이와 같은 선교의 목표 차이로 인하여 두 종교 간의 차이가 점점 줄어들어 언젠가 이슬람이 기독교를 능가할 날이 올지도 모른다.[55] 물론 교회가 성장하느냐 쇠퇴하느냐가 중요한 것이 아니라 세상의 샬롬과 인간화가 더 중요하다거나, 이런 일을 감당하는 기구는 교회가 아니어도 세상에 다양한 기구들이 있다는 입장을 지닌 사람들에게는 기독교의 쇠퇴가 그리 심각한 문제로 여겨지지 않을지도 모른다. 하지만, 이슬람의 세력이 더욱 확장되어 정치제도까지 이슬람식으로 바꾸고 이슬람이 아닌 사람들에게는 실제적인 피해와 핍박이 가해지는 상황이 올 수도 있다는 것을 생각한다면 건강한 성장에 중점을 두는 선교 목표는 여전히 중요한 문제가 아닐 수 없다.

4. 요약과 전망

지금까지 우리는 바람직한 선교 목표를 소망하면서 기독교 선교의 중

---

55) 이원규, 『한국교회 어디로 가고 있나』(서울: 대한기독교서회, 2000), 46-47. 『문명의 충돌』을 지은 사무엘 헌팅턴은 현재 약 30% 정도를 차지하는 기독교가 2025년까지 25%로 떨어지는 반면, 현재 약 20% 정도를 차지하는 이슬람은 오히려 30%를 차지하게 될 것으로 전망하고 있다. 이러한 예측은 물론 예측이므로 꼭 들어맞지는 않을 것이지만, 적어도 2025년을 기점으로 이슬람이 오히려 기독교보다 더 큰 종교로 성장하게 될 가능성이 있어 보인다. Samuel P. Huntington, *The clash of civilizations and the remaking of world order*, 이희재 역,『문명의 충돌』(서울: 김영사, 1997), 82.

요한 한 축인 에큐메니칼 선교의 '선교 목표'에 대하여 살펴보았다. 에큐메니칼 선교의 주된 목표들이라 할 수 있는 '인간화', 'JPIC', '일치와 화해' 등의 내용들을 살펴보았다. 그리고 이러한 목표들에 나타난 에큐메니칼 선교 목표의 주된 특징들을 광범위한 포괄성, 세계의 변혁 추구, 목표의 변동성, 우선순위 지양 등으로 기술하여 보았다.

이와 같은 에큐메니칼 선교의 목표는 여러 면에서 기여점들을 지니고 있는 것으로 평가된다. 즉 포괄성을 가지고 교회로 하여금 세상을 품고 세상의 문제 해결을 위해 기여할 수 있도록 도전한 점, 기독교 선교가 교회 중심의 선교가 아니라 세계를 변혁하는 선교가 되도록 도전한 점, 시대의 변화에 민감하게 변화하는 선교를 추구한 점 등이 기여점으로 평가되었다. 그러나 그림자 없는 빛은 없다고 했던가?

에큐메니칼 선교의 목표는 전통적인 선교의 약점을 보완하는 측면이 있지만 동시에 많은 것을 상실한 측면도 있는 것으로 평가된다. 즉 에큐메니칼의 선교 목표는 너무 포괄적인 목표를 포괄하면서 효율성이 떨어지는 면이 있고, 세상의 모든 문제를 포괄하면서 교회의 약화를 가져오고 실현 가능성의 측면에서 한계점을 보이며, 상황에 따라 계속 변동되는 목표를 추구하면서 지속성의 측면에서 약점을 보이는 것으로 평가된다. 이런 점들을 잘 보완하는 것이 우리가 추구해야 할 기독교 선교 목표의 방향이 아닐까 생각된다.

특별히 기독교가 과거와 달리 심각한 약화의 모습을 보이고 있는 시점에서 기독교 선교의 목표는 다시금 교회를 건강하게 세우고 확장해 나가는 것에 관심을 두어야 하지 않을까 생각된다. 교회가 다 사라지고 난 후에는 세상을 섬기고 변화시키는 것도 불가능하게 되기 때문이다.

: 참고문헌 :

강영옥. "세계교회협의회 흐름." 「세계의 신학」. 제 4호 (1989).
김동선. 『하나님의 선교: 그 신학과 실천』. 서울: 한국장로교출판사, 2003.
김영동. 『교회를 살리는 선교학』. 서울: 장로회신학대학교출판부, 2003.
김은수. 『현대선교의 흐름과 주제』. 서울: 대한기독교서회, 2001.
남정우. 『선교란 무엇인가』. 서울: 쉐키나, 2010.
로잔세계복음화국제대회. "케이프타운 서약(The Capetown Commitment): 믿음과 행동에의 요청에 대한 선언." in 「복음과 상황」, 242호 (2010).
안승오, 박보경. 『현대선교학개론』. 서울: 대한기독교서회, 2008.
안승오. 『현대선교신학』. 서울: 예영커뮤니케이션, 2010.
이원규. 『한국교회 어디로 가고 있나』. 서울: 대한기독교서회, 2000.
이형기. "생명과 신학-에큐메니칼 운동과 WCC에 나타난 창조신학(Theology of Creation)의 기원과 역사." 「교회와 신학」. 제 29집 (1997년).
전호진. 『한국교회와 선교 I』. 서울: 엠마오, 1985.
――――. 『이슬람 원리주의의 실체』. 서울: 한반도국제대학원대학교, 2007.
채수일. 『21세기 도전과 선교』. 서울: 대한기독교서회, 1998.
한글학회. 『우리말 사전』. 서울: 어문각, 2008.
Bassham, Roger. *Mission Theology: 1948-1975 Years of Worldwide*

Creative Tension Ecumenical, Evangelical, and Roman Catholic. Eugene: Wipf and Stock Publishers, 2002.

Burger, Peter L. *Desecularization of the World: Resurgent Religion and World Politics.* 김덕영, 송재룡 역. 『세속화냐? 탈세속화냐?: 종교의 부흥과 정치』. 서울: 대한기독교서회, 2002.

Bosch, David. J. *Witness to the World.* 전재옥 역. 『선교신학』. 서울: 두란노, 1992.

―――. *Transforming Mission: Paradigm Shifts in Theology of Mission.* 김병길, 장훈태 역. 『변화하고 있는 선교』. 서울: CLC, 2000.

Breidenstein. Gerhard. *Humanization.* 박종화 역. 『인간화』. 서울: 대한기독교서회, 1988.

Gill, David. ed., *Gathered for Life.* Vancouver 1983. Geneva: WCC, 1983.

Hartenstein, Karl. "Theologische Besinnung." Walter Freytag ed. *Mission zwishen Gestern und Morgen.* Stuttgart: Evang. Missionsverlag, 1952.

Huntington, Samuel P. *The clash of civilizations and the remaking of world order.* 이희재 역. 『문명의 충돌』. 서울: 김영사, 1997.

Padilla, C. Rene. *Mission Integral.* 홍인식 역. 『통전적 선교』. 서울: 나눔사, 1994.

Stumme, Wayne. *Christians and the Many Faces of Marxism.* 김의훈 역. 『맑스주의에 대한 기독교적 관심』. 서울: 나눔사, 1988.

Van Engen, Charles. *Mission on the Way.* 박영환 역. 『미래의 선교신학』. 서울: 바울, 2004.

WCC. *Drafts for Sections Prepared for the Fourth Assembly of the World Council of Churches*. Uppsala, Sweden: WCC, 1968.

─── . *The Church for Others: Two Reports on the Missionary Structure of the Congregation*. Geneva: WCC, 1968.

─── . *The church for others and the church for the world*. 박근원 역. 『세계를 위한 교회』. 서울: 대한기독교출판사, 1979.

─── . *The Section Reports of the WCC*. 이형기 역. 『역대총회 종합보고서』. 서울: 한국장로교출판사, 1993.

─── . *Confessing the One Faith*. 이형기 역. 『세계교회가 고백해야 할 하나의 신앙고백』. 서울: 한국장로교출판사, 1996.

─── . *You Are the Light of the World*. 김동선 역. 『통전적 선교를 위한 신학과 실천』. 서울: 대한기독교서회, 2005.

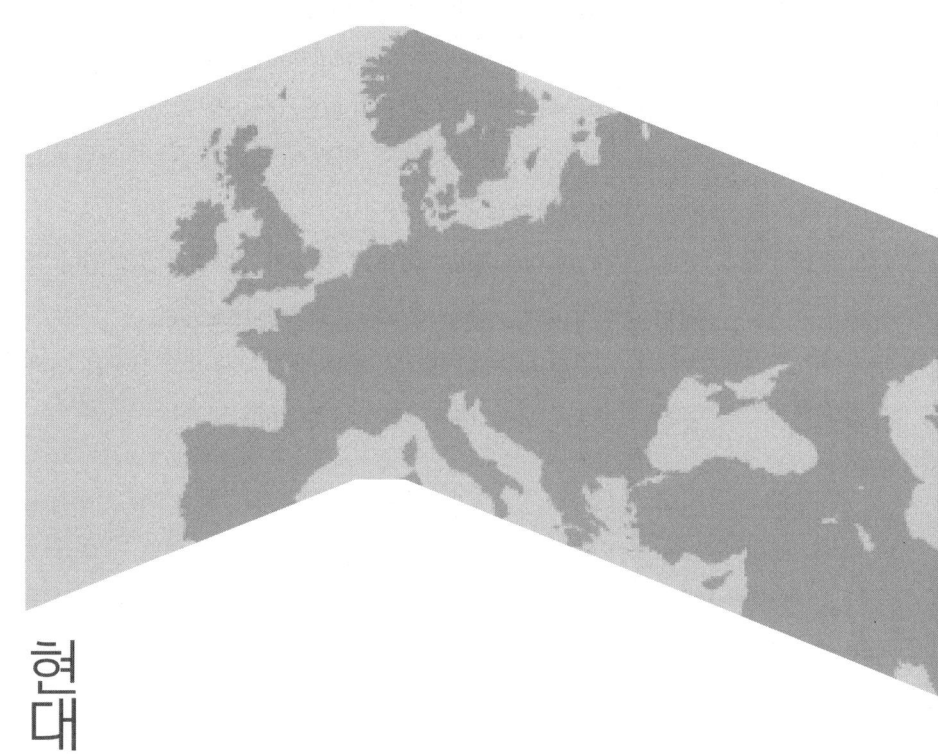

현대선교의 **프레임**

CHAPTER 3

선교의 방법
METHODS OF MISSION

어떤 선교의 방법이 가장 적합한 선교의 방법일까? 그것은 선교의 목표를 어떻게 잡느냐에 따라서 달라질 수 있다. 전통적인 선교는 선교의 목표를 아주 단순 명확하게 세계 복음화로 설정하였기에 선교의 방법은 주로 복음 전도, 교회 개척, 그리고 각종 봉사 사역 등이었다. 하지만 에큐메니칼 진영의 경우는 선교의 목표가 복음화를 넘어 세계 속에 하나님의 통치를 구현하는 샬롬으로 설정되었기에 선교의 방법은 전도보다는 현존, 선포보다는 대화, 미시적 변화보다는 거시적 변혁에 더 강조점을 두는 경향이 있다. 이러한 선교 방법은 어떤 강점과 약점을 지니는지 함께 살펴보면서 바림직한 선교 방법을 생각해보자.

선교의 방법

모든 종교는 '선교'라는 행위를 통하여 세상에서 퍼져나가며 선한 영향력을 미친다. 기독교도 예수와 그의 제자들에 의하여 소수의 무리로 시작되었지만, 많은 증인들의 피를 흘린 헌신적인 선교 활동을 통하여 오늘날 세계 인구의 3분의 1 이상의 고백을 받는 종교로 성장해왔으며, 이 세계의 변화에 많은 기여를 해왔다. 이러한 과정을 통해서 성장해 온 기독교는 전통적으로 선교의 목표를 '세계의 복음화'라고 말하는 데 큰 이의가 없었다.

에큐메니칼 운동의 효시로 여겨지는 "1910년 에딘버러 대회에서는 '세계 복음화'를 그 이상으로 천명했으며, 세계 상황의 변화와 더불어 교회의 사회적 책임이 광범위하게 논의되기는 하였지만, 1948년 세계교회협의회가 태동될 때까지만 해도 전도는 선교의 중심과제였다"[1]라는 김

---

1) 김동선, 『하나님의 선교: 그 신학과 실천』(서울: 한국장로교출판사, 2003), 44.

동선의 말을 보아도 1948년 전까지 전통적인 의미의 선교는 세계 복음화를 목표로 삼아왔다. 이처럼 세계 복음화를 목표로 삼던 전통적인 선교에서의 선교 방법은 비교적 단순하였다. 주로 복음 전파와 교회 설립, 그리고 이를 위해 필요한 각종 구제 사역과 봉사 사역 등이 주된 선교 방법으로 수행되어 왔다.

그러나 전통적 선교에 대한 반성과 함께 에큐메니칼 진영은 새로운 선교의 목표를 제시하였고, 이에 따라 선교의 방법 또한 매우 폭넓은 관점에서 이해하게 되었다. 따라서 에큐메니칼 진영은 선교의 목표를 단순히 세계 복음화로 제한하지 않고 세계 속에 하나님의 통치를 구현하는 것 즉 샬롬의 성취를 목표로 삼으면서, 선교의 방법 역시 단순한 복음 전도나 교회 개척 또는 사회 봉사를 넘어서 이 세계에 샬롬을 가져올 수 있는 모든 활동으로 확대되는 경향을 지닌다. 에큐메니칼 진영은 선교의 목표를 매우 폭넓게 이해하게 되면서 선교의 방법도 매우 다양화되었다.

본 장은 전통적인 선교 방법과 달리 새롭고 다양하게 추구되는 에큐메니칼 진영의 선교 방법을 연구하고자 한다. 에큐메니칼 진영에서 논의되는 선교 방법의 주된 요소들을 찾아보면서 그러한 방법들에 나타나는 주된 경향들을 살펴보고자 한다. 그리고 이러한 에큐메니칼 선교 방법이 지니는 기여점과 한계점 등을 살펴볼 것이다. 이러한 논의는 오늘날 우리가 추구해야 할 선교의 방법이 어떤 것이어야 할 것인가를 찾는 데 도움을 줄 수 있을 것이라 생각된다.

1. 에큐메니칼 선교에 나타난 선교 방법들[2]

1) 현존의 삶

전통적인 선교는 기본적으로 불신자들을 교회로 데려오는 데 주된 관심이 있었기에 구원을 얻으려면 예수 그리스도를 받아들이고 주의 몸 된 교회의 일원이 되어야 한다는 말을 전달하는 것에 주된 강조점을 두었다. 즉 복음을 전하는 언어에 관심을 두었다.

그러나 에큐메니칼 진영의 경우에는 세계 자체를 하나님의 샬롬이 넘치는 곳으로 바꾸어야 한다는 것에 주된 관심을 두고 있으므로 말을 하는 것보다는 세상 속에 거하면서 현실의 문제들을 바꾸어 나가는 구체적인 삶을 중시하는 경향이 있다.

즉 전통적인 선교가 주로 '말'에 방점을 두는 반면, 에큐메니칼 진영의 선교는 '삶'에 방점을 둔다고 할 수 있다. 이것은 전통적인 선교가 '삶'의 차원을 무시했다거나 에큐메니칼 진영이 '말'의 차원을 무시한다는 것이 아니라 강조점의 차이가 있다는 것이다. 이와 같은 차이점은 이종성의 다음 글에서도 엿볼 수 있다.

> 전자[전통적 선교 방법]는 교회를 중심하여 나가서 선교하여 다시 교회로 돌아오는 방법을 고수하는 데 대하여, 후자[에큐메니칼 선교 방법]는 교회의 울타리를 벗어나서 사람이 살고 있는 현장(사회)에 나가

---

[2] 에큐메니칼 진영에서 실행하는 선교의 방법을 몇 가지로 요약하는 것은 지나친 단순화의 위험성이 있을 수 있지만, 본 연구에서는 전통적인 선교 방법과 대조되는 경향을 중심으로 에큐메니칼 선교의 주된 방법을 찾아보고자 한다.

서, 그들에게 일방적으로 말로 고하는 식의 전도가 아니라 그들과 하나가 되고(identification), 벗이 되며, 현존하고(presence), 대화를 통해서 그가 생득적으로 가지고 있는 숨겨져 있는 보화를 발굴하여 이상적인 사회를 건설하려는 데 있다.[3]

에큐메니칼 진영의 시각에서 보면 전통적인 선교는 교회의 확장에만 지나치게 집중되어 있으며 이를 위한 개종 작업에만 몰두하는 문제점을 지니고 있다. 즉 전통적인 선교는 교인수의 확장이 곧 선교의 성공이라는 사고 속에서 사람들을 세상에서 교회로 이끄는 일에만 관심이 있는 것으로 평가된다.[4]

에큐메니칼 진영이 말보다는 삶에 더 관심을 갖는 이유와 연관하여 "선교와 전도: 에큐메니컬적 확언"은 "그리스도에게 관심을 가진 세상의 많은 사람들이…기독교를 회피한다. 예수 그리스도를 고백하지 않는 세상의 수많은 사람들이 단지 그리스도인들의 삶에서 보았던 비 복음적인 요소 때문에 얼마나 예수를 받아들이기를 주저하는가!"[5]라고 말한다. 즉 교회와 성도들의 복음적이지 못한 삶이 복음이 받아들여지는 데 장애물이 되므로 삶을 고치는 것이 복음의 선포에 앞서야 함을 강조한다. "일치를 통한 오늘날의 선교와 전도" 문서도 산 안토니오를 인용하여 삶이 선포에 우선되는 것임을 다음과 같이 강조한다.

---

3) 이종성, 『교회론(1)』 (서울: 대한기독교출판사, 1989), 483.

4) WCC, *The Church for Others and the Church for the World*. 박근원 역, 『세계를 위한 교회』 (서울: 대한기독교출판사, 1979). 38.

5) WCC, "선교와 전도: 에큐메니컬적 확언," in WCC, *You Are the Light of the World*, 김동선 역, 『통전적 선교를 위한 신학과 실천』 (서울: 대한기독교서회, 2005), 43.

다른 종교의 사람들에게 복음을 전하는 우리의 사명은 그들과 함께 살아가는 현존(presence), 그들이 가진 신앙적 헌신과 경험의 가장 깊은 부분에 대한 예민함(sensitivity), 그리스도를 위해 그들을 섬기겠다는 의지(willingness), 하나님이 그들에게 무엇을 하였고 또 무엇을 하고 있는가에 대한 확언(affirmation) 그리고 그들을 향한 사랑을 전제로 한다.[6]

이러한 삶은 그리스도의 삶에서 잘 나타났기에,[7] "선교와 전도: 에큐메니컬적 확언"은 "인간의 소망과 고통을 공유하면서, 또 모든 인간을 위하여 십자가 위에서 자신의 생명을 내어주면서 사람들 가운데서 종의 모습으로 살았던 자기비하의 모습은 복음을 선포하는 그리스도의 방법을 보여준다"[8]라고 말한다. 즉 그리스도를 따라 세상에서 종으로 사는 삶이 바로 그리스도인들이 추구해야 하는 선교의 방법임을 말하고 있는 것이다. 그리스도의 이러한 본을 따라 교회도 철저하게 그리스도의 삶을 보여주는 방향으로 나아가야 함을 에큐메니컬적 확언은 아래와 같이 강조한다.

---

6) WCC, "일치를 통한 오늘날의 선교와 전도," in WCC, *You Are the Light of the World*, 김동선 역, 『통-전적 선교를 위한 신학과 실천』 (서울: 대한기독교서회, 2005), 137.

7) "선교와 전도: 에큐메니컬적 확언"은 그리스도인이 받는 세례에 대하여 언급하면서, 세례가 삶 속에서 반복되어야 함을 다음과 같이 말한다. "세례는 본질적으로 그리스도인들이 더 이상 그들 자신에게 속하지 않고 그리스도의 보혈의 공로와 함께 영원히 하나님께 속한 계약의 사람이 되었음을 상징하는 특별한 행위이다. 그리고 세례의 경험은 끊임 없이 계속되어야 한다. 그리스도인들은 죄에 대하여, 자신에 대하여, 세상에 대하여 그리스도와 함께 죽어야 하며, 동시에 주위의 공동체를 위하여 축복이 되도록 그리스도의 종 된 몸으로 그와 함께 다시 살아나는 경험을 매일의 삶 속에서 반복하여야 한다." WCC, "선교와 전도: 에큐메니컬적 확언," 44.

8) 위의 글, 51.

선교는 모든 지역에서 교회로 하여금 섬기는 교회가 될 것을 요구한다. 선교가 요구하는 교회는 십자가에 못 박히고 부활한 그리스도의 못 자국의 흔적을 지니는 교회이다. 이러한 교회만이 삶의 변두리로 간 그리스도 안에 계시된 하나님의 사랑의 운동에 속해 있음을 나타낼 수 있다. 성문 밖에서 죽임을 당한 예수는(히 13:12) 세상의 구원을 위해 자신의 몸을 제물로 준 대제사장이다. 성문 밖에서 사랑을 나누는 자기 희생의 메시지는 진실로 선포되었고, 바로 그곳에서 교회는 부활한 주님과 더불어 즐거운 교제 가운데 그리스도의 몸이 되어가는 자신의 소명을 새롭게 한다.[9]

교회가 세상을 향해 선교하는 방법은 세상을 향한 하나님의 사랑을 바로 보여주는 것이다. 그리스도 예수처럼 철저히 세상과 자신을 동일시하고, 세상을 위하여 사랑의 봉사를 실천하고, 모든 인류와 하나 되는 삶을 이루어가는 것이 바로 교회가 추구해야 할 선교의 참된 방법인 것이다.

2) 대화와 협력

전통적으로 선교는 불신자들의 운명이 영원한 죽음이라는 확신에서 저들의 구원을 위한 복음 선포에 주된 관심을 두어왔다. 그러나 에큐메니칼 선교의 경우는 일방적인 복음의 선포보다는 충분히 서로를 인정하는 상호 인격적인 대화에 더 많은 관심을 기울이는 경향을 보인다.[10] 물

---

[9] 위의 글, 53.
[10] 이러한 것은 "선교와 전도: 에큐메니컬적 확언"의 "복음 전파는 일방적인 과정일 수 없

론 전통적인 선교가 대화를 추구하지 않았다거나 에큐메니칼 선교가 복음의 선포를 행하지 않는다는 것은 아니다. 다만 전통적인 선교가 구령을 위한 복음 선포에 더 많은 관심을 기울인 반면, 에큐메니칼 선교는 대화를 통한 상호공존과 샬롬 등에 더 많은 관심을 기울이는 경향을 보인다는 것이다.

에큐메니칼 선교는 무엇보다도 세계의 샬롬에 깊은 관심을 가지고 있다. 샬롬은 기본적으로 평화의 의미를 담고 있으며, 이러한 평화를 위해서는 다양한 분야의 갈등과 분쟁을 해소하는 것이 주요한 과제라 할 수 있고, 이 일을 위해서는 대화가 가장 중요한 방법이 되는 것이다.

특별히 세계 갈등의 가장 주요한 원인 중의 하나가 바로 종교 간 분쟁이라는 점을 고려하면서 WCC의 세계선교복음전도위원회(CWME)는 "Together towards Life: mission and evangelism in changing landscapes"와 "선교와 전도: 에큐메니칼 확언"문서에서 대화가 필요한 배경과 필요성을 각각 다음과 같이 천명한다.

> 교회는 다종교, 다문화 환경에서 살고 있으며, 새로운 통신기술의 발달도 세계인들이 서로의 정체성과 일상을 더 잘 이해하도록 이끌고 있다. 기독교인들은 지역적으로 또한 세계적으로 다른 종교와 문화를 가진 사람들과 관계를 맺으면서 사랑, 평화, 정의가 있는 사회를 건설하는 데 종사한다. 다원성은 교회가 만나는 도전이며 종교 간의 대화와 문화 간의 소통에 대한 진지한 참여는 피할 수가 없는 현실이다.[11]

으며, 상호 대화의 과정을 필요로 한다. 대화를 통해 그리스도인은 이웃이 무엇을 믿고 있는가를 깊이 인식하게 된다"라는 글에서도 잘 나타나고 있다. 위의 글, 64.

11) WCC CWME, "Together towards Life: mission and evangelism in changing landscapes," Proposal for a new WCC Affirmation on Mission and Evangelism, 2012.

종교적인 다툼이 있는 모든 상황에서 교회는 각각의 그리스도인이 자신의 신앙을 되돌아보고 이웃의 종교를 보다 잘 이해할 수 있게 돕도록 부름 받았다. 모든 점에서 교회는 자신이 처한 상황에서 다른 종교의 사람들과 대화와 협력을 위한 접촉점을 찾기 위해 노력해야만 한다. 공동의 문화 유산과 국민의 단합과 발전을 향한 사명감과 더불어 위에서 언급한 기준들은 대화를 통해 서로를 증거하기 위한 출발점이 될 수 있다. 이를 위해 교회는 다른 종교를 가진 사람들을 향해 개방적이고, 존중하고, 진리를 추구하려는 마음을 먼저 가져야 한다.[12]

에큐메니칼 선교는 그리스도인은 타 종교인을 향하여 선교를 행할 때 상대방을 내가 가진 것으로만 이끌려고 조종하는 자 즉 '조작자'(manipulators)의 자세를 버리고 상대방을 진정한 동료 순례자로 보면서 함께 열린 대화를 나누어야 함을 강조한다.[13] 이런 자세를 지닐 때 참된 증거의 기회가 열린다고 강조한다.[14]

이 문서는 WCC가 1982년에 발표한 "선교와 전도: 에큐메니칼 확언" 이후 2012년 9월 그리스 크레타 섬에서 열린 WCC 중앙위원회에서 만장일치로 승인되고 2013년 10차 부산총회 때 제출될 예정인 문서이다.
http://www.oikoumene.org/en/resources/documents/wcc-commissions/mission-and-evangelism/together-towards-life-mission-and-evangelism-in-changing-landscapes.html.

12) WCC, "선교와 전도: 에큐메니컬적 확언," 75.
13) 에큐메니칼 진영은 "'우리는 예수 그리스도를 통한 구원 외에 다른 구원을 이야기할 수 없다. 동시에 우리는 하나님의 구원의 능력에 어떤 제한을 둘 수 없다.' 이상의 두 문장 사이에는 긴장이 있으나, 이 긴장은 아직 해결되지 않고 있다"라고 말한다. 이런 관점으로부터 타 종교인을 동료 순례자로 볼 수 있는 안목이 가능해지며, 이런 이유 때문에 일방적인 선포보다는 상호간의 대화가 더 바람직한 선교 방법으로 이해되는 것이다. WCC, "일치를 통한 오늘날의 선교와 전도," 135.
14) WCC, *Guidelines on Dialogue with People of Living Faiths and Ideologies* (Geneva: WCC, 1979), 11.

에큐메니칼 선교가 관심 갖는 주된 관심은 또한 일치와 협력이다. 에큐메니칼 운동은 처음 시작될 때부터 효율적인 선교를 위한 일치와 협력운동에 깊은 관심을 가져왔다.

이와 같은 관심은 시간이 흐름에 따라 단순히 기독교 내에서의 일치와 협력을 넘어서서 타 종교 그리고 세상의 다양한 기구들과의 일치와 협력을 추구하는 것으로 확대되고 있다. 이러한 경향은 자연스럽게 기독교 정체성의 약화라는 것으로 이어질 가능성이 있기에 많은 이들이 에큐메니칼 진영의 일치와 협력 방향에 대하여 우려와 반대의 목소리를 내기도 하지만, 이에 대하여 "일치를 통한 오늘날의 선교와 전도" 문서는 아래와 같이 설명하고 있다.

> 에큐메니컬 진영에서 어떤 사람들은 '일치'(unity), '합의'(consensus), '사도적 진리'(apostolic truth) 등의 개념에 의문을 표시하는데, 이러한 용어들이 심지어 경멸적인 의미를 내포하고 있는 것처럼 생각한다. 보다 최근의 에큐메니컬적 입장은 다양한 진리들의 합일점을 찾는 과정에서 그중 어느 하나도 희석시키거나 폐지하지 않고 한 지붕 아래 모두 수용하여 사도적 진리 안에 하나로 묶을 수 있는 새로운 패러다임과 상징을 찾으려고 노력한다.[15]

에큐메니칼 선교는 기본적으로 일치와 협력을 추구하고, 종교들이 지니고 있는 차이점을 강조하기 보다는 공통점의 기반 위에서 세계의 샬롬을 위한 협력 방안을 모색하기에 종교 간 대화는 매우 중요한 에큐메

---

15) WCC, "일치를 통한 오늘날의 선교와 전도," 138-139.

니칼 진영의 선교 방법이 되는 것이다. 아울러 이러한 협력은 종교를 넘어 세계의 다양한 기구들과의 협력으로 확장된다.

하나님의 선교는 소위 말하는 구속사 속에서만 진행되는 것이 아니라 일반적인 세속 역사 즉 혁명 운동, 민권 운동, 교육 개혁 운동 등 세계의 다양한 분야에서 일어나므로 이러한 일들을 하는 기구들과의 협력과 대화는 세계의 샬롬을 이루는 데 필수적인 작업이 되는 것이며, 이런 점에서 대화와 협력은 에큐메니칼 진영의 중요한 선교 방법이 되는 것이다.[16]

3) 구조악 해결을 위한 행동

"선교와 전도: 에큐메니컬적 확언"은 "사랑, 평화, 그리고 정의가 넘치는(시 85:7-13; 사 32: 17-18; 65:17-25; 계 21:1-2 등) 새 하늘과 새 땅에 대한 성서의 약속은 역사 안에서 그리스도인에게 행동할 것을 요청한다"라고 말하면서 선교에 있어서 행동의 중요성을 강조한다. 에큐메니칼 진영이 말하는 행동이 어떤 특성을 지니는지 "선교와 전도: 에큐메니컬적 확언"에 나온 다음의 글을 보면 쉽게 알 수 있다.

---

16) 협의회는 교회를 "세상을 향한 하나님의 관심의 견지에서 볼 때 교회는 세상의 한 조각, 즉 그리스도의 현존과 하나님의 궁극적 구속 사업을 지향하고 축하하기 위하여 세상에 부가된 하나의 첨가물(postscript)이다"라고 정의하였다. 즉 교회는 선교를 주도하는 기구가 아니라 세상이 일어나고 있는 다양한 선교 사역에 열심히 동참하는 하나의 기구 즉, 선교를 수행하는 많은 역군 가운데 하나에 불과한 것이다. 따라서 교회는 독자적으로 선교를 추구하던 과거의 선교에서 벗어나 세상의 다양한 기구들과 대화와 협력을 통하여 선교를 추구해야 하는 것이다. WCC, ed. *The Church for Others and the Church for the World*. 박근원 역, 『세계를 위한 교회』 (서울: 대한기독교출판사, 1979). 121-122.

하나님 나라의 기쁜 소식은 개인을 회개로 부를 뿐 아니라 사회 구조에 도전한다(엡 3:9-10; 6:12). 만약에 하나님의 사죄의 은총을 통한 죄로부터의 구원이 진실로 완전히 인격적인 차원에서 이루어진다면, 사죄의 은총은 인간 관계와 사회 구조의 갱신을 통해 표현되어야 한다. 이러한 갱신은 단순히 하나의 결과로 다가오는 것이 아니라 전 인류의 회심에 대한 본질적인 요소이다.[17]

즉 전통적인 선교가 주로 개인을 회개로 부르는 차원의 선교 방법에 많은 관심을 둔 반면, 위의 글에서 볼 수 있듯이 에큐메니칼 선교는 개인 회심을 포함하여 사회 구조악에 도전하는 선교에 관심을 두고 있다고 할 수 있다. 전통적인 선교는 개인의 회심이 결국 사회 구조 갱신으로 이어진다는 사고를 지니는 반면, 에큐메니칼 선교는 사회 구조 갱신 자체가 바로 "…전 인류의 회심에 대한 본질적인 요소이다"[18]라고 보는 것이다. 따라서 단순히 복음을 전파하여 개인을 회심시키는 것으로만 만족하는 것은 충분하지 않다고 보는 경향이 있는 것이다.

오늘날 세계의 모습은 하나님의 뜻을 거역하는 인간의 죄와 사탄의 힘이 역사하는 세상이다. 그것은 하나님과 이웃과 자연으로부터 인간을 소외시키는 죄로 가득하며, 지배와 의존의 사회-정치-경제적인 구조의 모습으로 나타난다.[19] 이런 상황을 해결하기 위한 선교는 전통적으로 행해지던 단순한 선교 방법만으로는 한계가 있다고 보면서 에큐메니칼 진

---

17) WCC, "선교와 전도: 에큐메니컬적 확언," *You Are the Light of the World*, 김동선 역, 『통전적 선교를 위한 신학과 실천』(서울: 대한기독교서회, 2005), 44.
18) 위의 글.
19) 위의 글, 30.

영은 다양한 선교의 방법을 아래와 같이 요청한다.

> 예수 그리스도를 한 가지 방법으로만 증거할 수는 없다. 교회는 다양한 시간과 장소에서 다양한 방법으로 그리스도를 증거하였다. 복음 전파의 다양성은 매우 중요하다. 때때로 사회 속에서 역동적인 행동이 요구되는 상황이 있으며, 말씀이 선포되어야 할 상황이 있고, 그리스도인의 삶의 모습이 다른 사람들에게 복음증거가 되는 상황도 있다. 심지어 예배드리는 공동체나 개인의 모습 자체가 증거가 되는 상황도 있다. 한 분이신 예수 그리스도에 대한 증거의 다양한 차원은 항상 구체적인 순종의 문제와 연결된다. 다양한 차원을 무시하고 하나의 특별한 증거를 고집하는 것은 복음을 왜곡시키는 결과를 초래한다. 복음증거의 다양한 모습들은 참다운 전도를 위해 따로 떼어 생각할 수 없도록 서로 밀접하게 연결되어 있다.[20]

오늘날 추구되어야 하는 바람직한 선교의 방법은 복음 전도뿐 아니라 사회 구조악을 타파할 수 있는 다양하고 복합적인 선교 방법을 추구해야 한다는 것이다.[21] 즉 단순한 복음 전도의 행동으로 만족해서는 되지 않고 사회 변혁을 위한 구체적인 행동을 강구해야 하는 것이다. 또한 필요한 경우에는 투쟁의 방법도 수용해야 한다고 본다.

---

20) 위의 글, 69.
21) 에큐메니칼 진영은 전통적인 이분법과 특정 영역에 대한 우선순위를 옳지 않은 것으로 보지만, 에큐메니칼 진영 역시 우선순위 라는 용어를 종종 사용하고 있다. 예를 들면 "선교와 전도: 에큐메니컬적 확언" 32항, 33항, 35항 등에도 우선순위 라는 용어가 사용되고 있다. 이것은 에큐메니칼 진영이 통전성을 늘 강조하지만 에큐메니칼 선교 역시 어느 한 면으로 치우친 경향을 보이는 방증이 아닌가 생각된다. 위의 글, 55-57.

투쟁에 대한 언급은 에큐메니칼 문서 여러 곳에서 발견할 수 있는데, 예를 들면 "화해의 사역인 선교" 문서에 "이러한 선교는 죄에 묶인 사람들에게 해방의 복음을 대담하게 선포하고, 아프고 고통당하는 사람들에게 치유의 사역을 감당하며, 억압받고 소외된 사람을 위해 정의를 세우려고 투쟁하는 행위를 포함한다"[22]라고 강조한다.

또한 "선교와 전도: 에큐메니컬적 확언"에서도 "문화화의 과정을 자극하는 가장 좋은 방법은 해방을 위해 억압당하는 사람을 위한 투쟁에 참여하는 것이다. 연대는 공동의 문화적 가치를 가르쳐 주는 가장 좋은 전쟁이다"[23]라고 말하면서, "이러한 태도는 우리의 삶을 새롭게 형성해야 할 가치가 무엇인지를 가르쳐 주고, 나아가 우리의 힘을 쏟아야 할 투쟁의 방향을 제시한다"[24]라고 말한다.

또한 "Together towards Life: mission and evangelism in changing landscapes"도 "교회는 성령의 능력 가운데 생명을 축하하고, 생명을 파괴하는 모든 세력에 대항하며 그것을 변혁시키는 임무를 받았다"[25]라고 강조하였다. 즉 에큐메니칼 진영의 선교 방법은 다양한 선교 방법을 추

---

22) WCC, "화해의 사역인 선교," in WCC, *You Are the Light of the World*, 김동선 역, 『통전적 선교를 위한 신학과 실천』(서울: 대한기독교서회, 2005), 156. WCC는 인종차별 등의 문제를 해결하기 위하여 투쟁을 하고 이를 위해 많은 자금을 지불하였는데, 예를 들면, 남아프리카 흑인 해방군을 지원하는 데 미화 913,000불을 지불하였다. 김명혁, 『현대교회의 동향』(서울: 성광문화사, 1987), 98.

23) WCC, "선교와 전도: 에큐메니컬적 확언," 50-51.

24) 위의 글, 57.

25) WCC CWME, "Together towards Life: mission and evangelism in changing landscapes," Proposal for a new WCC Affirmation on Mission and Evangelism, 2012. 2항. http://www.oikoumene.org/en/resources/documents/wcc-commissions/mission-and-evangelism/together-towards-life-mission-and-evangelism-in-changing-landscapes.html.

구하는데 그 속에는 투쟁과 같은 방법도 포함되어 있는 것이다.

2. 에큐메니칼 선교 방법의 명암

1) 단향성 vs. 양방향성

앞장에서 우리는 에큐메니칼 진영의 주된 선교 방법들을 살펴보았다. 에큐메니칼 선교의 방법은 사람들을 세상에서 교회로 인도하는 방법이 아니라 교회가 세상에 나가 세상을 변화시키는 방법에 많은 관심을 기울인다. 또한 단방향의 선교 방식보다는 양방향의 선교 방식을 추구하면서, 말보다는 실천과 행동을 강조하며 세상을 변화시킬 수 있는 다양하고도 복합적인 행동을 추구한다고 할 수 있다.

이와 같은 선교 방식은 많은 장점을 지니지만, 동시에 상당한 한계점도 지닌다고 할 수 있다. 즉 에큐메니칼 선교 방식은 전통적인 선교 방식의 한계를 극복하는 데 일정 부분 기여하는 면이 있지만, 동시에 여러 가지 측면의 한계도 지니는 것이 사실이다. 본 장에서는 이와 같은 에큐메니칼 선교의 명암을 함께 살펴보자.

전통적인 선교가 자신의 것만을 일방적으로 강조하는 단방향성의 경향이 있었다면, 에큐메니칼 선교는 상대의 것을 존중하면서 대화와 함께 공존을 모색하고 양방향성의 특징을 보여준다고 하겠다.

전통적인 선교는 기본적으로 구원의 진리가 분명하게 주어져 있기에 남은 것은 이 변치 않는 구원의 진리를 어떻게 효과적으로 전할 것인가를 고민하는 것이었다. 따라서 상대방과 대화를 하면서 상대방의 진리를 들어보고 함께 진리를 찾아 나가는 등의 열린 자세를 생각할 필요성을 많이 느끼지 못했을 것이다. 하지만 이와 같은 자세가 선교를 받는 자의 입장에서 보면 상당히 무례하고 거친 태도로 비치었을 수 있고, 이것이 선교에 있어서 장애물이 될 수도 있었을 것이다.

이런 점에서 본다면 공존과 대화를 추구하는 에큐메니칼 진영의 선교 방법은 여러 가지 면에서 장점을 지닌다고 할 수 있다. 즉 에큐메니칼 진영의 양방향성 선교 방식은 기독교의 배타성에 대한 부정적인 이미지를 개선하는 데 도움을 줄 것이다. 또한 일치와 협력 그리고 세계의 평화를 위해서는 모든 주체가 자신의 것만을 주장할 것이 아니라 서로 양보하고 협력하는 자세를 지녀야 하므로 에큐메니칼 진영의 자세는 분명 세계 평화와 행복을 위해 일정 부분 기여하는 바가 있을 것으로 생각된다.

그러나 에큐메니칼 진영의 이와 같은 양방향적 자세 역시 전통적인 선교 방법이 그랬던 것처럼 한계성을 지닌다. 즉 기독교가 양보와 공존 그리고 대화 등에 지나친 강조점을 둘 경우 기독교의 정체성이 약화될 가능성이 높아질 수 있다는 점이다. 칼 브라텐(Carl E. Braaten)은 선교와 연관된 트렐취(E. Troeltsch)의 견해를 다음과 같이 요약하였다.

> 트렐취는 기독교 선교의 본질이 이교 세계를 향하여 구원의 복음을 전달하는 데 있다고 생각하지 않는다. 모든 종교는 그 자체의 문화적 상황에서 적절한 방법으로 절대자에게 지향하는 도상에 있는 것이다. 우리가 기대할 수 있는 최상의 것은 종교 사상들의 이화수정(異花受精)인데 거기서 기독교는 타 종교들이 지닌 가능성을 보다 크게 성취

할 수 있도록 고무하는 역할을 담당할 수 있을지 모른다.[26]

브라텐은 이와 같은 선교의 방향에 대하여 "선교의 목적은 회심이 아니라 고차원적인 종교적 궤변으로 발전하는 것에 불과하다"라고 평가한다.[27] 물론 에큐메니칼 진영이 추구하는 선교의 방식은 위에서 언급한 트렐취의 사고와는 분명 거리가 있다. 하지만 에큐메니칼 진영이 전통적인 선교와 비교하여 진리의 선포보다는 공존과 대화에 더 방점을 찍는 경향은 선교에 있어서 가장 근본적인 동력이 되는 정체성의 약화를 불러올 수 있는 가능성이 있다고 보인다.[28]

상대방과 진정한 대화를 하려면 상대의 진리를 인정해야 하고, 이렇게 상대의 진리를 인정하는 경우 기독교의 진리는 상대적이 되고 더 이상 정통과 같은 것은 인정될 수 없는 방향으로 나아가게 되는 것이다.[29]

이런 점에서 한국 조직신학계의 거목이었던 이종성도 "둘째로, 교회 선교는 언제든지 선포적이고 전도적이다…대화를 통한 전도가 논의되

---

26) Carl E. Braaten, *The Flaming Center: A Theology of the Christian Mission*, 이계준 역, 『현대선교신학』(서울: 대한기독교출판사, 1984), 34-35.

27) 브라텐은 계몽주의의 영향을 받은 기독교가 추구하는 선교의 방향을 아래와 같이 언급하였다. "…기독교에 부과된 과제는 기독교 신앙의 진리를 타 종교에 설득시키거나 또는 그들을 기독교로 개종시키는 것이 아니라 그들을 돕고 고상하게 만드는 것이었다." 위의 책, 27.

28) 에큐메니칼 진영은 "어떻게 그리스도인의 구원이 다양한 종교적 신념을 가진 사람들에게 미칠 수 있겠는가 라는 질문에 그리스도인은 아직도 분명한 입장을 정리하지 못하고 있다"라고 말한다. WCC, "선교와 전도: 에큐메니컬적 확언," *You Are the Light of the World*, 김동선 역, 『통전적 선교를 위한 신학과 실천』(서울: 대한기독교서회, 2005), 63. 이것은 전통적인 입장에 비해 에큐메니칼 진영이 복음의 보편적 적용에 대한 확신이 많이 약화되고 있다는 것을 보여주는 한 예라고 하겠다.

29) David J. Bosch, *Transforming Mission*, 김병길, 장훈태 역, 『변화하고 있는 선교: 선교신학의 패러다임 변천』(서울: CLC, 2000), 716.

고 있으나 그 대화란 듣는 사람이 전달된 진리를 받아들일 때까지 산파적 역할을 하는 것에 지나지 않는다"[30]라고 말한다. 이슬람과 같은 타 종교는 강력한 선교를 통하여 역동적으로 성장해가는데, 에큐메니칼 진영은 공존과 대화에 강조점을 두는 선교를 추구하여 이것이 기독교의 정체성 약화와 복음 전도 열정 약화로 이어지는 것은 상당히 우려되는 대목이 아닐 수 없다.

2) 급진적 변혁 vs. 점진적 변혁

전통적인 선교 방식은 사회 봉사를 등한시하고 복음 전도에만 집중한 선교라고 생각하는 경우가 종종 있다. 이러한 생각에 대하여 데이비드 보쉬(David J. Bosch)는 "빈번히 사회의 피해자들인 마약 중독자들, 피난민, 착취당하는 가난한 자, 병든 자 등등, 실존적인 요구 상황에 대하여 그들은[복음주의자들] 사회적 관심을 가지지 않는다고 비방하는 많은 에큐메니칼주의자들보다 오히려 더 희생적인 참여를 보여준다"[31]라고 말하면서 복음주의자들이 사회봉사 영역에 있어서 에큐메니칼 진영보다 오히려 더 희생적인 봉사를 한다는 점을 언급하고 있다.

이런 점에서 볼 때 전통적인 선교 방식과 에큐메니칼 선교 방식의 차이는 사회봉사 유무의 차이라기보다는 사회 변혁의 순서에 대한 이해 차이에 있다고 할 수 있다. 즉 전통적인 선교 방식은 복음을 전하여 개인들이 변화되면서 점차로 세상이 변화되어갈 것이라고 보는 경향이 강한

---

30) 이종성, 『교회론(1)』, 489.
31) David J. Bosch, *Witness to the World*, 전재옥 역, 『세계를 향한 증거』 (서울: 두란노서원, 1993), 48.

반면, 에큐메니칼 선교 방식은 사회 구조악 제거가 사회 변화에 핵심적인 것이라고 보는 경향이 강하며, 이러한 차이를 점진적 방식과 급진적 방식 또는 개인적 변혁과 구조적 변혁의 차이라고 볼 수 있겠다.

에큐메니칼 진영의 급진적 변혁 방식 또는 구조적 변혁 방식은 여러 가지로 장점을 지니고 있다고 평가된다. 먼저 교회의 선교가 대부분 교회와 개인에게 한정되어 있던 시야를 넓혀서 사회의 구조를 볼 수 있게 하고 사회 구조악 타파를 하는 데 일정 부분 기여한 점이 있다고 보인다. 사람을 전도하여 회개케 하기만 하면 그 사람이 곧 좋은 사회를 구축할 수 있다고 보는 순진한 생각을 깨고 사회 구조악을 타파해야 할 필요성과 책무성을 강조한 점은 에큐메니칼 선교의 중요한 기여라고 하겠다.[32] 또한 항상 자체의 몸집 불리기와 자기 이익에로만 기울기 쉬운 교회로 하여금 세계 변혁의 도구가 되도록 끊임없이 도전한 점 역시 좋은 공헌점으로 보인다.

하지만 에큐메니칼 진영의 급진적 변혁 방식은 자칫 뿌리와 열매를 혼동하거나 말과 마차를 바꾸어놓는 오류에 빠질 수 있는 가능성을 지닌다. 뿌리가 없이 열매가 있을 수 없고, 말이 앞에 오지 않고서는 결코 마차가 움직일 수 없듯이 기독교의 세계 변혁 방식은 기본적으로 인간의 변혁에 있다. 브라텐은 이와 연관하여 "선교의 유일한 주제는 문화적, 정치적 및 사회적 영역에 있어서 사물의 조건이 아니라 개체적 인격이다"[33]라고 갈파하였다.

이종성도 "그러나 사회가 근본적으로 필요로 하는 것은 개혁이 아니라 구원이다. 교회는 이 구원을 제공한다. 교회만이 이 보화(mystery)를 가

---

32) 이종성, 『교회론(1)』, 490. 참조.
33) Carl E. Braaten, 『현대선교신학』, 38.

지고 있다. 교회는 그것에 인류의 과거의 최대의 유물이며, 인류의 미래가 위탁된 유일의 것이다"[34]라고 강조한다. 이어서 그는 "복음 설교는 정치적 계획이나 사회 혁명의 강령을 말하는 것이 아니다. 그러한 것을 만들 수 있는 사람을 하나님의 말씀으로 회개케 하여 그러한 일을 할 수 있는 준비를 가능케 하는 데 더 관심을 가진다"(고후 5:17)[35]라고 주장한다. 실제로 복음주의 운동은 사회의 구조악을 타파하는 데 많은 기여를 하였는데, 보쉬는 이것을 다음과 같이 설명한다.

> 그들은[복음주의 각성을 주장한 설교가들] 삶의 근원, 샘터를 깨끗이 하려고 하였다. 그들은 하나님 앞에서 그리고 그리스도의 십자가를 묵상하면서 참회와 갈망으로 자기 자신들을 반성하면서 예배하려고 집중하였다. 이 깨끗해진 근원, 샘터에서 사회 개선의 형태로 사랑의 새로운 활동들이 미국과 영국에서 넘쳐 흐르게 되었다…그것은 복음주의 부흥이 사람들에게 아편 같은 역할을 해서가 아니라 정확하게 보면 이 부흥운동이 더욱 더 사회의식과 사회참여를 이루어주었기 때문이다. 윌리엄 윌버휘스, 셉투스바리, 존 뉴우톤 그리고 노예제도 폐지운동, 가난한 자들의 생활개선, 악에 대항하여 투쟁했던 이와 같은 사람들은 다 복음주의 각성 운동에 활발히 참여했던 자들이다.[36]

---

34) 이종성, 『교회론(1)』, 490. 나용화는 이와 연관하여 "현대신학 사상은 죄의 실체인 마귀도 모르고, 사회의 구조적 악만을 보고서 투쟁하는 바, 이는 곧 의사가 질병의 근본 원인인 병균이나 암세포를 알지 못한 채 수술만을 능사로 생각하는 것과도 같다"라고 강조한다. 나용화, 『발전하는 보수신학』(서울: CLC, 2008), 339-340.

35) 이종성, 『교회론(1)』, 490.

36) David J. Bosch, 『세계를 향한 증거』, 176.

사회의 구조적 변혁을 위하여 구조 자체를 변혁시키려는 접근은 흔히 정치 이데올로기에서 추구하는 방법이다. 반면에 종교는 개인들의 심성을 변화시켜 사회를 변화시키는 접근을 추구하는 것이 일반적이다. 에큐메니칼 진영이 개인의 변화를 통한 점진적 접근보다 구조적 변화를 추구하는 급진적 변혁에 더 관심을 둘 때 그것은 사회변혁을 가능케 하는 힘 자체의 약화를 가져올 수 있지 않을까 하는 점에서 우려를 낳게 한다.

3) 사회로 vs. 교회로

앞에서 살펴본 대로 전통적인 선교의 방법이 주로 사람들을 교회로 인도하는 방법에 많은 관심을 쏟은 반면, 에큐메니칼 선교는 주로 세상으로 나가 세상을 변화시키는 방법에 많은 관심을 쏟아왔다. 즉 에큐메니칼 선교는 세상 사람들을 교회로 인도하기 위한 방법으로서의 복음 전도나 교회 개척 등의 방법보다는 세상으로 나아가 현존과 대화 그리고 인권 향상을 위한 투쟁 등을 통해 샬롬을 실현하는 일에 더 많은 관심을 기울인 경향이 있다.

에큐메니칼 진영의 이러한 선교 방법은 여러 가지 면에서 강점을 지니고 있다. 즉 세계의 변혁 방법을 추구하는 에큐메니칼 선교 방법은 복음으로 세상을 변화시키는 데 무능하고 세상을 교회로만 이끌려 하는 교회 지상주의의 한계점을 극복하도록 도전한다.

또한 교회의 담장 안에만 머물기 쉬운 이기적인 교회로 하여금 사회 참여적이고 사회 변혁적인 교회를 만드는 데 기여한다는 점에서도 강점이 있다고 보인다.

그러나 이러한 강점은 또한 여러 가지 한계점도 내포하고 있다. 어느 종교이든 기본적으로 선교란 그 종교가 믿는 진리의 전파를 통한 종교의 확장 활동이다. 따라서 선교가 약해질 때 그 종교는 자연히 약화되고 종국에는 사라질 수 있다.

그런데 에큐메니칼 진영의 선교 방법은 세상의 변혁에 대해서는 많은 관심을 쏟는 반면, 정작 세상으로 하여금 복음의 진리를 받아들이고 교회로 오게 하는 일에는 많은 관심을 기울이지 않는 경향이 있다.[37] 이것은 자연히 교회의 약화로 이어질 가능성을 높게 만드는 것이다.[38] 즉 에큐메니칼 선교 방식은 세상의 변화에 일정 부분 기여할 수 있을지 모르지만, 교회가 건강하게 수적으로 성장해가는 일에는 소홀하게 될 수가 있는 것이다.

이런 점과 연관하여 이종성은 에큐메니칼 선교 방법의 문제점을 다음과 같이 분석하고 있다.

> 그러나 에큐메니칼 선교 방법에 두 가지 묵과할 수 없는 문제가 있음을 발견한다. 그것은 선교의 내용이 예수 그리스도의 복음이 아니라

---

37) 세계 선교의 주축이었던 국제선교협의회(IMC)가 1961년 WCC와 통합하여 WCC의 한 분과인 세계선교복음전도위원회(CWME)로 재편되면서부터 WCC 안에서 복음화는 이차적인 관심이 되었다. WCC의 이러한 경향에 대하여 복음주의자들은 1966년 미국 일리노이 주 휘튼대학에서 교회세계선교대회(The Church's Worldwide Mission)라는 선교대회를 열고, 바람직한 선교방법은 전도 및 교회 개척이 우선순위가 되어야 함을 천명하였다. 김은수, 『현대선교의 흐름과 주제』(서울: 대한기독교서회, 2001), 202-203. 즉 에큐메니칼 진영과 복음주 진영의 선교 방법 차이를 나누는 하나의 기준은 복음화를 우선순위에 두느냐 아니냐에 있다고도 할 수 있을 것이다.

38) 맥가브란은 에큐메니칼 진영 선교는 이 땅에서의 삶의 여건 향상을 구원의 열매로 보는 것이 아니라, 그것 자체를 구원으로 보는 경향이 있기 때문에 삶의 여건 향상에 많은 에너지를 쏟으면서 복음 전도가 약화되고 사람들을 교회로 인도하는 사역이 무시된다고 지적한다. Donald A. McGavran, "Salvation Today," Ralph Winter, ed. *The Evangelical Response to Bangkok* (Pasadena, CA: William Carey Library, 1973), 30.

인애주의(仁愛主義)라는 것과 기성교회와 관계없이 교회 밖에서 선교 운동을 한다는 점이다. 전자는 '다른 복음'(갈 1:7-8)으로 변질될 위험성이 있으며, 후자는 복음 운동이 아니라 인본주의적 동기에 의한 사회운동이 될 위험성이 매우 강하게 나타나고 있다. 교회의 선교는 다른 복음을 전하는 것도 사회 운동을 주동하기 위한 운동은 아니다. 어디까지나 예수 그리스도의 십자가의 복음을 전하여 개인이 구원을 받아 그 개인 개인이 중심이 되어 예수 그리스도가 시작한 하나님의 나라를 지상에서 계속 건설하는 데 그 목적이 있다.[39]

기독교가 세상을 변혁하는 방식은 일반적인 사회 운동의 그것과 다르다. 그것은 복음을 받은 자들이 그 복음의 가르침을 따라 세상을 변화시키는 운동이다. 따라서 기본적으로 먼저는 복음을 받고 교회의 일원이 되도록 하는 일이 선행될 필요가 있다.[40] 이것이 없이 세상의 변화에만 관심을 쏟는 것은 세상의 다른 사회 운동과 다를 바가 없는 운동으로 전락될 가능성을 지니는 것이다.

이런 점에서 크리스챠니티 투데이가 1966년 11월 11일자에 에큐메니칼 선교 방법에 대하여 지상에 인간의 나라를 건설할 것을 목적으로 하는 후기 천년 왕국 건설 운동으로 평가한 것은 많은 것을 생각하게 하는 평가라고 보인다.[41]

---

39) 이종성, 『교회론(1)』, 484.

40) 선교의 목표는 기본적으로 사람들로 하여금 구원을 얻게 하는 데 있으며, 이 구원은 로마서 10:10이 선언한 "사람이 마음으로 믿어 의에 이르고 입으로 시인하여 구원에 이르느니라"라는 말씀대로 예수를 믿고 시인하는 일로 이루어지는 것이다. 이 구원이 이루어질 때 사회 변혁의 기초가 형성되는 것이다.

41) *Christianity Today*, Vol. XI. No. 3, 1966. 11. 11. p. 32. 이종성, 『교회론(1)』, 482. 재인용.

결국 에큐메니칼 선교 방법은 그 좋은 강점에도 불구하고 세상 변혁의 가장 첫 단계인 복음 전도를 소홀히 하면서 교회 자체의 약화를 가져올 수 있는 한계점을 지니고 있지 않은지 잘 살펴볼 필요가 있어 보인다.[42]

4) 인간의 노력 vs. 하나님의 주권

하나님의 나라는 항상 역사적인 차원과 초월적인 차원을 함께 지니고 있다. 단순화시키기엔 다소 무리가 있을 수 있지만, 주된 경향을 따라서 분류하자면 전통적인 선교 방법은 주로 초월적인 차원에 관심을 두면서 영원한 천국에 들어갈 수 있도록 만드는 일 즉 전도에 많은 역점을 두어 온 반면, 에큐메니칼 선교는 주로 역사적인 차원에 깊은 관심을 두면서 이 땅을 하나님의 나라로 만들려는 다양한 방법들에 힘을 쏟고 있다. 양 진영이 다른 쪽의 일을 하지 않았다기 보다는 각각 역사적 차원과 초월적 차원 중 어느 하나에 좀 더 깊은 관심을 기울여왔다고 말할 수 있다.[43]

에큐메니칼 진영의 선교가 이처럼 하나님 나라의 역사적 차원을 강조하기에 에큐메니칼 선교의 방법은 이 땅 위에 하나님 나라의 모습이라

---

42) 이런 이유 때문에 이종성은 "교회 선교의 첫 목적은 개인에게 그리스도의 복음을 전하여 그 전도를 받아 그 사람이 구원을 체험하도록 하는 데 있다. 한 때는 그러한 전도방법이 너무나도 개인주의라는 비판과 예수의 복음을 너무나도 좁은 뜻으로 해석한다는 비판도 있었으나 어떤 다른 신앙행동으로 옮기기 전에 먼저 개인의 구원에 대한 체험과 확신이 있어야 한다"라고 강조한 바 있다. 위의 책, 476.
43) 이런 배경하에서 에큐메니칼 선교는 하나님 나라의 현재성 혹은 역사성을 나타내는 "이미"(already)를 강조하는 반면, 복음주의 선교는 하나님 나라의 내재성 혹은 초월성을 나타내는 "아직 아니"(not yet)를 강조하는 경향이 있으며, 이러한 이해가 각각의 선교 방법에 절대적인 영향을 미친다고 할 수 있다. 김은수, 『현대선교의 흐름과 주제』, 315.

고 생각되는 정의와 평화 그리고 생명 살림과 인권 등을 실현하는 데 많은 노력을 기울인다.

전통적인 선교는 이러한 것들은 복음이 받아들여진 결과로 주어질 것이라는 생각에 주로 복음 전도에 우선적인 관심을 쏟는 반면, 에큐메니칼 진영은 이러한 열매로 나타나지 않는 복음은 참된 복음이 아니라는 생각에서 구체적으로 이러한 일을 실천하는 일에 많은 열정을 쏟아 붓는다. 복음을 받은 사람들의 책임은 하나님 나라를 이 땅 위에 실현하는 일인데, 이러한 책임을 하나님께 미루는 것은 옳지 않다고 보면서, 인간들의 노력과 투쟁을 통하여 이 땅 위에 그 나라를 실현하는 일에 온 힘을 기울인다.[44]

이러한 경향은 여러 가지 면에서 많은 기여점을 지닌다. 즉 에큐메니칼 선교는 세상의 소금과 빛으로서 하나님의 영광을 드러내야 할 교회와 성도들의 책임을 일깨워준다. 또한 교회가 세상 속에서 자신만을 위한 성벽을 쌓고 게토로 남아 있는 것이 아니라 세상 가운데 하나님의 통치가 임하는 일에 헌신할 수 있도록 도전하는 역할을 하는 것이다.

그러나 하나님의 나라는 기본적으로 '하나님의 나라' 즉 '하나님에게 그 주도권이 있는 나라'임을 인식할 필요가 있다. 물론 하나님의 나라가 인간의 책임적 동참을 완전히 배제하는 것은 아니지만 하나님의 나라는 기본적으로 하나님의 은혜와 주권이 우선되는 나라인 것이다.

이런 점에서 예수는 우리가 흔히 쓰는 표현 즉, 하나님 나라를 "이룬다" 또는 "확장한다" 등의 동사를 쓰지 않고, 주로 하나님 나라가 "온다", "당도한다", 하나님이 "주신다" 등의 표현을 쓰셨다.[45] 그리고 하나님의

---

44) David J. Bosch, 『변화하고 있는 선교』, 595.
45) '온다'(마 6:10; 눅 11:2; 막 9:1; 눅 17:20; 22:18), '당도한다' (막 1:15; 마 4:17; 마 10:7; 눅

나라에 대해 인간이 하는 행위는 주로 "들어간다"(막 10:15; 눅 18:17)와 "받다"(마 25:34) 등의 표현이 사용되었다.

즉 하나님의 나라는 하나님의 주권에 의해 오는 것이고, 인간은 그것을 받는다는 점에서 하나님의 나라는 선물의 성격을 지닌다. 이런 점에서 그 나라는 바리새인들이 강조하는 인간의 공로나 엣센파의 엄격한 율법 준수 그리고 열혈당의 혁명 활동 등으로 이루어내는 것이기 보다는 하나님 자신에 의해 이루어진다는 점이 강조되는 것이다.[46]

보쉬도 "우리는 결코 하나님의 뜻과 통치에 일치하는 사회 정치적인 질서에 대한 우리의 청사진을 실현할 수 없다…하나님의 변혁은 인간의 혁신들과 다르다. 하나님은 우리를 놀라움으로 사로잡는다…궁극적인 승리는 독특하게 하나님의 선물이다. 모든 것을 새롭게 하는 것은 하나님이시다"(계 21:5)[47]라는 말을 남겼다.

이런 점에서 볼 때 인간의 노력과 투쟁을 통해 이 땅에 하나님의 나라를 세우는 것을 강조하는 에큐메니칼 방식은 자칫 하나님 나라의 근본이 되는 하나님과의 관계 만들기는 이차적인 것이 되고, 오히려 그 결과인 이 땅 위의 나라 실현을 위한 인간의 노력이 더 강조되는 것이 아닌가

10:9; 눅 21:31), '하나님이 주신다' (눅 12:32; 눅 22:29; 막 4:11).

46) 김세윤, 『예수와 바울』(서울: 참말, 1993), 52. 비체돔도 하나님의 주도권에 대하여 "하나님의 나라는 오직 그 나라의 질서에 따라서만 받아들일 수 있다. 인간은 다만 그 나라 안으로 들어오라고 부름을 받을 때만, 그리고 항상 순종에로의 부름인 이 부름에 따라서만 그 나라 안으로 들어갈 수 있다…그러므로 그 나라는 받아들이며, 간구하며, 기다리는 인간의 태도를 전제로 한다(마 10:15; 눅 18:17; 막 15:43). 이런 태도를 가진 자만이 이 확고부동한 하나님의 나라를 받아들이고 유산으로 소유하게 된다(히 12:28; 마 25:34). 그러므로 그 나라를 영접하는 일은 언제나 회개와 결부되어 있다"라고 강조하였다. Georg F. Vicedom, *Missio Dei*, 박근원 역, 『하나님의 선교』(서울: 대한기독교출판사, 1980), 44-45.

47) David J. Bosch, 『변화하고 있는 선교』, 748.

하는 염려를 낳게 한다. 결국 에큐메니칼의 선교 방식이 인간의 노력으로 유토피아를 건설하려는 세상의 이데올로기와 유사한 방식으로 흘러가지 않을까 하는 우려를 낳게 하는 것이다.

3. 요약 및 전망

지금까지 전통적인 선교의 방식과 차이점을 보이는 에큐메니칼 선교의 방법을 살펴보았다. 에큐메니칼 선교가 워낙 방대하여 간단히 정리하는 데는 다소 무리가 있지만, 본 장은 에큐메니칼 진영의 선교 방식의 주된 특징을 다음과 같이 정리하였다.

첫째, 전통적인 선교가 복음 전파를 통하여 피선교지를 복음화시키는 일에 깊은 관심을 둔 반면, 에큐메니칼 선교 방식은 조용한 현존의 삶을 삶으로써 상호간에 평화로운 조화를 이루어가는 데 강조를 두는 경향이 있다.

둘째, 전통적인 선교가 복음의 선포에 강조를 둔 반면, 에큐메니칼 선교는 종교 상호 간의 진리에 대한 대화를 통해 진리를 찾아가는 데 관심을 두는 경향이 있다.

셋째, 전통적인 선교가 복음의 전파를 통해 개인들을 점진적으로 바꾸면서 그것이 사회 변화로 이어질 것이라고 기대한 반면, 에큐메니칼 선교는 사회 구조악을 변혁시키기 위한 실제적인 행동들에 강조점을 두는 경향이 있다.

종합해서 살펴보면, 전통적인 선교는 사람들을 세상에서 교회로 이끄는 방법에 주된 관심을 둔 반면, 에큐메니칼 선교는 교회가 세상으로 나가서 세상의 구조를 변혁시키고 샬롬을 이루는 방법에 깊은 관심을 둔다고 말할 수 있겠다.

이상과 같은 선교 방법은 여러 가지 면에서 많은 강점을 지니기도 하지만 또한 동시에 상당한 약점 또한 지니고 있다. 즉 대화와 양보 그리고 현존 등에 강조점을 두는 것은 종교 간 협력과 갈등 해소에는 다소 도움을 줄 수 있겠지만, 그리스도를 통한 구원에 기초를 둔 기독교의 정체성 약화와 그로 인한 복음 전도 열정의 약화를 가져올 수 있는 약점을 지닌 것으로 평가된다.

또한 회심을 통한 개인의 변화와 그로 인한 사회의 변화라는 점진적 변혁 방식이 아닌 사회 구조 변혁이라는 급진적 방식에 관심을 두는 것은 사회적 책임성을 높이는 데는 일정 부분 기여할 수 있지만, 종교의 방식이 아닌 정치 이데올로기의 방식으로 변질될 수 있는 가능성도 내포하고 있다.

그리고 사회의 변혁을 통해 이 땅에 하나님의 나라를 실현하는 일에 많은 관심을 갖는 점은 자신의 아성에 갇히기 쉬운 교회와 성도들을 일깨워 사회 참여적인 모습으로 바꾸는 데 일정 부분 기여하는 면이 있지만, 자칫 세계 변혁의 가장 중요한 근본인 하나님과의 관계 개선을 소홀히 하면서 교회 자체의 약화를 가져올 수 있다는 점에서 우려를 낳게 한다. 에큐메니칼 선교 방법은 이런 점을 잘 고려하면서 실행될 때 바람직한 방향의 선교를 추구할 수 있을 것이라 생각된다.

: 참고문헌 :

김동선. 『하나님의 선교: 그 신학과 실천』. 서울: 한국장로교출판사, 2003.
김명혁. 『현대교회의 동향』. 서울: 성광문화사, 1987.
김세윤. 『예수와 바울』. 서울: 참말, 1993.
김은수. 『현대선교의 흐름과 주제』. 서울: 대한기독교서회, 2001.
나용화. 『발전하는 보수신학』. 서울: CLC, 2008.
동화사 사서 편찬부. 『새국어사전』. 서울: 동화사, 2005.
이종성. 『교회론(1)』. 서울: 대한기독교출판사, 1989.
Bosch, David J. *Witness to the World*. 전재옥 역. 『세계를 향한 증거』. 서울: 두란노서원, 1993.
──────. *Transforming Mission*. 김병길, 장훈태 역. 『변화하고 있는 선교: 선교신학의 패러다임 변천』. 서울: CLC, 2000.
Braaten, Carl E. *The Flaming Center: A Theology of the Christian Mission*. 이계준 역. 『현대선교신학』. 서울: 대한기독교출판사, 1984.
McGavran, Donald A. "Salvation Today." Ralph Winter. ed. *The Evangelical Response to Bangkok*. Pasadena, CA: William Carey Library, 1973.
Vicedom, Georg F. *Missio Dei*. 박근원 역. 『하나님의 선교』. 서울: 대한기독교출판사, 1980.
WCC. *The Church for Others and the Church for the World*. 박근원 역. 『세계를 위한 교회』. 서울: 대한기독교출판사, 1979.
──────. *Guidelines on Dialogue with People of Living Faiths and*

Ideologies. Geneva: WCC, 1979.

──────. "선교와 전도: 에큐메니컬적 확언." in WCC. *You Are the Light of the World*. 김동선 역. 『통전적 선교를 위한 신학과 실천』. 서울: 대한기독교서회, 2005.

──────. "일치를 통한 오늘날의 선교와 전도." in WCC. *You Are the Light of the World*. 김동선 역. 『통전적 선교를 위한 신학과 실천』. 서울: 대한기독교서회, 2005.

──────. "화해의 사역인 선교." in WCC, *You Are the Light of the World*, 김동선 역. 『통전적 선교를 위한 신학과 실천』. 서울: 대한기독교서회, 2005.

──────. "Together towards Life: mission and evangelism in changing landscapes." Proposal for a new WCC Affirmation on Mission and Evangelism. 2012. http://www.oikoumene.org/en/resources/documents/wcc-commissions/mission-and-evangelism/together-towards-life-mission-and-evangelism-in-changing-landscapes.html.

CHAPTER 4

선교의 내용
CONTENTS OF MISSION

선교의 내용이란 선교를 수행함에 있어서 전해져야 할 내용이다. 전통적인 선교에서 전해야 할 내용이 '그리스도를 통한 구원의 복음'이었다면 에큐메니칼 진영의 선교 내용은 '인간다운 삶'이다. 그것은 영혼의 구원이기 보다는 삶의 전 영역의 해방이며, 인간의 구원을 넘어선 전 피조물의 구원이라고 할 수 있다. 선교 내용에 대한 이와 같은 달라진 이해는 나름대로 강점을 지니는 측면이 있지만, 동시에 이러한 강점은 그림자도 함께 내포하고 있다. 이는 에큐메니칼 선교 내용이 회개, 전도, 구령 열정 등의 약화를 가져올 수 있는 가능성을 가지고 있기 때문이다. 우리가 전해야 할 선교의 내용은 무엇인지 함께 살펴보자.

선교의 내용

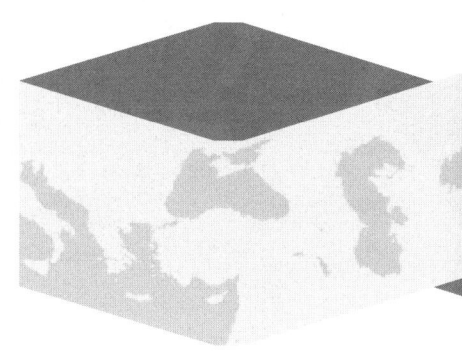

선교란 한 종교가 진리의 전파를 통해 그 종교를 확장해 가는 활동이라 할 수 있다. 이러한 선교를 수행함에 있어서 기독교는 전통적으로 전달해야 할 내용을 비교적 간결하게 표현할 수 있었으며, 구원의 도리인 복음이 그 내용이라는 데 큰 이의가 없었다. 이종성도 "선교의 내용에 대해서 전통적으로 예수 그리스도의 십자가와 부활이 개개인과 세계 인류를 위하여 가지는 구속적 의미라고 생각했다"[1]라고 말하고 있다.

에큐메니칼 운동의 효시라 할 수 있는 1910년 에딘버러 대회는 "이 세대 안의 세계의 복음화"를 목표로 삼았고, 다만 그 효율성을 높이기 위해 '협력'이라는 주제에 깊은 관심을 가졌었다. 즉 에큐메니칼 신학 역시 그 출발 지점에서는 선교의 내용에 대해서 이의가 없었고, 다만 선교의 방법 즉 협력에 대해서 관심을 가졌다고 할 수 있다.

---

1) 이종성, 『교회론(1)』(서울: 대한기독교출판사, 1989), 485.

그러나 2차 세계대전 후부터 에큐메니칼 선교는 선교의 내용에 대해서도 점차 다른 관점을 갖기 시작했다. 1968년에 모인 웁살라 총회는 선교의 목표를 '복음화'에서 '인간화'로 바꾸면서 선교에서 전해져야 하는 내용은 '그리스도를 통한 구원의 복음'이기 보다는 '인간다운 삶'이었고, 1973년의 방콕 CWME 대회에서 '오늘의 구원'을 외침으로 말미암아 영혼이 거듭나는 구원이기 보다는 삶의 전 영역이 해방되는 통전적 의미의 구원을 말하게 되었다. 즉 선교의 내용이 영혼 구원의 협소한 개념에서 영과 육, 개인과 사회, 인간과 모든 피조물을 포함하는 아주 폭넓은 의미의 구원 개념을 지니게 되었다.

선교 내용과 연관된 이와 같은 변화된 이해는 선교에 있어서 혁명적인 변화를 가져오게 되었다. 선교는 단순한 복음 전도 위주의 활동에서 인간의 모든 부분, 사회 구조, 그리고 전 피조세계를 변화시키는 활동으로 이해되게 되었다.

본 장은 전통적인 선교의 내용과 달라진 에큐메니칼 선교의 내용을 분석하는 것을 그 주된 목적으로 삼는다. 이를 위해 에큐메니칼 선교 내용이 어떤 배경하에 이런 변화를 갖게 되었는지, 그리고 에큐메니칼 선교 내용의 주된 특징은 무엇인지, 그리고 이러한 이해의 강점과 약점은 무엇인지를 살펴보고자 한다. 이러한 연구는 우리의 선교에 있어서 우리가 전해야 하는 선교의 내용이 어떤 것이어야 하는지에 대한 안목을 열어줄 것이다.

1. 에큐메니칼 선교 내용의 배경

1) 세계에 대한 폭넓어진 관심

전통적인 선교의 관심은 주로 개인의 구원에 관심이 쏠려 있었다. 그것도 영혼의 구원에 집중되는 경향이 강했다. 물론 개인의 육신적인 문제나 건강 등의 문제에 관심이 없었던 것은 아니다. 전통적인 선교에서도 이러한 문제를 해결하려고 많은 노력을 기울였다. 하지만 이러한 문제는 항상 부차적인 문제로 인식되었다.

선교를 수행하면서 다양한 분야에 관심을 기울였지만, 여전히 최종적인 관심은 영혼의 구원이었다. 영혼이 구원되면 부차적으로 육신적인 문제는 점차적으로 해결되고, 구원받은 사람들이 많아지고 삶이 변화되면 자연히 그 사회도 변화된다는 점진적인 변화의 관점을 지녔다. 이런 이유 때문에 전통적인 선교는 다양한 일들을 추진하였음에도 불구하고, 영혼 구원에 최대의 관심을 기울였다고 해도 과언이 아닐 것이다.

하지만 에큐메니칼 선교는 1950년대에 출현한 '하나님의 선교'(Missio Dei) 개념 등의 영향으로 세상에 깊은 관심을 갖게 되었다. 하나님이 교회보다 오히려 세상에 주된 관심을 가지고 계시며, 이 세상에서 샬롬을 이루시는 것에 관심을 가지신다는 것을 강조하였다.[2]

에큐메니칼 운동의 어원이 되는 '오이쿠메네'라는 용어 자체가 하나의 '집' 또는 '가족'이란 의미를 지니고 있으므로, 자연히 에큐메니칼 신학은 온 우주를 하나의 가족으로 보면서 온 우주의 행복에 지대한 관심을 지니

---

[2] David J. Bosch, *Transforming Mission*, 김병길, 장훈태 역, 『변화하는 선교』(서울: CLC, 2000), 579.

게 되었다. 즉 개인의 구원에 관심을 갖던 전통적인 선교와 달리, 사회 전체의 구원에 관심을 갖게 되었고, 인간의 구원에 관심을 갖던 전통적인 관심을 넘어서서, 온 피조물의 구원에 관심을 갖는 폭넓은 관심을 갖게 되었던 것이다.

이처럼 넓어진 관심 가운데 전달해야 하는 선교의 내용 역시 자연히 폭넓어진 선교의 내용을 전하게 되었다. 전통적으로 예수를 믿음으로 말미암아 얻는 개인 영혼 구원이 선교의 주된 내용이었다면, 이제 에큐메니칼 신학에서는 개인뿐 아니라 사회도 구원을 받고, 인간뿐 아니라 모든 피조물이 함께 샬롬을 누리게 된다는 것을 선교의 내용으로 전하게 되었던 것이다.[3] 즉 이 세상의 샬롬을 위한 것이라면 모든 것이 다 선교의 관심이고, 그로 인해 선교에서 전해야 할 내용이 되었다고 말할 수 있을 것이다.

2) 인간에 대한 새로운 이해

선교에서 전달되는 내용의 핵심은 '구원'이라 할 수 있는데, 이 구원은 인간에 대한 이해에 따라서 달리 정의될 수 있다. 전통적인 인간 이해에서는 기본적으로 인간이란 '하나님을 떠난 존재'이며 그런 점에서 '잃어버려진 존재'라는 전제 위에서 인간의 참된 행복은 오직 "주 예수를 믿으라"(행 16:31)는 말씀을 실천할 때 이루어지는 것으로 보았다.

육적인 상태가 어떤 상태에 있든지 예수를 구주로 영접하고 하나님과의 관계가 회복되면 그는 구원을 받고, 그 후로 그의 육체적 사회적 환경

---

[3] WCC, 『세계교회협의회 역대총회 종합보고서』, 이형기 역 (서울: 한국장로교출판사, 1993), 566.

은 그 구원 이후의 성화 단계로 점진적으로 변화되는 것으로 이해하였다. 이러한 관점에서는 다분히 육적인 차원보다는 영적인 차원이 순서적으로 우선되며 더 중요한 차원으로 이해된 측면이 강했다. 그러나 오늘날은 영과 육을 분리해서 영을 우선시하는 사고는 성경의 가르침이라기 보다는 헬라철학이나 고대의 종교사상에서 기원된 것이라고 보는 경향이 우세하다.[4] 영과 육을 나누고 어느 한쪽에 우선순위를 두는 이분법적인 인간 이해를 거부하는 신학은 인간의 영과 육이 분리될 수 없는 통전적인 존재임을 강조한다.

현대과학에서도 인간의 영과 육을 분리해서 생각하는 것은 당연히 비합리적이며 비과학적인 것으로 인식된다.[5] 현대의 행동과학과 심신상관설에 의하면 인간의 마음과 몸은 하나로 결합되어 있어서 인간의 영혼과 육체는 합일체이며 서로 영향을 주고받는다.[6]

인간의 영과 육은 함께 주어져 있기에, 인간의 감정과 사유 활동은 인간의 정신적 조건에만 달린 것이 아니라 육체적 조건에도 의존하는 것

---

4) 이러한 사상은 특별히 플라톤의 사상에 이런 경향이 잘 나타나 있는데, 그는 육체가 죽는 순간 인간의 영혼은 육체의 감옥을 벗어나 영원한 신의 세계로 가게 되며, 이런 점에서 인간의 본래적 삶은 육체에 있는 것이 아니라 영혼에 있다고 보았다. 이런 점에서 김균진은 "유스틴(Justin) 이후 대부분의 초대 교부들은 플라톤을 '그리스도 이전의 그리스도인'으로 숭배하면서, 그가 가르친 '사멸하는 육체와 불멸하는 영혼'의 이원론을 받아들였다. 이리하여 기독교는 일찍부터 영혼은 물론 육체를 중요시하는 그의 히브리적 전통을 간과하고 헬레니즘의 사상을 수용하였다"라고 평가한다. 김균진, 『생명의 신학』 (서울: 연세대학교출판부, 2007), 258-260.

5) 김균진도 인간을 통합적으로 보아야 한다고 주장하면서, "한 사람의 형태는 단지 영혼을 통해 형성되는 것이 아니라, 영혼과 육체, 의식과 무의식, 의욕하는 것과 의욕하지 않는 것 사이의 끊임 없는 상호 삼투(혹은 침투)와 교류를 통해 형성된다. 영혼이 육체에게 새로운 정보와 영향을 주기도 하고, 육체가 영혼에게 이것들을 주기도 한다. 무의식이 의식에게, 의욕하지 않는 것이 인간의 모든 의욕적, 의식적 행동에 끊임없이 이야기하고 영향을 준다"라고 말한다. 위의 책, 283-284.

6) 위의 책, 287.

이다. 즉 인간의 모든 육체적 활동은 영적, 정신적 조건에 의하여 결정되므로 인간은 영과 육을 분리할 수가 없고, 육체에 속한 뇌세포의 활동 없이 인간은 사유할 수도 없고, 감정적인 활동도 할 수 없다는 것이다.[7] 이와 같은 인간 이해의 영향으로 인간이 필요로 하는 구원이란 영적인 구원만이 아니라 영과 육을 모두 포함하는 구원 개념이며, 이런 점에서 영혼 구원에 우선순위를 두는 전통적인 이해에서 영과 육을 모두 포함하는 포괄적인 내용으로 변화된 것이라 할 수 있다.

3) 창조신학적 이해

전통적인 신학은 구속사적 관점에서 모든 것을 해석하는 경향이 있다면, 창조신학적 관점은 모든 것을 창조의 시작과 완성이라는 틀로 해석하는 경향을 지닌다. 구속사적 관점은 구세주이신 예수를 전하고 그로 말미암아 한 명이라도 더 많은 영혼을 구해야 한다는 것을 강조하는 경향을 지니는 반면, 창조적 관점은 하나님이 창조하신 모든 피조물이 잘 보존되고 회복되어 완성되는 것을 강조하는 경향을 지닌다.

이러한 창조신학적 관점에서는 세상을 구원의 대상으로 보면서 다소 부정적인 입장에서 보던 구속사적 관점과는 달리 세상을 긍정적으로 보면서 교회의 위치를 세상의 창조 완성을 위해 부름 받은 기구로 이해하는 경향을 지닌다. 즉, 교회는 그 자체로 의미를 지니는 것이 아니라 세상과의 연대 속에서 의미를 지니며, 이런 점에서 선교에 있어서 중심은 더 이상 교회가 아니라 세상이 되는 것이다. 모든 것은 세상과의 관계성 속에

---

7) 김균진, 『종말론』(서울: 민음사, 1998), 167.

서 규정되므로, 교회의 위상도 세상과의 관계 속에서 주어지고, 선교의 의미도 세상의 행복과 평화 등을 이루는 과업으로 이해되는 것이다.[8]

세상에 대한 이와 같은 긍정적 견해를 지닌 창조신학적 관심은 세상을 어찌하든지 구원하여 교회로 데리고 와야 한다는 전통적인 선교이해를 세상에 나가서 세상을 잘 사는 곳으로 만드는 일이 선교의 방향이라는 이해로 변환되게 되었다. 즉 세상이 다 무너지고 하나님의 주권에 의해 전적으로 새로운 세계가 열릴 때 구원으로 들어올 사람들을 하나라도 더 만들어야 한다는 전통적인 구속사적 관점이 이 세상 자체를 하나님의 나라로 만들어 가야 한다는 관점으로 변화됨으로 말미암아 선교의 개념이 점차적으로 바뀌었고, 자연히 선교에서 전달되어야 하는 선교의 주된 내용도 '구원자 예수 그리스도' 보다는 '창조 보존의 책임'과 같은 것으로 바뀌게 되었다고 할 수 있다.

2. 에큐메니칼 선교 내용의 주된 경향들

1) 통전적인 구원

앞서 언급된 대로 전통적인 선교에서 전해진 구원의 개념은 주로 영혼 구원 그리고 개인 구원에 집중되는 경향을 지녔다. 물론 전통적인 선

---

8) 이러한 견해는 Missio Dei(하나님의 선교) 개념을 정립한 호켄다이크에게서도 잘 나타나고 있는데, 그는 "교회는 하나님이 온 세상(*oikoumene*)과 맺으시는 관계의 일부분으로서 쓰임 받는 만큼만 교회가 된다"라고 강조하면서 세상에 대한 매우 긍정적인 견해를 보여주고 있다. J.C. Hoekendijk, *The Church Inside Out* (Philadelphia: The Westminster Press, 1964), 40.

교가 인간의 육체와 사회를 무시한 것은 아니었다. 전통적인 선교도 질병의 치유와 사회구조 개선을 위한 다양한 노력들을 기울였다. 다만 영혼이 구원을 받을 때 육의 문제도 그 결과로 즉시 혹은 점차로 해결되고, 개인이 구원을 받을 때 사회도 점진적으로 향상된다는 이해를 견지하였다. 즉 영혼 구원과 개인 구원이 '씨'에 해당되고, 육적인 여건 향상과 사회의 변화는 '열매'에 해당되는 것으로 이해하는 경향을 지녔다. 이런 상황에서 씨에 해당되는 영혼 구원과 개인 구원이 우선적으로 이해되는 반면, 육의 상황 개선과 사회 개선은 부차적인 것으로 보는 경향이 강했다.

이와 달리 에큐메니칼 선교에서 보는 구원의 개념은 이분법을 거절하고 구원을 철저히 통전적인 관점에서 본다. 둘을 나누어서 생각하는 것 자체가 비성경적인 관점이라고 생각하면서, 영과 육의 구원, 그리고 개인과 사회의 구원을 하나로 본다. 또한 구원과 구원 이후의 윤리적 삶도 이분법적으로 보기보다는 하나로 보기 때문에 선교적 과제와 윤리적 과제를 하나로 묶어서 선교적 과제로 이해하는 경향이 강하다.

이런 이유 때문에 전통적인 선교에서는 "예수의 주 되심"이 주된 선교의 내용으로 선포되면서, "예수를 믿고 구원을 받으라는 것"을 강조하였다면, 에큐메니칼 신학에서는 "예수의 모델 되심"이 강조되면서 "예수처럼 살라"는 것을 강조하는 경향이 있다. 특별히 예수가 가난한 자이셨으며 가난한 자들을 위해 사셨던 분임을 강조하면서 가난한 삶을 살 것을 강조한다.[9] 예를 들어 "선교와 전도: 에큐메니컬적 확언"은 예수에 대하

---

9) 이와 연관하여 "선교와 전도: 에큐메니컬 확언"은 "우리는 예수의 제자로서, 예수가 유린당하고 무시당한 모든 사람들과 연대했음을 선포한다. 자신이 아무 것도 아니라고 생각하는 사람들이 하나님의 눈에는 오히려 귀한 사람들이다"(고전 1:26-31)라고 말하면서 가난한 자들이 존귀한 자들임을 선포한다. WCC, *You Are the Light of the World*, 김동선 역, 『통전적 선교를 위한 신학과 실천』(서울: 대한기독교서회, 2005), 37.

여 "그는 노동자로 성장했으며, 가난한 사람들을 위한 하나님의 돌봄을 선포했고, 그들을 위해 축복을 선언했다. 또한 그는 소외된 사람들 편에 섰으며, 권력을 가진 사람들과 맞섰고, 인류에게 새로운 생명을 주기 위해 십자가의 길을 택했다"[10]라고 강조한다. 계속해서 "선교와 전도: 에큐메니컬적 확언"은 아래와 같이 강조한다.

> 우리 모두를 위한 초대의 내용은 분명하다. 그 내용은 세상에서 약하고 소외되고 가난한 사람들 안에서 예수를 만날 수 있기 때문에 그들과 자신을 동일시하고 가진 것을 함께 나누면서 예수를 따라가야 한다는 것이다. 그러므로 복음과 역사적 경험에 비추어볼 때, 부자가 된다는 것은 하나님의 나라를 잃어버릴 위험을 감수해야 한다는 점과 몇몇 사람들의 풍족함이 다른 사람들의 고통과 연결되어 있다는 사실을 알게 된다면, 그리스도인은 하나님의 나라를 향하여 자신이 소유한 모든 것을 포기하고 불의와 빈곤퇴치를 위해 위임된 삶을 살도록 도전받게 된다. 자신과 다른 사람을 차별하지 않고, 오히려 가난한 사람 편에 서는 자세는 모든 그리스도인이 어디에서나 우선순위를 가지고 선택해야 할 지침이다. 이러한 태도는 우리의 삶을 새롭게 형성해야 할 가치가 무엇인지를 가르쳐 주고, 나아가 우리의 힘을 쏟아야 할 투쟁의 방향을 제시한다.[11]

또한 "선교와 전도: 에큐메니컬적 확언"은 "그리스도를 통하여 인간은 해방된 존재로 자신의 전 삶에서 원기와 가능성을 발견하여 하나님의 나

---

10) 위의 글.
11) 위의 글, 57.

라를 향한 예수 그리스도의 메시아적 사역에 참여하는 힘을 얻는다"[12]라고 말하면서, 그리스도를 따라 그의 사역에 참여할 것을 강조한다. 특별히 가난한 자들의 편에 서는 것에 대하여 아래와 같이 언급한다.

> 예수를 왕으로 고백한다는 것은 가난한 사람들 편에 서서 가난을 극복하기 위해 투쟁하면서 하나님의 과분한 은혜를 받아들이며 예수와 함께 하나님의 나라로 들어가는 것이다. 예수를 종-왕(servant-king)으로 선포하는 사람과 이러한 선포를 수용하고 또 그 선포에 응답하는 사람은 매일 매일 예수와 더불어 세상의 가난한 사람들과 자신을 동일시하면서 그들과 연대하도록 초청받는다.[13]

아울러 WCC의 공식 선교 성명서였던 "선교와 전도: 에큐메니칼 확언" 이후 2012년 9월 5일 그리스 크레타 섬에서 열린 WCC 중앙위원회에서 만장일치로 승인되고 2013년 WCC 10차 부산총회에서 채택될 "함께 생명을 향하여"(Together towards Life)는 해방된 존재들의 모임인 교회는 세상의 변혁을 위해 주어진 하나님의 선물이며, 그런 점에서 교회는 세상 속에 새 생명을 가져와야 함을 강조한다.[14]

---

12) 위의 글, 69-70. 이 문서는 그리스도의 사역에 대하여 "예수 그리스도는 우리를 죄의 감옥으로부터 해방시킨다. 그는 역사 속에서 필연적으로 일어날 수밖에 없는 한 사건을 일으켰다. 예수 안에서 하나님의 나라와 자유를 얻은 인간의 나라가 역사 안에서 실현되었다. 그리스도에 대한 믿음은 세상의 구원을 위한 창조적 자유를 인간에게 부여한다"라고 천명한다.

13) 위의 글, 38.

14) WCC, "Together towards Life: mission and evangelism in changing landscapes," Proposal for a new WCC Affirmation on Mission and Evangelism. 2012. http://www.oikoumene.org/en/resources/documents/wcc-commissions/mission-and-evangelism/together-towards-life-mission-and-evangelism-in-changing-landscapes.

2) 만유의 화해와 일치

전통적인 선교에서 선교의 대상은 하나님을 알지 못하는 사람이다. 다른 피조물들은 보호나 관리의 대상이지 선교의 대상은 아니다. 인간 이외의 다른 피조물들의 구원에 대하여 약간 언급된 구절들이 있기는 하지만,[15] 다른 피조물들에게 복음을 전한다는 것이 불가능하기에 그것들의 구원은 신자들의 구원에 달린 문제라고 이해한다.

따라서 전통적인 선교는 주로 불신자들에게 복음을 전하는 일에 전심전력하는 경향을 지닌다.

이와 달리 에큐메니칼 진영의 구원 개념에는 모든 피조물의 구원이 포함된다. 즉 모든 피조물이 구원되고 새 하늘과 새 땅이 이루어질 것임을 아래와 같이 말한다.

> 창조와 함께 시작된 선교는 사실상 생태정의, 지속 가능한 삶의 방식, 그리고 피조세계를 존중하는 영성의 발전 등의 캠페인들을 통해 사실상 우리 교회 안에서 이미 긍정적인 운동이 되었다. 그러나 우리는 온 피조물이 우리가 부름 받은 목적인 화해된 일치 안에 포함된다는 사실을 종종 잊고 있다(고후 5:18-19). 우리는 피조물이 버림받고 오직 영혼만 구원을 받는다고 믿지 않는다. 피조세계와 우리의 몸은 둘 다 성령의 은혜로 변화될 것이 틀림없다. 이사야의 비전과 요한계시록이 증언하는 것처럼 하늘과 땅은 새로워질 것이다(사 11:1-9; 25:6-10;

---

html.

15) 예를 들면 로마서 8장 21절 같은 말씀 즉 "그 바라는 것은 피조물도 썩어짐의 종노릇한데서 해방되어 하나님의 자녀들의 영광의 자유에 이르는 것이니라"와 같은 말씀이 그 대표적인 예가 될 것이다.

66:22; 계 21:1-4).[16]

　모든 피조물이 종국적으로 변화되고 새로워질 것이라는 믿음은 자연히 모든 피조물의 화해와 일치에 관심을 두게 한다. 참된 화해와 일치됨이 없는 구원이란 의미가 없을 것이기 때문이다.
　이런 점에서 협의회는 교회 자체가 치유와 화해를 가져오는 공동체가 되어야 함을 강조하면서, "우리는 세상이 믿고 하나가 되기 위해(요 17:21) 우리 사이의 분열과 갈등을 극복하고 일치 가운데서 하나님 선교에 참여해야 한다. 그리스도의 제자들의 공동체로서 교회는 포용적인 공동체가 되어야 하며 세상에 치유와 화해를 가져오기 위해 존재해야 한다"[17]라고 강조한다. 이를 위해 먼저 신학적으로 다양한 이해들을 다 수용할 수 있어야 한다고 생각하면서 아래와 같이 천명한다.

> 에큐메니컬 진영에서 어떤 사람들은 '일치'(unity), '합의'(consensus), '사도적 진리'(apostolic truth) 등의 개념에 의문을 표시하는데, 이러한 용어들이 심지어 경멸적인 의미를 내포하고 있는 것처럼 생각한다. 보다 최근의 에큐메니컬적 입장은 다양한 진리들의 합일점을 찾는 과정에서 그중 어느 하나도 희석시키거나 폐지하지 않고 한 지붕 아래 모두 수용하여 사도적 진리 안에 하나로 묶을 수 있는 새로운 패러다임과 상징을 찾으려고 노력한다.[18]

---

16) WCC, "Together towards Life," 20항.
17) 위의 글, 10항.
18) WCC, 『통전적 선교를 위한 신학과 실천』, 138-139.

협의회는 이상과 같은 신학적 일치를 토대로 하여 온 세계의 화해와 일치를 위하여 교회가 일해야 할 것을 강조하면서, "…그리스도를 통해 하나님이 모든 장벽을 깨뜨렸고 세상을 화해시켰다는 확신을 가지고(엡 2:14; 고후 5:19) 평화를 위해 일하는 축복받는 사람을 부르는 일 또한 얼마나 중대한가!"[19]라고 언급한다.

에큐메니칼 선교에서 전해져야 하는 중요한 내용은 '화해와 일치'임을 아래와 같이 천명하였다.

> 회개와 복종으로 부르는 회심으로의 부름은 민족과 집단 그리고 가족에게 전해져야 한다. 전쟁에서 평화로, 불의에서 정의로, 인종차별에서 연대로, 미움에서 사랑으로 전환되는 변화가 필요하다고 외치는 선포는 예수 그리스도와 더불어 하나님의 나라를 이루어가는 증거이다. 구약성서의 예언자들은 통치자와 백성이 회개하고 계약을 갱신하도록 끊임없이 그들의 집단적인 양심에 호소하였다.[20]

결국 에큐메니칼 선교가 전하는 주요한 선교의 내용은 "만유의 변화와 회복 그리고 화해와 일치"라고 할 수 있을 것이며, 협의회는 "…피조세계를 존중하는 영성의 발전 등의 캠페인들을 통해 사실상 우리 교회 안에서 이미 긍정적인 운동이 되었다"[21]라고 말하면서, 이미 이러한 선교 내용이 긍정적으로 전파되고 있음을 시사하였다.

---

19) 위의 책, 31.
20) 위의 책, 43.
21) WCC, "Together towards Life," 20항.

3) 생명살림

전통적인 선교는 생명을 말할 때 영적인 생명에 주된 강조점을 두고 전했다. 물론 전통적인 선교사들이 육적인 생명을 살리기 위한 여러 가지 사역 즉, 의료 사역이나 식량 공급 사역 등에 무관심한 것은 아니었다. 하지만 저들의 최종적인 관심은 늘 영적인 생명을 살리는 데 있었던 것이 사실이다.[22]

그러나 에큐메니칼 선교는 보다 통전적인 생명을 전한다. "Together towards Life" 문서는 "우리는 억압된 사람들이 해방되고, 깨어진 공동체에 치유와 화해가 나타나고, 피조물의 회복을 포함하여 모든 차원에서 생명의 충만함이 긍정되는 곳에서 하나님의 영이 있음을 분별한다. 우리는 또한 죽음의 세력과 생명파괴가 만연한 곳에서 악령들이 있음을 분별한다"[23]라고 말한다. 즉, 교회의 선교적 사명이 생명을 죽이는 악의 영들에 대항하여 생명을 살리는 일에 참여하는 것임을 강조하면서 다음과 같이 언급한다.

---

22) 당시의 선교사들이 얼마나 강한 구령의 열정을 지녔는지를 보여주는 한 예를 우리는 감리교 선교사로서 한국에 와서 무료 병원을 개설한 스크랜톤 선교사가 어머니 스크랜톤 여사에게 한 다음의 말에서 읽을 수 있다. "어머니, 어머니께서 누구보다도 잘 알고 계신 일이지만 저의 변함 없는 목표는 오직 전도 그 한 가지 뿐입니다. 그렇다고 의료 사업을 이용하려고 하는 것이 아니라는 것을 알고 계시겠지요. '너희는 온 천하에 다니며 만민에게 복음을 전파하라'라고 하신 그 말씀을 한 순간인들 잊을 수 있겠습니까. 의료 사업은 이들 가난한 사람들에게 우선 필요한 일이니까 어쩔 수 없어서 쫓기다 시피 시작한 일입니다. 복음을 전할 길이 따로 있다면 저는 언제고 이 의료사업을 다른 사람에게 맡길 준비가 되어 있습니다." 정연희, 『양화진: 이야기 선교사』 (서울: 홍성사, 1992), 250.

23) 이 문서는 이러한 영분별이 성도의 중요한 사명임을 말하면서, "성령께서는 다른 사람들의 유익(고전 12:7; 14:26)과 온 피조물의 화해(롬 8:19-23)를 위해 나누어야 하는 은사를 값없이 공평하게 주신다(고전 12:8-10; 롬 12:6-8; 엡 4:11). 성령의 은사들 가운데 하나는 영분별이다"(고전 12:10)라고 언급한다. WCC, "Together towards Life," 24항.

초대 기독교인들은 오늘날 많은 기독교인들처럼 많은 영들이 있는 세계를 경험했다. 신약성경은 '악령들', '섬기는 영들'(천사들, 히 1:14), '통치자들'과 '권세들'(엡 6:12), '짐승'(계 13:1-7), 그리고 선하고 악한 다른 권세들을 포함한 '다양한 영들'에 대해 증언한다. 사도바울은 또한 일부 영적투쟁(엡 6:10-18; 고후 10:4-6)에 대해 진술하며 악을 대적하라(약 4:7; 벧전 5:8)고 명령한다. 교회들은 세상에 파송되어 생명을 살리는 성령의 사역을 분별하고, 성령과 함께 하나님의 정의의 통치를 실현하는 일에 참여하도록 부름 받았다(행 1:6-8). 우리가 성령의 임재를 분별할 때, 종종 하나님의 성령은 질서를 뒤흔들고, 우리를 한계 밖으로 이끌어내시고, 우리를 놀라게 하시는 사실을 인정하면서 응답하도록 요청받는다.[24]

한 걸음 더 나아가 에큐메니칼 신학은 전 지구적 차원의 생명 보존 문제에도 깊은 관심을 가진다.[25] 그리하여 산 안토니오 CWME는 인류의 생명이 얼마나 심각하게 유린당하고 있는지를 언급하면서, "현재 우리는 온갖 종류의 경제적 억압에 눌려 있다. 지구의 도처에서 소망과 생명을 파괴하는 외채에 눌려 있다…현재 우리는 전쟁, 고문, 기아, 조국상실, 무모한 욕심, 무감각한 교만, 가진 자들과 갖지 못한 자들의 깊은 골

---

24) 위의 글, 25항.
25) 에큐메니칼 신학은 오늘의 세계가 창조 때의 모습과 매우 달라졌음을 언급하면서, "새 하늘과 새 땅에 대한 환상과 오늘날 우리가 처한 현실 사이의 간격은 인간을 해방시키는 하나님의 뜻을 거역하는 인간의 죄와 악의 마성화된 모습을 폭로한다. 하나님과 이웃과 자연으로부터 인간을 소외시키는 죄는 개인적이고 집단적인 모습, 인간의 의지에 굴복당한 모습 그리고 지배와 의존의 사회-정치-경제적인 구조의 모습으로 나타난다"고 주장한다. WCC, 『통전적 선교를 위한 신학과 실천』, 30.

로 생기는 불가항력적 고통을 겪고 있다"[26]라고 천명하였다. 이러한 천명 위에서 산 안토니오는 생태 문제를 본격적으로 다루면서 처음으로 "지구는 주님의 것이다"라는 확언을 의사일정의 한 부분으로 다루면서 종말론적 관점에서 생명 보존을 위한 교회의 책임을 다음과 같이 언급했다.

> 우리는 '창조의 보전'(Integrity of Creation)을 위한 헌신 뿐만이 아니라, 땅과 바다의 '공정한 분배'(just sharing)를 위한 투쟁을 지원하기 위해서도 헌신하도록 부름을 받았다. 또한 우리는 인류 공동체를 분열시키는 문화적 상징들과 구조들을 벗겨내기(dismantling)위하여, 포괄적인 인류 공동체의 실현을 위하여 헌신하도록 요구받는다. 지금까지 한동안, WCC는 전체적으로 복음과 문화 사이의 관계에 관련되어 온 것이다. …우리의 모든 실험들은 온 인류가 하나의 오이쿠메네(one oikoumene)를 향한 충만한 삶에 참여하기 원하시는 하나님의 의도의 잠정적인 징표에 불과하다. 이것은 그리스도의 십자가에 나타난 하나님의 화해의 사랑 안에 뿌리내린 우리의 종말론적인 소망인 것이다.[27]

---

26) Frederick R. Wilson, ed., *The San Antonio Report: Your Will be Done, Mission in Christ's Way* (Geneva: WCC, 1990), 116.

27) Ibid., 146-147.

3. 에큐메니칼 선교 내용의 명암

1) 구원 개념의 확장

앞서 우리는 에큐메니칼 선교가 전하는 주된 내용들을 살펴보았다. 이러한 내용들은 전통적인 선교의 내용들이 담지 못했던 보다 폭넓은 내용들을 담음으로써 확실히 풍성한 선교 내용이 되었다. 하지만 모든 새로운 대안이 그러하듯이 '구원 개념의 확장'이라는 화려한 빛 뒤에는 그림자도 함께 나타나고 있음을 인식해야 할 필요가 있다. 그 빛과 그림자는 무엇일까?

에큐메니칼 선교의 통전적 구원 개념은 영혼 구원을 넘어서서 육신의 구원을 통전적으로 다루고, 개인의 구원 차원을 넘어서서 사회의 구원을 다루는 포괄적인 구원 이해를 다루고 있다.

이러한 포괄적인 구원 이해는 구원을 단순히 영적인 것으로만 생각하여 육체적인 측면과 사회적인 측면을 무시함으로 말미암아 윤리적 무책임성을 낳는 과거의 이분법적인 사고를 극복하는 데 어느 정도 기여할 수 있을 것으로 보인다.[28] 특별히 오늘날과 같이 교회가 윤리적인 문제로 지탄을 받고 있는 상황에서 구원의 개념을 통전적으로 볼 때 교회와

---

28) 이런 통전적인 구원을 염두에 두면서 소비크(A. Sovik)는 다음과 같이 강조하였다. "그리스도 안에서의 하나님의 구원 행위를 완전히 정신적이며 내적이고 피안의 세계의 일로 지나치게 강조하는 경향은 종교를 '민중의 아편'으로 부른 유명한 정의를 초래하게 되고, 그렇게 되면 종교가 분명히 위안은 되지만 좀 더 정의로운 사회를 향한 투쟁에서 효과적인 힘이 될 수 없다. 또 다른 경향, 즉 정신적이고 내적인 요소를 배제하고 기독교의 사회, 윤리, 정치적인 국면만을 강조하는 것은 교회를 정당 정도의 것으로 만들 가능성이 있으며 정치 제도에 대하여 신적인 권위와 지지를 주장하게 되어 정치제도를 절대화하거나 우상화할 가능성이 있다." A. Sovik, *Salvation Today*, 박근원 역, 『오늘의 구원』(서울 : 대한기독교출판사, 1980), 54.

교인들이 사회적인 책임을 더 잘 감당하는 데 일조를 할 수 있을 것으로 기대된다.

하지만 이와 같은 구원 개념의 확장은 그 기여점 못지않게 문제점도 내포하는 것으로 보인다. 그것은 선교에 있어서 중요한 강조점의 상실이라고 할 수 있는데, 데이비드 보쉬(David J. Bosch)는 이에 대하여, "에큐메니칼 선교신학은 빈번히 각 사람 속에 있는 죄의 실제에 대한 강한 성서적 주장이 결여되어 있다. 이에 대한 한 결과로 이것은 또한 역동적 기독교가 항상 강조했던 인간 삶의 내적 깊은 곳에서 일어나는 그 과감한 혁명인, 회개와 회심에로의 단호한 소명을 결여하고 있다"[29]라고 천명하였다. 통전적인 구원을 추구함으로써 세계 변혁의 가장 중요한 핵심과 출발점인 회개에 대한 강조가 매우 약화되었다는 지적이다.

장로교 조직신학의 거목이었던 이종성도 크리스챠니티 투데이를 인용하면서 에큐메니칼 신학의 달라진 복음 이해와 문제점을 각각 다음과 같이 언급한다.

> 구속은 성서를 통해서, 또는 십자가 위에서 일어난 옛날 사건에 있는 것이 아니라 사회적 불의와 인종적 차별에 대한 투쟁을 통해서 주어진다. 화해는 예수 그리스도의 십자가 사건이 아니라 사회에 있는 각종 인종적 차별과 사회의 계급적 벽을 무너뜨리는 데 있다. 의인과 성화는 하나님의 은총에 의해서 이루어지는 것이 아니라 인간의 인간화와 복권에 있다. 그러나 이러한 운동이 범하고 있는 큰 과오는 인간의 구원과 사회불의를 해결하는 방법이 예수 그리스도와 인격적 관계를

---

29) David J. Bosch, *Witness to the World*, 전재옥 역, 『세계를 향한 증거』(서울: 두란노, 2000), 258.

통한 믿음으로써가 아니라 인간적이고 세속적인 방법을 통해서라야 한다고 믿는 데 있다고 한다. 그들에게는 죄의식이나 회개에 대한 의식은 없다.[30] …그러나 에큐메니칼 선교 방법에 두 가지 묵과할 수 없는 문제가 있음을 발견한다. 그것은 선교의 내용이 예수 그리스도의 복음이 아니라 인애주의(仁愛主義)라는 것과 기성교회와 관계없이 교회 밖에서 선교운동을 한다는 점이다. 전자는 '다른 복음'(갈 1:7-8)으로 변질될 위험성이 있으며, 후자는 복음 운동이 아니라 인본주의적 동기에 의한 사회운동이 될 위험성이 매우 강하게 나타나고 있다.[31]

이런 점에서 보쉬는 "에큐메니칼 선교신학에서 우리는 복음의 심각한 감소 및 변질을 접하게 된다"[32]라는 심각한 지적을 하고 있다. 김은수도 해방으로서의 구원의 개념은 사회적 불의에 대해 그리스도인으로서 책임을 깨닫게 한다는 점에서 일리가 있지만, "신앙의 이름으로 구원과 관련하여 하나의 정치적, 경제적 이데올로기를 제공할 위험이 있다"[33]라고 평가하였다.

복음이 단지 가난한 자들과 눌린 자들만을 위한 복음으로 축소될 가능성이 높아진다. 구원은 육체적 불행을 덜어주는 것 이상이다. 아니 어

---

30) 이종성, 『교회론(1)』(서울: 대한기독교출판사, 1989), 482-483.
31) 위의 책, 484. 이러한 위험성에 대하여 이종성은 "그 뿐만 아니라 오늘의 개신교계의 신학은 정치적 관심의 강도가 절정에 달하여 예수 그리스도의 삶과 행동을 정치적으로 이해하려는 정치신학과 그를 순전히 혁명가, 해방가, 민중의 대변자로 보는 신학이 유행하게 되었다…이렇게 하여 현대 교회의 강단은 종교개혁자들이 말하고 바르트가 말한 그러한 선언을 선포하고 있는 것이 아니라 선언을 인언화(人言化)하여 사람의 이름으로 인언을 선포하고 있다…"라고 진단한다. 위의 책, 465.
32) David J. Bosch, 『세계를 향한 증거』, 258.
33) 김은수, 『현대선교의 흐름과 주제』(서울: 대한기독교서회, 2001), 259-260.

떤 경우에서는 구원을 받음으로써 그리스도를 위하여 오히려 더 가난해지고 고난에 처할 수도 있다.[34] 예수께서 나사렛 회당에서 설교하신 후 "이 글이 너희 귀에 응하였느니라"(눅 4:21)라는 말씀을 하신 것은 예수의 오심을 통해서 이루어진 구원을 말씀하신 것이며, 그 부름은 예수에게로 회심하라는 것이었다.[35] 에큐메니칼 신학은 이러한 점을 잘 살펴볼 필요가 있어 보인다.

2) 만유의 화해

구원의 대상을 주로 인간에게 두고 구원 얻은 인간이 영원히 거할 곳은 하나님이 만드신 새 하늘과 새 땅이라는 전통적인 이해와 달리 에큐메니칼 진영의 구원 대상은 모든 인간과 사회 그리고 모든 생태계가 포함되며 최종적으로 창조의 완성이 이루어질 것을 기대하는 경향을 지닌다.[36] 이러한 견해는 생태계에 큰 관심이 없었던 전통적인 선교 내용에 비하여 수질 오염, 대기 오염, 토양 오염, 방사능 오염 등으로 파괴되어 가는 생태계를 회복하여 하나님이 창조하신 생태계를 잘 돌보고 관리하여 '창조의 보전'을 이루는 과제를 수행하는 일에 많은 도전을 줄 것으로 기대된다.

---

34) Georg F. Vicedom, *Missio Dei*, 박근원 역, 『하나님의 선교』(서울: 대한기독교출판사, 1980), 40-41.

35) David J. Bosch, 『세계를 향한 증거』, 259.

36) 이러한 구원 이해와 연관하여 허호익은 구원의 내용을 포괄적으로 이해하는 통전적인 구원 이해가 요구된다고 주장하면서, "인간과 하나님과 바른 관계로서 개인 구원, 인간과 인간 사이의 바른 관계로서 사회 구원, 인간과 자연 사이의 바른 관계로서 생태 구원을 아우르는 천지인의 신학이 요청되는 것이다"라고 강조하였다. 허호익, 『현대조직신학의 이해』(서울: 대한기독교서회, 2003), 346.

또한 최종적으로 이루어질 구원을 기대하며 만물이 서로 화해하며 일치를 위해 노력하고자 하는 것은 이 땅 위에 정의와 평화 그리고 샬롬을 실현하는 데 일정 부분 기여할 수 있을 것으로 기대된다. 아울러 기독교 자체가 만유의 화해 조성에 일정 부분 기여한다면 그것은 기독교에 대한 좋은 이미지를 주는 것이 되어서 기독교 전도에도 일정 부분 도움이 될 수 있으리라는 기대를 갖게 한다.

그러나 이러한 기대는 또한 상당한 우려를 동반하고 있다. 만유의 화해와 일치를 중요시 할 경우 복음을 강하게 전하는 것이 쉽지 않을 수 있다. 기독교 선교가 금지된 지역에서 복음을 전할 경우 화해와 일치에 손상이 갈 수 있기 때문이다. 이런 이유에서 주님은 제자들을 전도 현장에 파송하시면서 "자기 목숨을 얻는 자는 잃을 것이요 자기 목숨을 잃는 자는 얻으리라"(마 10:39)라는 말씀을 하심으로써 복음을 전하는 도중에 심지어 목숨까지 잃는 분쟁도 발생할 수 있음을 미리 말씀하셨던 것이다.

계몽주의의 영향을 받아 "…기독교에 부과된 과제는 기독교 신앙의 진리를 타 종교에 설득시키거나 또는 그들을 기독교로 개종시키는 것이 아니라 그들을 돕고 고상하게 만드는 것이었다"[37]라고 브라텐 (Carl E. Braaten)은 분석하고 있는데, 화해와 공존을 강조하는 에큐메니칼 신학은 이러한 성격을 많이 드러내는 경향을 보인다. 즉 화해와 일치를 복음 전도의 의무보다 강조할 경우 이것은 곧 복음 전도의 약화로 이어질 수 있는 것이다. 이것은 통계를 보아도 알 수 있는데, 헷셀그레이브(D. J. Hesselgrave)는 이 같은 결과와 연관하여 다음과 같이 말한다.

---

37) Carl E. Braaten, *The Flaming Center: A Theology of the Christian Mission*, 이계준 역, 『현대선교신학』 (서울: 대한기독교출판사, 1984), 27.

…세계 복음화에 대한 복음주의자들이 점증되는 관심을 가진 것과 동시에 에큐메니칼 편에서는 그 관심이 쇠퇴하고 있다…통계적으로 미국 NCC의 해외선교분과 DOM에 속한 선교사는…숫자상 1969년 8,279명에 비해 오늘 4,349명에는 약 절반 정도 밖에 되지 않는다. 복음주의적 협회들(IFMA & EFMA와 같은)과 독립적(그러나 주로 복음주의적) 선교회에 관련된 선교사의 수는 같은 기간 동안 꾸준하면서도 극적인 증가를 보여 왔다(25,001명에서 35,620명으로).[38]

한편 만유의 화해와 일치는 자연스럽게 만유의 구원 또는 만인의 구원과 연결될 가능성이 높다. 협의회는 "또한 하나님은 성령을 통하여 십자가에 달리셨던 분을 부활시키시사, 새 생명, 썩어지지 않을 생명이 되게 하셨으니, 이 생명은 종말적 미래에 우리의 생명들과 전 창조 세계의 최종적 변화와 영화를 가져올 것이다"[39]라는 말을 함으로써 만유구원의 사상을 우연 중에 드러내고 있으며, 이런 이해는 복음 전도의 필요성에 대한 의문으로 이어지면서 전도의 열정을 약화시킬 가능성을 높이게 된다는 점에서 우려가 되는 대목이다.

3) 생명 개념의 의미 확대

에큐메니칼 선교가 전하고자 하는 내용 중의 하나는 확대된 생명 개념이다. 전통적으로 '영적인 생명'에 우선순위를 두었던 것을 극복하고,

---

38) D. J. Hesselgrave, *Today's Choices for Tomorrow's Missions*, 장신대세계선교연구원 역, 『현대선교의 도전과 전망』 (서울: 한국장로교출판사, 1991), 126.
39) WCC, *Confessing the One Faith*, 이형기 역, 『세계교회가 고백해야 할 하나의 신앙고백』 (서울: 한국장로교출판사, 1996), 40.

육적인 생명 그리고 모든 피조물의 생명의 충만함을 추구한다. 생명에 대한 이와 같은 폭넓은 관심은 교회의 선교가 반드시 추구해야 할 영역이며, 에큐메니칼 선교의 확대된 생명 개념으로 인하여 교회는 생명을 보는 편협한 시각에서 벗어나 통전적인 시각을 갖게 되고, 인간뿐 아니라 모든 피조물의 생명을 살리는 일에 동참하도록 도전을 받았다는 점에서 다소 기여를 한 것으로 평가된다.

그러나 에큐메니칼 진영이 말하는 생명 개념 역시 한쪽으로 치우친 경향을 보이는 것이 사실이다. 전통적인 선교 개념이 영적인 생명에 치우쳤다면 에큐메니칼 생명 이해는 이 세상의 생명 살림에 기울어진 경향을 보인다.

에큐메니칼 진영이 생명을 말할 때 그것은 주로 가난, 억압, 기아, 물질 불평등으로 인한 고통을 해결해줌으로 말미암아 얻는 생명의 충만을 말한다. 산 안토니오가 "…땅과 바다의 공정한 분배(just sharing)를 위한 투쟁을 지원하기 위해서도 헌신하도록 부름을 받았다. 또한 우리는 인류 공동체를 분열시키는 문화적 상징들과 구조들을 벗겨내기(dismantling)위하여, 포괄적인 인류 공동체의 실현을 위하여 헌신하도록 요구받는다"[40]라고 말한 것을 보면, 생명 살림 운동은 주로 이 땅의 생명 살림 문제를 해결하는 데 초점이 맞추어진 경향이 있음을 부인하기 어렵다.

이와 같은 생명살림은 이 세상에서의 생명에로 관심이 모아져 결국 성경이 깊은 관심을 두고 있는 영원한 생명을 살리는 일을 소홀히 하지 않을까 하는 우려를 갖게 된다.

---

40) Frederick R. Wilson, ed., *The San Antonio Report: Your Will be Done, Mission in Christ's Way* (Geneva, WCC, 1990), 146-147.

브라텐은 사회 복음의 특징을 다음과 같이 묘사하였는데, 에큐메니칼 신학 역시 이 세계의 생명 살림에 깊은 관심을 가지고 있다는 면에서 사회복음과 유사한 측면을 지니고 있다.[41]

> [사회복음에서] 인간은 점차로 신격화되었고 하나님은 인간화되었다. 하나님은 인간의 가장 매력있는 특징들을 다 합한 전체라고 생각되었다. 하나님의 주권과 진노는 하나님의 자비심과 병행할 수 없다고 보았다. 그러므로 하나님의 주권과 진노는 버려졌던 것이다. 이 신학은 위기라든가 심판에 대하여는 별 도움을 미치지 못한다. 이제 다가올 하나님 나라는 죽은 자의 부활을 포함하지 않고 다만 이미 있는 기존 질서의 완성을 의미한다는 것이다. 이러한 낭만적 사고의 세계에는 단절, 희생, 모든 상실 그리고 십자가의 자리는 없었다…하나님과 인간과의 연속성은 인간에게 하나님을 적용시킴으로써 유지되었다. 청교도들과 대각성 시대의 지도자들에게 회심은 없어서는 안 되는 어떤 것으로 삶의 중심에 과격적 혁명, 전환의 경험이었는데, 이제는 이것이 여분의 어떤 것이 되어버렸다. 말하자면 인간은 결국 다 '선하다'는 것이었다.[42]

브라텐의 위의 주장에 의하면 사회복음에서 약화된 것은 다름 아닌 회심이었고, 에큐메니칼 신학 역시 이 부분이 약화된 경향을 보이는 것

---

41) 이와 연관하여 브라텐은 "…오늘날 우리는 하나님 나라가 이 세계를 초월한 삶을 지시하는 종교적 사신에 불과하지 않고 인류의 세속적 삶에 침투하면서 그것을 '하늘에서 이루어진 것 같이 땅에서도' 이루게 하려는 궁극적 미래의 능력이라고 강조할 때 사회복음의 입장에 서는 것이다"라고 진단한다. Carl E. Braaten, 『현대선교신학』, 51.

42) David J. Bosch, 『세계를 향한 증거』, 185.

이 사실이다. 기독교에서 말하는 생명의 뿌리는 회심으로부터 시작되는 것인데, 회심이 약해지므로 에큐메니칼에서 말하는 생명은 세상의 환경단체나 인권 단체도 하는 생명운동과 유사한 성격을 지닐 가능성이 있는 것이다. 기독교의 생명운동은 이것을 넘어서야 한다.[43]

기독교의 생명운동은 기본적으로 예수 그리스도의 생명을 나누어주는 것으로부터 시작되어야 한다. 이것이 기독교 생명운동의 핵심이고 출발점이어야 한다. 이것이 무시되거나 약화된 생명운동은 아무리 많은 치장을 한다 해도 세상의 생명운동과 별반 차이가 없는 것이 되는 것이다.[44] 따라서 기독교가 추구해야 하는 생명운동은 영적인 생명을 받는 것으로부터 시작되어 다른 생명을 풍성케 하는 방향이어야 하며, 이처럼 생명을 부여 받은 이들이 다른 이들에게 영적인 생명을 전하는 것을 우선순위에 두는 방향으로 나아가야 하지 않을까 싶다.

4. 요약 및 전망

지금까지 우리는 에큐메니칼 선교에 있어서 선교의 내용을 살펴보았다. 에큐메니칼 선교의 내용이 전통적인 선교의 내용과 달라진 배경에는 세계에 대한 폭넓어진 관심, 인간에 대한 새로운 이해, 그리고 창조신

---

43) 이처럼 이 땅 위의 생명을 강조할 때 하나님의 나라는 철저하게 역사 내적인 것으로만 머무르게 될 수 있으며, 이 때 이 역사를 초월하여 하나님의 권능 가운데 임하는 초월적 하나님의 나라의 측면은 거의 무시되기 쉽다. 이형기, "해방신학이 함축하는 '정의와 평화'의 신학적 근거에 대한 비판," 「교회와 신학」, 제 22집(1990), 36.
44) 이종록, "성서적 고찰로 본 생명," 『그리스도께서 주신 생명과 평화』, 대한예수교장로회총회교육부 편 (서울: 한국장로교출판사, 1996), 45.

학적 이해 등이 있음을 찾아볼 수 있었다. 이러한 배경하에 조성된 에큐메니칼 선교의 내용은 전통적인 선교에서 전달된 내용과 비교하여 통전적 구원 이해의 경향, 만유의 화해와 일치, 생명 살림을 강조하는 경향이 나타남을 살펴보았다.

이러한 이해는 협소한 전통적 구원의 개념을 통전적으로 이해하게 하고, 구원을 인간에게만 적용하던 이해에서 인간뿐 아니라 모든 피조물에게 적용하게 하고, 생명의 의미를 영적인 측면뿐 아니라 육적인 차원과 관계적인 차원까지 확장한다는 점에서 많은 기여를 한 면이 있다.

하지만 이러한 강점은 동시에 그림자 또한 지니고 있다. 그것은 구원 개념의 확장이 전통적으로 선교에서 가장 중요하게 전달되어야 하는 내용인 회개를 약화시킬 가능성이 있고, 만유의 화해가 선교에서 가장 핵심 사항 중 하나인 전도의 필요를 약화시킬 가능성이 있으며, 넓어진 생명 개념은 구령 열정을 약화시킬 가능성이 있기 때문이다. 에큐메니칼 선교는 그 내용을 전달함에 있어서 이러한 점을 잘 보완해 갈 때 바람직한 방향의 선교 내용을 갖게 되리라고 생각한다.

: 참고문헌 :

김균진.『종말론』. 서울: 민음사, 1998.
──.『생명의 신학』. 서울: 연세대학교출판부, 2007.
김은수.『현대선교의 흐름과 주제』. 서울: 대한기독교서회, 2001.
이영철, 한영선 편.『국어소사전』. 서울: 을유문화사, 1969.
이종록. "성서적 고찰로 본 생명." 대한예수교장로회총회교육부 편.『그리스도께서 주신 생명과 평화』. 서울: 한국장로교출판사, 1996.
이종성.『교회론(1)』. 서울: 대한기독교출판사, 1989.
이형기. "해방신학이 함축하는 '정의와 평화'의 신학적 근거에 대한 비판."「교회와 신학」제 22집 (1990).
정연희.『양화진: 이야기 선교사』. 서울: 홍성사, 1992.
허호익.『현대조직신학의 이해』. 서울: 대한기독교서회, 2003.
Bosch, David J. *Witness to the World*. 전재옥 역.『세계를 향한 증거』. 서울: 두란노, 2000.
──. *Transforming Mission*. 김병길, 장훈태 역.『변화하는 선교』. 서울: CLC, 2000.
Braaten, Carl E. *The Flaming Center: A Theology of the Christian Mission*. 이계준 역,『현대선교신학』. 서울: 대한기독교출판사, 1984.
Hesselgrave, D. J. *Today's Choices for Tomorrow's Missions*. 장신대세계선교연구원 역.『현대선교의 도전과 전망』. 서울: 한국장로교출판사, 1991.
Hoekendijk, J.C. *The Church Inside Out*. Philadelphia: The Westminster

Press, 1964.

Sovik, A. *Salvation Today*. 박근원 역. 『오늘의 구원』. 서울 : 대한기독교출판사, 1980.

Vicedom, Georg F. *Missio Dei*. 박근원 역. 『하나님의 선교』. 서울: 대한기독교출판사, 1980.

WCC. 『세계교회협의회 역대총회 종합보고서』. 이형기 역. 서울: 한국장로교출판사, 1993.

WCC. *Confessing the One Faith*. 이형기 역. 『세계교회가 고백해야 할 하나의 신앙고백』. 서울: 한국장로교출판사, 1996.

―――. *You Are the Light of the World*. 김동선 역. 『통전적 선교를 위한 신학과 실천』. 서울: 대한기독교서회, 2005.

―――. "Together towards Life: mission and evangelism in changing landscapes." *Proposal for a new WCC Affirmation on Mission and Evangelism*. 2012. http://www.oikoumene.org/en/resources/documents/wcc-commissions/mission-and-evangelism/together-towards-life-mission-and-evangelism-in-changing-landscapes.html.

Wilson, Frederick R. ed. *The San Antonio Report: Your Will be Done: Mission in Christ's Way*. Geneva: WCC, 1990.

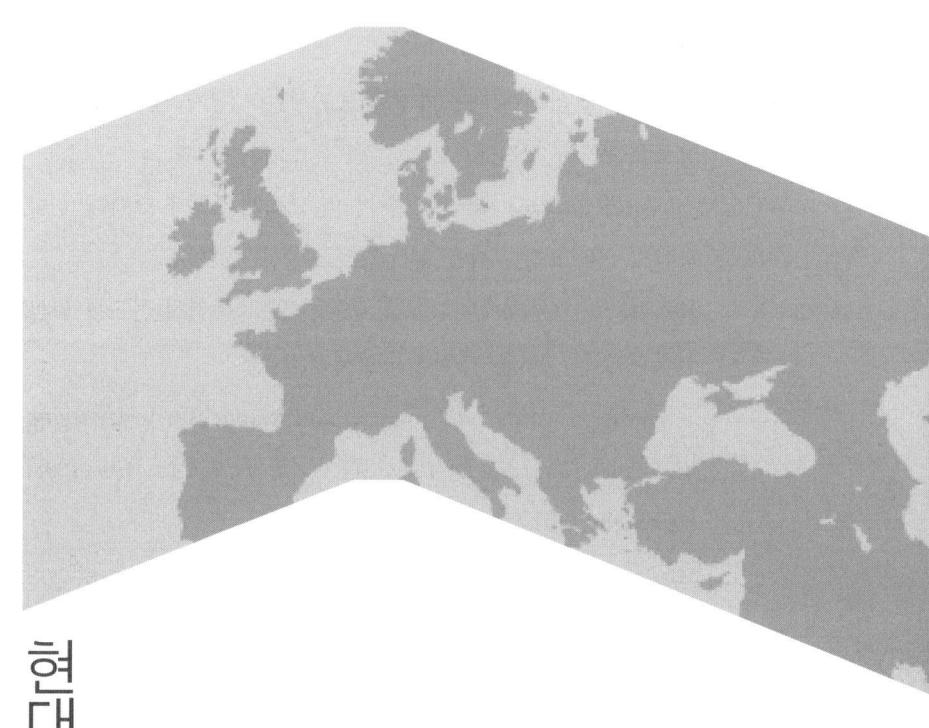

현대선교의 **프레임**

CHAPTER 5

선교의 주체
SUBJECTS OF MISSION

모든 일에 있어서 그렇듯이 선교 역시 누가 선교를 감당하는 자인가 하는 것은 중요한 문제이다. 누가 선교의 주체인지에 대한 명확한 이해가 없으면 서로 '누군가가 하겠지'라고 생각하면서 아무도 제대로 일을 하지 않는 일이 발생될 수 있기 때문이다. 이런 점에서 뉴비긴(Lesslie Newbigin)은 "우리는 '무엇을 할 것인가?' 뿐만 아니라 '누가 그것을 해야 하는가?'에 대해 물어야 한다"라고 강조한 바 있다. 그런데 오늘날은 선교의 주체 개념 자체가 다소 혼재된 양상이다. 왜 이런 변화가 일어났으며 어떤 방향으로 주체에 대한 이해를 갖는 것이 바람직한지 함께 살펴보자.

선교의 주체

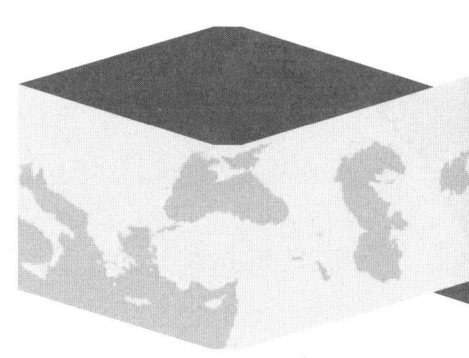

    선교는 구체적인 사역이고 행위이다. 이러한 행위에는 반드시 행동하는 존재 즉 주체가 있기 마련이다. 선교가 효율적으로 진행되려면 '누가 주체인지' 그리고 '그가 맡은 책임은 정확하게 무엇인지' 등에 대한 이해를 명확히 하는 것이 중요하다.

    누가 주체인지에 대한 명확한 이해가 없으면 서로 '누군가가 하겠지'라고 생각하면서 아무도 제대로 일을 하지 않는 일이 발생될 수 있기 때문이다. 옛말에도 "주인 많은 집 나그네가 밥 굶는다"라는 말이 있다. 이런 점에서 뉴비긴(Lesslie Newbigin)은 "우리는 '무엇을 할 것인가?' 뿐만 아니라 '누가 그것을 해야 하는가?'에 대해 물어야 한다"[1]라고 강조한다.

    그렇다면 누가 선교를 수행하는 주체인가? 누가 이 일에 대한 책임을 맡아서 감당해야 하는가? 전통적으로 교회는 선교를 수행하는 가장 주

---

1) Lesslie Newbigin, *The Open Secret* (Grand Rapids, MI: Eerdmans, 1978), 121.

된 역군을 '하나님의 선택을 받은 자들' 또는 '교회'로 인식해왔다. 교회는 자신들이 곧 선교의 유일한 역군이라는 이해 위에서 선교를 위해 열심히 헌신해왔다.

그러나 이러한 사고는 점차적으로 변화를 맞이하게 되었다. 특별히 2차 세계대전을 겪은 후부터 선교의 주체에 대한 새로운 이해가 싹트게 되었다. 즉, 선교의 주된 역군은 교회가 아니라 선교의 주역되시는 삼위일체 하나님 자신이며 또한 하나님이 들어 쓰시는 교회를 포함한 세상의 모든 기구들이라는 견해가 나타나게 되었다. 이러한 이해로 말미암아 교회는 오직 교회만이 선교의 유일한 역군이라는 '교회관' 그리고 세상을 선교의 대상으로만 보던 '세상관' 등에 상당한 변화를 갖게 되었다.

본 장은 에큐메니칼 신학에 나타난 새로운 선교의 주체 이해를 살펴보는 것을 주된 목적으로 삼고자 한다. 이를 위해 에큐메니칼 선교 주체 이해가 어떤 배경하에서 왜 태어났는지, 그리고 에큐메니칼 선교 주체 이해의 주된 특징이 무엇인지, 또한 그 후 변화된 에큐메니칼 선교 주체 이해가 우리의 선교에 가져올 수 있는 주된 기여점과 한계점은 어떤 것인지를 살펴볼 것이다. 이는 선교에 있어서 교회의 위치와 세상과의 관계를 다시 점검하면서 바람직한 방향의 선교 주체를 이해하도록 도움을 줄 것이다. 뿐만 아니라 우리의 선교 자세를 교정하는 데 일정 부분 이바지하게 될 것으로 기대된다.

1. 달라진 '선교 주체' 개념의 배경

1) 교회의 연약성에 대한 인식

전통적으로 교회는 선교의 가장 주된 주체가 곧 '교회'라는 생각을 거의 당연하게 받아들였다. 하나님이 이스라엘을 선택하시어 모든 민족을 구원하려 하셨듯이 그리스도께서 제자들을 선택하셨고 그 터 위에 세워진 교회에 지상명령을 하셨기 때문에 당연히 교회는 선교의 가장 주된 주체로 이해되었다. 물론 하나님이 선교를 위해 교회를 세상에 파송하신 주체라는 것을 망각한 것은 아니었지만 하나님의 파송을 받아 이 세상에서 선교를 수행해야 할 가장 주된 주체 또는 역군은 바로 교회라는 사실을 확신했다.

그런데 이러한 생각에 변화가 일어난 것은 교회의 연약성에 대한 인식이 싹트면서부터였다. 특별히 1918년에 막을 내린 1차 세계대전에 이어 1939년부터 1945년까지의 2차 세계대전이 끝난 후 기독교는 자신의 연약성 또는 잘못을 심각하게 인식하기 시작하였다. 두 번에 걸친 세계대전의 주범이 대부분 기독교 국가들이었으며 하나님의 이름을 내걸고 일어난 전쟁이었다. 이러한 상황 속에서 기독교는 평화가 아니라 오히려 갈등과 분쟁 그리고 미움과 전쟁을 부추기는 역할을 하였다.[2]

또한 기독교가 추구한 선교 역시 대부분 가부장주의, 비관용, 오만함 등으로 점철되어, 문화 파괴, 사회구조 와해, 전통 종교 억압, 낯선 이방 교회 설립 등을 가져왔다. 기독교의 선교는 19세기의 확장적이고 승리

---

[2] 남정우, 『선교란 무엇인가』 (서울: 쉐키나, 2010), 21.

주의적인 선교방식, 그리고 선포와 전도와 교회 개척 중심의 선교였다는 인식을 갖게 되었다.[3]

이 모든 문제의 근본적인 원인은 바로 연약성으로 가득 찬 교회가 스스로를 선교의 주체라고 여긴 것에 있었다는 점을 교회는 깊이 인식하게 되었다. 교회가 스스로를 선교의 주체로 생각하고 모든 선교의 주도권을 쥐게 되면 교회는 극도의 오만과 자기 중심적 태도를 가지고 교회와 교파의 확장만을 추구하게 된다고 인식하게 되었다.[4]

이러한 태도 속에서 이루어지는 선교는 이 세계를 평화롭게 하고 이 세계를 아름답게 만드는 일에는 별로 기여하지 못하고 오직 자기 세력 확장에만 몰두하게 되고 그 결과로 선교는 왜곡된다고 보았다.

이런 상황 속에서 독일 슈투트가르트 교구의 감독이었던 칼 하르텐슈타인(Karl Hartenstein)은 1952년에 열린 빌링겐 대회의 신학적 성과를 정리하면서 바람직한 선교의 방향을 'Missio Dei'(하나님의 선교)라는 라틴어 단어로 표현하였다.[5] 여기에서 선교의 문제는 사람과 교회가 중심이 되어 선교를 수행한 결과로 생겨난 것이라고 보면서,[6] 이제 선교의 주체

---

3) 김영동, 『교회를 살리는 선교학』 (서울: 장로회신학대학교출판부, 2003), 259-260.

4) 호켄다이크에 의하면 이러한 견해는 선교를 '교회화'로 생각하면서, 전도를 할 때도 "… 교회의 영향력을 다시금 획득하려는 사실을 성경적으로 위장하는 경우가 많다"라고 주장하면서 교회 중심적 선교관을 비판하였다. J.C. Hoekendijk, *The Church Inside Out*, 이계준 역, 『흩어지는 교회』 (서울: 대한기독교서회, 1994), 10.

5) 하르텐슈타인은 말하기를, "선교란 단순히 개인의 회심이나 주님의 말씀을 향해 복종하는 것만을 뜻하지 않는다. 그것은 또한 공동체의 회집에 대한 의무만을 뜻하는 것이 아니라, 선교란 구원받은 전 피조물 위에 그리스도의 주권을 세우려는 포괄적인 목표를 가지고 '아들의 보내심' (an der Sendung des Sohnes), 즉 하나님의 선교 (der Missio Dei)에 참여하는 것이다"라고 하였다. Karl Hartenstein, "Theologische Besinnung," Walter Freytag ed., *Mission zwishen Gestern und Morgen* (Stuttgart: Evang. Missionsverlag, 1952), 54.

6) Karl Hartenstein, "Krisis der Mission?" *Die Furche*, Vol. 17 (1931), 205-206.

는 교회가 아니라 하나님 자신이심을 강조하였다.

2) 하나님의 관심에 대한 변화된 이해

전통적으로 기독교 신앙은 모든 내용을 그리스도와의 관계성 속에서 인식하고 서술하기에 그리스도는 기독교 신앙의 핵심이었다. 기독교는 하나님이 그리스도 안에서 자신을 계시하시며 그리스도를 통하여 구원역사를 이루어 오신다고 믿었다.[7] 이런 관점에서 전통적으로 기독교는 하나님의 주된 관심을 구원사의 완성으로 보았고, 구원사란 초역사로서 세속적인 세계사와는 구분되며, 세계사는 이성에 의하여 인식되는 반면 구원사는 신앙에 의하여 인식될 수 있다고 이해해왔다.[8]

이러한 구원사의 관점에서 보면 구원의 소식을 위임 맡은 기구는 교회이므로 교회가 선교의 가장 주된 역군으로 인식되었다. 그러나 구원사를 세계사와 분리하지 않고 하나로 보는 견해가 헤겔이나 판넨베르그 등에 의해 주장되었다.[9] 이들은 자연신학 역시 자연 질서 가운데 나타나는 하나님의 계시를 강조하였다. 이종성은 다음과 같이 정리하였다.

> 창조계 전체가 하나님의 구속적 대상이 되거나 자연 질서 안에서 하나님의 뜻이 알려져 있다는 것을 인정하는 학문은 자연신학이란 이름

---

7) 김균진, 『기독교조직신학 II』(서울: 연세대학교출판부, 1986), 130-140.
8) 김균진, 『기독교조직신학 I』(서울: 연세대학교출판부, 1989), 361.
9) 헤겔과 판넨베르그의 주장을 김균진은 다음과 같이 정리하였다. 헤겔에 대하여 "세계사의 모든 활동은 정신의 자기 활동이다. 이 정신이 헤겔에 있어서 곧 하나님이라면 세계사의 모든 것은 하나님의 자기 활동이다"라고 하였고, 이러한 헤겔을 따라서 판넨베르크는 "…하나님이 자기를 계시한다는 것은 하나님이 이 세계 안에 있음을 뜻하며, 역사는 그의 창조 세계 속에서 일어나는 하나님의 활동이다"라고 하였다. 위의 책, 361-362.

으로 알려져 있다. 그러나 이 자연신학은 바르트학파에 의해서 철저하게 봉쇄되었으나 다른 한편에서는 그리스도의 구원을 위한 유일주의를 유지하면서 전 피조계에 대한 하나님의 관대하신 섭리를 인정해야 한다는 주장도 계속해서 나오고 있다. 부르너와 틸리히와 몰트만이 그러한 주장을 하고 있다. 그리고 최근에는 에큐메니칼 운동의 저류에 그러한 생각이 강하게 흐르고 있음을 감지할 수 있다.[10]

이종성은 에큐메니칼 운동의 저류에 자연신학의 사고가 흐른다고 보았는데, 이러한 평가에 따르면 에큐메니칼 신학은 구원사를 세계사와 분리하여 생각하던 전통적인 사고보다는 구원사와 세계사를 하나로 보는 경향이 더 강하다고 할 수 있다. 즉 에큐메니칼 신학은 구원사의 완성만을 하나님의 주된 관심이라고 여기지 않고 이 세계 속에서 샬롬을 이루어가는 것 또한 매우 중요하게 여긴다.

이런 점에서 본다면 구원사를 이루어가는 역군이야 교회이지만, 세상에서 샬롬을 이루어가는 역군들은 매우 다양하므로 선교에 있어서 교회의 위치는 자연히 절대적 위치가 아니라 상대적 위치를 점하게 되는 것이다. 즉 하나님의 관심을 구원사 중심에서 구원사와 세계사를 하나로 이끌어 가시는 것으로 보는 역사관[11]으로의 변화가 선교의 주된 역군이

---

10) 이종성, 『교회론(1)』(서울: 대한기독교출판사, 1989), 494.
11) 두 역사의 관계에 대하여 김균진은 다음과 같이 정리하고 있다. "세계사는 하나님의 구원사에 속하며, 하나님의 구원사는 세계 안에 자리잡고 있을 뿐만 아니라 구분할 수 없을 정도로 그 속에 얽혀 있다. 하나님은 피조물 세계의 사건들을 그의 구원사를 위하여 사용하며 그의 나라가 도래하도록 하는 데 함께 활동하도록 허용한다. 그러나 피조물 세계의 사건들 자체가 구원의 사건들이 아니며 이 세계의 역사가 하나님의 구원사 자체는 아니다. 피조물의 역사는 참된 구원사가 아니라 오히려 하나의 독특한 비구원사이다. 그것은 구원사가 그 속에서 일어날 수 있는 외적인 바탕이며 구원사를 위한 도구가 될 수 있을 뿐이다. 구원사는 '하나의 은폐된 역사'이다. 그것은 인간에 의하여 느껴

라는 교회 이해에 변화를 가져왔던 것이다.

3) 세상에 대한 이해 변화

전통적인 구원사의 관점에서 교회와 세상의 관계는 흔히 방주와 폭풍치는 바다의 관계로 비유되었다. 세상은 폭풍이 몰아쳐 곧 죽을 수 있는 바다와 같은 곳이고 교회는 평온함과 참된 쉼 그리고 살 길이 주어지는 방주와 같은 곳으로 이해되었다. 세상에 있는 것은 언제 죽을지 모르는 위험한 일이며, 살 길은 오로지 방주인 교회로 오는 길 밖에 없는 것이었다. 이런 관점에서 보는 세상은 아무리 점수를 후하게 준다 해도 결코 긍정적인 평가를 받기 어려웠다. 세상은 하나님을 거역하고 등진 곳이며 그래서 멸망이 예상되어지는 곳일 뿐이다.

이런 점에서 세상에 유일한 소망이 있다면 그것은 오로지 구원이 주어지는 교회로 나오는 길 밖에는 없는 것이었다. 이런 관점에서 본다면 교회는 매우 중대한 사명을 지니는데 그것은 바로 풍랑가운데 죽어가는 영혼들을 한명이라도 더 빨리 구하는 일이었던 것이다.[12]

이러한 관점은 기본적으로 하나님이 교회에 큰 관심을 가지고 계시고 교회에 온 자만 구원하신다는 것을 전제로 하고 있다. 그러나 창조신학 등의 출현과 함께 하나님을 구원주 하나님으로 보는 관점에서 창조주 하

질 수도 없고 보여질 수도 알려질 수도 없으며 변증법적으로 해명될 수도 없다. 그것은 오직 하나님의 말씀을 근거로 신앙될 수 있다." 김균진, 『기독교조직신학 I』, 364-365.
[12] 이러한 경향의 신앙은 교회가 부르는 찬송에도 잘 나타나 있는데, 찬송가 500장 2절 "너 빨리 생명줄 던지어라 형제여 너 어찌 지체하나 보아라 저 형제 빠져간다 이 구조선 타고서 속히 가라"와 찬송가 499장 1절 "흑암에 사는 백성들을 보라 수많은 심령 멸망하겠네" 등의 가사가 이런 신앙을 보여준다고 하겠다.

나님으로 보면서 온 우주 만물에 특별한 관심을 가지고 계시며 어떤 시간과 장소에서라도 스스로를 증거 하신다는 관점이 호응을 얻게 되었다.[13] 하나님은 교회만 사랑하시고 교회 안에만 갇혀 계시는 하나님이 아니라 온 세계를 품으시고 온 세계에서 직접 역사하신다는 생각이 강하게 나타났다. 세계교회협의회도 이런 견해를 일정 부분 지지하고 있다.

> 비록 논쟁의 여지가 없는 것은 아니지만, 하나님이 교회 바깥에서도 활동한다는 인식이 선교사역에 참여하는 사람들 사이에서 점점 확대되고 있다. 사실 하나님이 어떤 종교 공동체 안에서 어떻게 활동하는지를 정확하게 설명할 수는 없다. 그러나 선교에 참여하는 사람들은 다른 종교의 전승을 따르는 사람들에게서도 하나님의 임재와 활동의 '희미한 그림자'(glimpses)를 확실히 발견한다. 사실 이 같은 현대적 경험이 과거의 전승과 상반되는 것만은 아니다. 초기 기독교 신학자였던 순교자 저스틴(Justin Martyr)은 세상의 문화 속에 존재하는 '말씀의 씨앗'(the seeds of the word)에 관해 언급했다. 또 가이사랴의 유세비우스(Eusebius of Caesarea)는 '복음적 준비'(evangelical preparation)라는 용어를 사용했으며, 비슷한 내용을 바오로 6세의 회람이나 살바도르대회의 보고서도 언급하였다.[14]

하나님이 교회 밖 또는 다른 종교 안에서도 활동하신다는 추측이 가능하다고 하는 관점은 자연히 세계를 교회와 완전히 분리된 곳으로 보

---

13) WCC, "선교와 전도: 에큐메니컬적 확언," in WCC, ed., *You Are the Light of the World*, 김동선 역, 『통전적 선교를 위한 신학과 실천』 (서울: 대한기독교서회, 2005), 63.

14) WCC, "일치를 통한 오늘날의 선교와 전도," in WCC, ed., 『통전적 선교를 위한 신학과 실천』, 135-136.

기보다는 교회와 어느 정도 동등성을 공유하는 곳으로 보게 만든다.[15] 이러한 견해는 자연히 교회만이 구원의 사역을 할 수 있다는 사고에서 세계의 다양한 기구들을 선교 사역의 동역자로 볼 수 있도록 하는 눈을 열어주게 되었던 것이다.

2. 에큐메니칼 신학의 '선교 주체'[16] 이해에 나타난 주된 경향

1) 삼위일체 하나님 자신

에큐메니칼 신학의 선교 사역자 이해에서 가장 두드러지게 나타나는 경향 중의 하나는 선교의 가장 주된 주체가 바로 하나님 자신이라는 이해일 것이다. 물론 전통적인 이해에서도 하나님이 선교를 주도하신다는

---

15) 하나님이 창조하신 이 세상과 마지막에 이루실 새 창조 사이에는 연속성과 불연속성이 함께 존재한다. 연속성의 관점은 새 창조가 현재의 우주를 새롭게 하는 것이지 모든 만물을 완전히 새롭게 시작하겠다는 것이 아니라고 본다. 반면 불연속성을 강조하는 관점은 하나님 자신의 완전한 계획에 해롭거나 역행하는 모든 것들을 새로운 질서로부터 추방하기 때문에 새 창조는 처음의 창조와 매우 다를 것이라고 본다. 에큐메니칼 신학에서 교회와 세계를 가깝게 보는 관점은 창조와 새 창조 사이의 연속성에 더 강조점을 두는 경향과 가깝다고 보인다. Stanley J. Grenz, *Theology for the Community of God*, 신옥수 역, 『조직신학: 하나님의 공동체를 위한 신학』 (고양: 크리스챤다이제스트, 2003), 908-909.

16) '주체'라는 용어는 "어떤 일에 적극적으로 나서서 그 일을 주도해 나가는 세력. 또는 그러한 집단" 또는 "사물이 주장이 되는 것" 등으로 정의된다. 에큐메니칼 신학은 교회가 아니라 삼위일체 하나님 자신이 곧 '선교의 주체'라는 이해를 지니지만, 하나님이 홀로 선교를 수행하시는 것이 아니라 그 일을 추진하는 다양한 집단들과 함께 하시므로 좀 더 세분화하여 말한다면 하나님은 선교의 '주인'이시고 선교에 참여하는 다른 집단들은 선교의 '동역자'라고 말할 수 있지만, 넓게 보면 하나님의 선교에 동참하는 세력들 역시 단순히 수동적으로만 선교를 수행하는 것이 아니라 적극적으로 참여하므로 선교의 주인은 아니지만 주체에는 포함하여 고찰할 수 있을 것이다. 한글학회, 『우리말 사전』 (서울: 어문각, 2008), 2080.

사실은 분명히 인정하지만 그럼에도 불구하고 하나님 자신이 직접 선교를 수행하신다는 생각은 그리 강하지 않았다. 그러나 에큐메니칼 신학은 교회가 아니라 하나님 자신이 바로 선교의 주체 또는 실제적으로 선교를 수행하시는 역군이시라는 사실을 강조한다.

예를 들어 빌링겐 회의는 하나님이 선교의 주역되심에 대하여 "선교란 구원받은 전 피조물 위에 그리스도의 주권을 세우려는 포괄적인 목표를 가지고 아들을 보내심 곧 하나님의 선교에 참여하는 것이다. 우리가 그 한 지체로서 참여하게 되는 선교 운동의 원천은 삼위일체 하나님 자신 안에 있다"[17]라고 언급함으로써 선교는 기본적으로 하나님이 수행하시는 것이고 교회는 단지 참여하는 존재임을 강조했다.

하나님의 선교란 저서를 낸 비체돔(Georg F. Vicedom) 역시 하나님이 선교의 주체이심을 다음과 같이 언급하였다.

> 하나님의 선교(Missio Dei)란 우선 선교가 하나님께 속한 활동임을 의미한다. 그는 주이시고, 위임 명령하시는 분이시며, 소유자이시고, 만물을 돌보시는 분이시다…선교와 그리고 선교하는 교회는 하나님 자신의 일(Work)이다. 우리는 또한 '교회의 선교'란 말을 할 수 없으며, 그에 못지 않게 '우리들의 선교'란 말조차 해서는 안 된다. 교회는 물론 선교는 모두 하나님의 사랑의 의지 안에 그 기원을 두고 있기 때문에, 우리는 그들이 독립적인 것이 아니라는 이해를 할 때만 언제나 교회와 선교에 관해 말할 수 있다. 교회와 선교는 모두 하나님의 도구요,

---

17) Norman Goodall, ed., *Mission under the Cross* (London: Edinburgh House Press, 1953), 189. 1952년 7월 독일 빌링겐에서 열린 제 5차 국제선교협의회(IMC) 총회의 보고서이며 노만 구달(Norman Goodall)이 편집하였다.

기구에 지나지 않는 것으로서 이것들을 통해 하나님은 자신의 선교를 수행하신다.[18]

위에서 보여주듯이 비체돔은 '하나님의 선교'를 강조하면서 '교회의 선교' 혹은 '우리들의 선교'라는 용어 자체를 쓰지 말아야 한다고 주장하였다. 그는 교회가 선교의 목표 혹은 주체로 인식되는 것은 위험한 것이며 비성경적인 견해라고 보았다. 언제나 삼위일체 하나님 자신이 행동하시는 분이시기에 교회란 단지 선교의 주역되시는 하나님의 손에 들려진 하나의 도구에 불과하다는 것을 강조하였다.[19]

세계교회협의회는 하나님이 선교의 주체이심을 강조하고 특별히 성령의 역할에 대하여 언급하면서, "하나님의 영은 태초부터 피조세계에 현존했었고, 우리가 선교와 전도의 사역을 시작하기도 전에 먼저 그곳에 간다는 사실을 인식하면서, 우리는 다양한 문화를 통해 표현되는 성령의 창조성을 확언하며 다른 종교의 사람들과 대화해왔다"라고 강조한다.[20]

또한 하나님의 영이신 성령께서는 우리 인간들의 이해를 넘어 다양한 방법으로 역사하시며, 때로 우리가 기대조차 하지 못하는 곳에서도 역사를 이루어가신다.[21]

성령께서는 구약 시대에 예언자들을 통하여 불의를 고발하였고, 압제 하에 있는 사람들을 자유케 하기 위하여 예수께 기름을 부으셨다(눅 4:18-

---

18) Georg F. Vicedom, *Missio Dei*, 박근원 역, 『하나님의 선교』(서울: 대한기독교출판사, 1980), 16-17.
19) 위의 책, 15.
20) WCC, "화해의 사역인 선교," in WCC, ed., 『통전적 선교를 위한 신학과 실천』, 156.
21) WCC, "선교와 전도: 에큐메니컬적 확언," in WCC, ed., 『통전적 선교를 위한 신학과 실천』, 63.

19). 오늘날도 여전히 교회가 정의와 평화를 위한 개혁에 동참하고 투쟁할 때 성령은 예언과 담대함을 주며, 다른 사람들과 대화의 관계로 들어갈 때 함께 하신다는 점을 강조한다는 점에서[22] 협의회는 선교의 주된 역군을 삼위일체 하나님 자신으로 보는 것이다.

2) 세상의 다양한 기구들

전통적인 선교의 개념은 복음을 전하고 복음을 받은 사람들을 교회로 인도하는 것을 주된 목표로 하였기 때문에 이런 개념의 선교를 수행할 수 있는 기구는 오로지 교회 밖에 없었다. 교회에 소속된 신자들이 선교기구를 만들고 선교사를 파송하는 모체였기에 교회가 곧 선교의 핵심 역군이었다. 교회 외에 세상의 어떤 기구도 복음을 맡아서 전하는 것에 관심을 갖는 기구는 없는 것이다.[23]

이에 반해 에큐메니칼 신학의 선교는 분열되고 억압과 긴장으로 가득찬 세상을 샬롬으로 변화시키는 것에 깊은 관심을 가지고 있는데,[24] 이

---

22) WCC, "화해의 사역인 선교," in WCC, ed., 『통전적 선교를 위한 신학과 실천』, 175.

23) 협의회는 이러한 전통적인 교회 이해에 대하여 "…교회를 하나의 무장된 요새로 묘사했고, 신자들은 만유의 주님이신 그리스도의 군병으로서 적군들의 와중에서 전투적인 삶을 살고 있으며 시시각각으로 자기들의 진지로부터 살벌한 세상으로 출격해 들어가서 될수록 많은 사람을 구출해 내는 것이 신자들의 사명이라고 묘사했다"라고 한다. WCC, *The Church for Others and the Church for the World*, 박근원 역, 『세계를 위한 교회』 (서울: 대한기독교출판사, 1979), 33-34.

24) 물론 에큐메니칼 신학도 복음 전도와 교회 설립에 관심을 갖기에 "사람이 사는 모든 곳에 지역교회를 심고 확장하는 일은 기독교 선교의 핵심이다…모든 곳에 교회를 세우는 것은 복음 전파를 위해 필수적인 일이다. 그리스도의 대속 사역은 그리스도인으로 하여금 대속의 삶을 살도록 요구한다. 교회의 선교적 소명을 이루기 위한 생명력 넘치는 기구는 바로 지역교회이다"라고 말하고 있다. 다만 전통적인 선교에 비하여 세상의 샬롬에 더 많은 관심을 갖는다는 것이다. WCC, "선교와 전도: 에큐메니컬 확언," in WCC, ed., 『통전적 선교를 위한 신학과 실천』, 49-50.

러한 일은 교회만 할 수 있는 것이 아니라 세상의 다양한 기구들도 할 수 있는 일이다. 오히려 세상의 다양한 기구들과 함께 해야 더욱 효과적인 일들이라 할 수 있다. 따라서 전통적인 선교에서는 교회가 선교의 주된 역군이었지만 에큐메니칼 선교에서는 세상의 기구들 또한 선교의 주역들로 여겨지게 되는 것이다. 이런 점에서 에큐메니칼 신학은 다음과 같이 말한다.

> 과거에는 하나님이 교회를 통하여 세계와 관계를 가지신다는 견해가 관습이 되어왔다. 이 견해를 하나의 공식으로 표현하자면, 하나님-교회-세상이 될 것이다…이제 우리는 이러한 견해에 반문을 제기하고 하나의 대안(代案)을 강조할 때가 왔다고 생각한다. 이 대안대로 하자면 '하나님-교회-세상'의 도식에서 나중의 두 개는 뒤바뀌어져야 하며, 따라서 그 도식은 '하나님-세상-교회'가 되어야 한다. 즉 하나님의 1차적 관계는 세상과의 관계이며, 하나님의 계획의 구심점은 세상이지 교회가 아니다.[25]

이와 같은 견해에 의하면 이제 선교의 주된 역군은 교회가 아니라 오히려 세상이다. 이런 점에서 협의회는 교회를 "세상을 향한 하나님의 관심의 견지에서 볼 때 교회는 세상의 한 조각, 즉 그리스도의 현존과 하나님의 궁극적 구속 사업을 지향하고 축하하기 위하여 세상에 부가된 하나의 첨가물(postscript)이다"라고 했다.[26] 즉 교회는 선교를 주도하는 기구가 아니라 세상에 일어나고 있는 다양한 선교 사역에 열심히 동참하

---

25) WCC, 『세계를 위한 교회』, 32.
26) 위의 책, 121-122.

는 하나의 기구가 되는 것이다. 교회는 선교를 수행하는 많은 역군 가운데 하나에 불과한 것이다.

3) 평신도와 가난한 자들

에큐메니칼 신학에서는 선교 사역에 있어서 평신도의 역할을 많이 강조한다. 전통적인 선교에서도 평신도의 역할을 무시한 것은 아니지만 평신도는 주로 주변 지역을 복음화하고 해외 선교를 지원하는 역할을 하는 존재로 기대되었다. 그러나 에큐메니칼 선교는 선교의 목적이 이 세계의 변혁과 샬롬의 추구에 있으며, 선교의 구체적인 사역들은 세계와 연관성을 지닌 것이므로, 이런 점에서 선교는 세계로부터 사업목록(agenda)을 받아야 한다고 생각한다.[27] 이러한 관점의 선교라면 주로 교회의 상황에서 활동하는 목회자보다는 직접 세상에서 활동을 하는 평신도들이 더 적합할 수 있을 것이다.

이런 점에서 협의회는 "우리는 고도로 산업화되고 도시화되고 따라서 고도로 분화(分化)된 사회에 살고 있다. 이러한 사회에서, 교회와 세상의 대화는 몇몇 중요한 세속기관의 우두머리들과 몇몇 교회 지도자들과의 수뇌회담에 제한되어서는 안 된다"[28]라고 강조하면서 평신도들의 적극적인 선교에의 참여를 기대하고 주문한다.

또한 "…대회의 우선적 추진자는 다양한 사회적 역할과 기능을 수행하

---

[27] 위의 책, 39. 이러한 이해는 "오늘날의 교회들은 개인적인 문제나 인접된 이유의 문제에만 배타적으로 집중하기 보다는 세계적인 사건들과의 관계에서 우리 주님의 뜻이 무엇인가를 찾고 선포해야 할 필요가 있다"라는 표현 속에서도 잘 볼 수 있다. 위의 책, 41.

[28] 위의 책, 46.

는 평신도들이 되어야 한다. 현 시대의 선교사들로서 부름 받은 사람은 평신도인 것이다"29)라고 말하면서 평신도가 선교의 주된 사역자들임을 강조하고 있다. 이런 이해를 배경으로 협의회의 모임에는 평신도의 비중이 매우 높다. 이러한 현상은 나이로비 총회를 참석하고 보고한 김명혁의 다음 글에도 잘 나타난다.

> 나이로비 총회의 가장 괄목할만한 특징적 동향은 평신도 주체의 대회가 되었다는 데 있다. 참가대표 중 40%가 평신도였고, 20%가 여성이었고, 10%가 30세 이하의 젊은이들이었다. 강원룡 목사는 나이로비 총회에 대한 보고를 하면서 '이번 총회에서 나같이 안수 받은 목사는 발언을 해도 인기가 없었습니다. 성직자보다는 평신도, 남자보다는 여자, 나이든 사람보다는 젊은이가 인기가 있었고, 특히 흑인 여자 청년 대표가 발언을 하면 제일 관심을 끌었습니다'라고 지적한 바 있다.30)

에큐메니칼 신학은 또한 가난한 자들에 대한 기대를 많이 가지고 있다. 에큐메니칼 신학에서 가난한 자들은 가장 우선적인 선교의 대상들이다. 에큐메니칼 신학이 가난한 자들에게 특별한 관심을 갖는 것은 선교의 모범이신 예수의 사역에 대한 이해에 근거하는데 협의회는 "예수는 가난한 사람들에게 하나님의 나라를 약속했고, 우리는 그들이 정의를 열망하고 해방을 소망하는 가운데 축복받았음을 알게 된다. 그들은 복음의 주체인 동시에 담지자들이다"31)라고 말한다. 이런 이유에서 협

---

29) 위의 책, 46-47.
30) 김명혁, 『현대교회의 동향』 (서울: 성광문화사, 1987), 123.
31) WCC, "선교와 전도: 에큐메니칼적 확언," in WCC, ed., 『통전적선교를 위한 신학과 실천』, 58.

의회는 가난한 자들과의 연대를 매우 중시하면서 다음과 같이 말한다.

> 우리는 예수의 제자로서, 예수가 유린당하고 무시당한 모든 사람들과 연대했음을 선포한다. 자신이 아무 것도 아니라고 생각하는 사람들이 하나님의 눈에는 오히려 귀한 사람들이다(고전 1:26-31)."[32] …예수를 왕으로 고백한다는 것은 가난한 사람들 편에 서서 가난을 극복하기 위해 투쟁하면서 하나님의 과분한 은혜를 받아들이며 예수와 함께 하나님의 나라로 들어가는 것이다. 예수를 종-왕(servant-king)으로 선포하는 사람과 이러한 선포를 수용하고 또 그 선포에 응답하는 사람은 매일 매일 예수와 더불어 세상의 가난한 사람들과 자신을 동일시하면서 그들과 연대하도록 초청받는다.[33]

그런데 에큐메니칼 신학에서 가난한 자들은 단순한 선교의 대상을 넘어서 선교의 주체들이 된다. 즉 가난한 자들은 선교의 가장 핵심적인 주체 중 하나로 이해된다.

이런 점에 대하여 협의회는 "오늘날 우리가 새롭게 배우는 것은 하나님은 짓밟힌 사람들과 박해받은 사람들과 세상의 가난한 사람들을 통해 활동한다는 것이다. 그리고 바로 그 현장으로부터 예수 그리스도는 자기를 따르라고 모든 사람을 부른다"[34]라고 말한다. 즉 예수는 무엇보다도 억눌리고 가난한 사람들을 통하여 그의 선교를 이루어 가신다는 것이며, 이런 점에서 가난한 자들은 선교의 주된 역군이 되는 것이다. 이는

---

32) 위의 글, 37.
33) 위의 글, 37-38.
34) 위의 글, 57.

산 안토니오 회의의 예수의 사역에 대한 다음 글에서도 잘 나타난다.

> 무엇보다도 그는 주변으로 밀려난 사람들, 가난한 사람들, 어린이들, 병자들, 공개된 죄인들 및 힘없는 사람들에게 우선순위를 부여하셨다. 따라서 그리스도의 방법에 따른 선교란 항상 기성 사회 중 주변으로 밀려난 사람들로부터 출발하여 권세 있는 상부구조로 상향해야 한다. 가난한 사람들을 출발점으로 하여 하나님의 나라를 엮어 나가야 할 것이다.[35]

선교사역은 다른 사람이 아닌 바로 가난한 사람들 즉 주변부에 있는 사람들로부터 시작이 되어야 함을 강조한다는 점에서 에큐메니칼 신학은 가난한 자들을 선교의 주역들로 인식한다. 즉 전통적인 선교에서 가난한 자들은 단순히 선교의 대상 정도로 인식되는 반면 에큐메니칼 선교에서는 가난한 자들이 선교의 주된 역군들로 인식되는 것이다.

3. 에큐메니칼 신학의 '선교 주체' 이해의 명암

1) 교정 vs. 약화

선교의 주체를 교회가 아니라 삼위일체 하나님 자신으로 본 에큐메니칼 이해의 가장 주된 기여점은 교회의 잘못된 선교 자세를 교정하도록

---

35) Frederick R. Wilson, ed., *The San Antonio Report: Your Will be Done, Mission in Christ's Way* (Geneva: WCC, 1990), 135.

도전하는 데 있는 것으로 평가된다.

특별히 하나님 자신이 바로 선교의 주체라는 사실을 강조한 Missio Dei 개념은 기구화되고 내향화 되어가면서 수의 확장만을 목표로 삼던 교회의 선교에 일침을 가하고 하나님의 전 우주적, 전 역사적, 전 시간적인 구원사역에 교회들이 동참할 수 있도록 도전한 점에서 기여를 하였다고 할 수 있다.

뉴비긴은 선교의 청지기인 교회가 스스로를 선교의 주체로 생각할 경우의 위험성을 다음과 같이 표현한다.

> 청지기는 여러 가지 시험에 빠질 수 있다…그는 자기가 청지기일 뿐임을 잊어버릴 수 있고 자기가 소유자라고 상상할 수 있다. 이것이 일어날 때 교회는 민족들(이방인)이 잃어버린 자들인 반면에 자기가 구원 받은 자라고 상상한다. 아니면 그는 게으르고 꾸벅꾸벅 졸며 태만하게 될 수 있으며, 그래서 보배를 도둑맞을 수 있다. 이것이 일어날 때 교회는 세상적인 낮잠에 빠지며, 세상은 복음의 소개 없이 방치된다.[36]

Missio Dei 개념으로 말미암아 위에서 언급된 문제점들이 미연에 방지될 수 있다. 오직 하나님만이 선교의 주인되신다는 점을 인식할 때에 교회의 선교는 모든 잘못되고 이기적인 동기들을 부숴 버리고 오직 '보내신 이의 영광을 구하는'(요 7:18) 선교를 추구해야 함을 늘 도전받게 된다.[37]

그러나 위와 같은 기여점에도 불구하고 하나님의 선교 개념의 실제적

---

36) Lesslie Newbigin, *The Open Secret*, 188-189.
37) 안승오, 『현대선교의 핵심주제 8가지』(서울: CLC, 2011), 37-38.

인 영향은 다소 부정적인 측면으로도 나타났다고 할 수 있다.[38] 전통적으로 교회는 선교의 사명 수행을 오로지 교회만이 할 수 있고 해야 하는 사역으로 인식하고 선교를 위해서라면 모든 것을 다 헌신하여 왔다.

물론 이러한 생각이 많은 부작용을 낳기도 하였지만 이러한 생각이 선교에 대한 헌신을 불러일으킨 것도 또한 사실이다. 그러나 교회가 아니라 하나님 자신이 선교하신다는 가르침은 그 기여점에도 불구하고 실제적으로는 교회의 선교 열정을 약화시키는 부작용을 낳는 것으로 나타날 수 있다.

우리는 이와 유사한 예를 윌리암 캐리의 생애에서도 찾아볼 수 있다. 윌리암 캐리가 인도를 향한 선교 비전을 지닌 후 선교의 필요성을 강조하면서 선교에 대한 계획을 나누자 한 원로급 목회자가 캐리를 향하여 "젊은이, 앉게나, 만약 하나님이 이방인들을 개종시키려고 하신다면 자네가 우리의 도움 없이도 얼마든지 하실 수 있을걸세"[39]라고 말하면서 캐리의 선교적 열정을 잠재우려 하였다.

하나님의 선교 개념도 이 원로급 목사가 가진 생각과 유사한 방향으로 흐를 소지가 있다. 하나님의 선교 개념은 하나님 자신이 곧 선교의 주체요 역군이라는 점을 강조하기에 자칫 교회가 아니어도 하나님이 알아

---

38) 우리는 종종 현실 속에서 이론과 실제가 다른 경우를 보게 된다. 한 예로 마르크시즘이 이론적으로는 가장 이상적인 사회를 세울 수 있는 이론으로 믿어졌지만 실제는 그렇지 않았다. 하나님의 선교 개념 역시 현실적으로는 복음의 약화라는 어두운 측면을 보이고 있다. 이와 연관하여 채수일은 하나님의 선교를 강조하고 실천했던 교회의 목회자들이 가난 때문에 가족을 희생시키는 것을 지속할 수 없어서 다른 직장을 찾아 나선 반면, 복음주의적인 교회들은 자본의 힘을 가지고 대규모적으로 사회봉사사업을 전개한다는 것을 지적한다. 채수일, "하느님의 선교(Missio Dei): 한국에서의 전개와 과제," 「선교신학」 제6집, 2002, 259.

39) Ruth A. Tucker, *From Jerusalem to Irian Jaya*, 박해근 역, 『선교사 열전』 (고양: 크리스챤다이제스트, 2003), 143.

서 선교하실 수 있다는 생각으로 오해될 수 있고, 이것은 곧 선교 열정의 약화로 이어질 수도 있다. 또한 교회가 아니어도 세상의 다양한 기구들이 선교한다는 생각 역시 교회의 선교 동력을 약화시킬 수 있다. 교회가 아니어도 일할 일꾼이 많다면 교회가 생명을 내걸고 선교에 헌신해야만 하는 동기가 약화될 수 있는 것이다.

이러한 현상은 협의회의 선교 모습에서도 나타나고 있는데, 세계교회협의회의 총무를 지냈던 비서트 후프트(W.A.Visser't Hooft) 자신도 이 사실을 인정하고 있다.

> 많은 보수주의자들은 에큐메니칼 운동이 신학적 상대주의 또는 심지어 혼합종교주의로 이끌고 갈 것이라는 우려를 표명했다. 이 우려가 전혀 근거 없는 것은 아니다. 왜냐하면 WCC 회원 교회의 몇몇 인사들은 신학적 무관심주의 또는 모든 종교를 포용하는 에큐메니즘의 형태를 취하기 때문이다…아마 보수적 복음주의자들이 일으키는 가장 타당한 질문은 에큐메니칼 운동이 사회적 및 국제적 문제에 너무 많은 정력을 기울이고 선교와 복음전파의 우선적 과업은 등한히 하지 않느냐는 질문이다. 이 질문은 아주 적절한 질문이다. 왜냐하면 WCC 교회들과 복음주의 교회들을 비교해볼 때 후자가 더 많은 인력과 재력을 복음화와 해외 선교에 투자하고 있기 때문이다.[40]

이런 점에서 서정운은 호켄다이크가 강조한 Missio Dei 개념에 대하

---

40) W.A.Visser't Hooft, "The General Ecumenical Development Since 1948," in H.E. Fey, ed., *A History of the Ecumenical Movement*, Vol. II. (Phililedphia: Westminster Press, 1970), 19.

여 그 공헌점은 인정하면서도 "어쩌면 오늘의 서구교회가 활력을 잃고 신자의 수가 현저히 준 것은 그가 그토록 부르짖은 반교회중심신학(反敎會中心神學)이 가져온 하나의 결과로 볼 수도 있다"[41]라고 그 문제점을 지적한 바 있다.

2) 연합 vs. 혼합

선교의 주체를 교회로 보던 전통적인 관점에서 세상의 다양한 기구들로 확대한 에큐메니칼의 개념은 여러 가지 면에서 장점을 지닌 것으로 보인다. 교회는 선교의 엄청난 과제를 혼자 짊어지고 가려던 사고를 벗어나 세상과 함께 손을 잡고 선교의 역사를 감당할 수 있게 하는 데 도움을 줄 수 있을 것이다.

전통적인 관점에서 보면 세상은 죄악이 관영한 곳이고 하나님을 대적하는 곳일 뿐이다. 세상이 구원받을 수 있는 유일한 길이 있다면 그것은 오직 교회가 전하는 복음을 듣고 교회로 나오는 길 밖에 없었다. 이런 상황에서 세상을 더 좋은 세상으로 만들거나 세상의 행복을 위해 힘쓰는 일은 그리 중요한 일로 여겨지지 않았다. 세상은 그저 지나가는 것이고 멸망을 향해 달려가는 곳일 뿐이었다. 이런 사고 가운데서 교회는 자연스럽게 대사회적 책임을 소홀히 한 측면이 있었다.

그런데 세상을 단순히 선교의 대상으로 보던 관점에서 세상 자체를 선교의 중요한 한 축으로 보는 관점으로의 변화는 세상과 함께 연합하여 세상의 참된 샬롬과 변화를 위해 노력하는 선교를 가능케 하고 한결

---

41) 서정운, "후켄다이크의 선교관," 「교회와 신학」, 제 20집, 1988년, 222.

음 더 나아가 교회의 사회적 책무를 더 잘 감당하도록 도전하였다고 평가된다.[42] 즉, 세상을 선교의 한 주체로 보는 관점은 교회를 세상과 동떨어진 기구가 아니라 세상과 연합하여 세계 참여적인 기구로 변화시키는데 일정 부분 기여한 점이 있다고 보인다.

그러나 이와 같은 장점은 다른 한편에서는 어두운 그림자로 나타날 수 있다. 세상은 하나님을 알지 못하고 그런 점에서 세상은 선교의 대상인데 선교의 대상인 세상을 선교의 역군으로 인식하고 연합을 추구할 경우 이것은 자칫 교회와 세계의 경계선을 허무는 결과로 나아갈 수 있는 위험성도 있다고 보인다.[43] 보쉬(David J. Bosch)는 이러한 점을 다음과 같이 설명한다.

> 에큐메니칼 주의에서는 교회와 세계의 차이를 상대적으로 이해한다. 교회는 세속화되어 교회의 신분을 버린다. 그러나 세속화된 교회는 이 세계에 제공할 것이 없다 하나님 나라가 세계에 주는 의미는 교회 안에서 뚜렷하게 보여져야 하는데, 교회와 세계가 더 이상 구별될 수가 없다고 하면 하나님 나라는 그 형상과 모습을 잃은 것이다. 공동체로서의 교회는 세계를 균질화하려는 세력에게 도전하고 저항하기 위

---

42) 이러한 도전에 대하여 에큐메니칼 선교가 지나치게 범선교주의를 지향하는 것은 제한된 시간과 역량을 가진 교회의 선교가 초점을 너무 넓게 잡음으로 말미암아 선교의 효율성을 떨어뜨릴 수 있는 위험성이 있음도 지적될 수 있다. 참조. 이복수, "하나님 나라를 사회 건설에 둔 선교론 고찰,"「복음과 선교」, Vol. 4 (2004), 92-93.
43) 교회와 세상 간의 경계선이 약화되기 시작하면 세상은 교회보다 훨씬 크기에 교회는 쉽게 무너질 수 있다. 이 점에 대하여 보쉬는 "만약 실험적으로 갱신운동을 펴나갈 때, 우리가 교회를 등지거나 또는 교회로 하여금 세계 안에 흡수되어 버리게 한다면, 교회뿐만 아니라 그리스도까지도 잃어버리게 되는 위험을 초래하게 되는 것이다. 잘못된 갱신의 심각한 탈출은 애굽의 집에서 뿐만 아니라 하나님의 집에서도 떠나는 것으로 끝장나고 말지도 모른다"라고 갈파하였다. David J. Bosch, *Witness to the World*, 전재옥 역,『세계를 향한 증거』(서울: 두란노, 2000), 261.

해서 충분히 구별될 수 있어야만 한다. 오늘날 세속화된 사회에서 교회는 오로지 예언적 소수로서 세계 안에서 나그네로 존재하는 그 역할에 충실하게 임할 수 있다.[44]

교회는 세상을 제대로 섬기기 위해서라도 세계와 분명한 구별을 해야 할 필요가 있음을 보쉬는 강조한다. 교회는 하나님에 의해 선택된 존재이므로 세상과는 분명히 구별되고 이런 점에서 교회의 '특선주의'는 배제하기 어렵다.

보쉬의 말대로 "그리스도는 참으로 교회와 세계 둘 다의 주인이시며 머리이시다. 그러나 세계는 그리스도의 몸이 아니다. 오로지 교회만이 그리스도의 몸인 것이다."[45] 따라서 특선주의를 희생시키면서 세계주의 또는 보편주의를 강조하는 것은 자칫 기독교 선교에 큰 타격이 될 수 있다.[46] 이런 점에서 보쉬의 다음과 같은 권면은 잘 경청할 필요가 있어 보인다.

> 교회는 세계를 위한 교회의 봉사를 위해서도, 바로 그 봉사 때문에 세계로부터 구별되어야 한다. 교회는 이 세계 안에서의 교회의 존재인 동시에 이 세계 안에서 구별되는 존재일 때만이 의미있게 사도적일 수 있다. 신약성서는 한 경계선, 즉 교회와 세계 사이의 격리, '성도의 교제 안에 있는 자들'과 '밖에 있는 자들' 간의 경계선을 강조한다(고

---

44) 위의 책, 267.
45) 위의 책, 264-265.
46) 특선주의를 버리고 연합을 지나치게 강조하는 것의 위험성에 대하여 보쉬는 "이 모든 것이 의미하는 것은 교회와 세계간의 경계선과, 이와 함께 구원역사와 세계역사 간의 경계선이 점차적으로 희미해진다는 것이다"라고 설파하였다. 위의 책, 53.

전 5:12-13). 교회와 세계의 차이점에 호소하는 것은 교회가 세계를 위해 나가야 하는 요구만큼 중요한 것이다. 에베소서 3:1-10에 덧붙여서 에베소서 4:17-24을 읽어야 하고, 골로새서 1:15-29에 더하여 골로새서 2:20-3:11을 읽어야 한다.[47]

3) 이상 vs. 현실

이상은 현실을 바꿀 수 있는 가장 중요한 동력 중의 하나라 할 수 있다. 이상이 없다면 현실은 늘 그대로이거나 악화될 것이다. 이상이 있기 때문에 인간들은 현실을 벗어나 이상을 향하여 꾸준히 나아갈 수 있는 것이다.

에큐메니칼 선교 주체 이해는 교회만이 선교의 주역이라는 이해 위에서 선교를 위해 외로운 고투를 벌이는 교회가 아니라 전능하신 하나님 자신이 선교의 주역이심을 믿는 가운데 세상의 수많은 기관들이 선교의 동역자로 일하게 되는 날을 기대하며 사역에 임하도록 도전한다.

이러한 이상 가운데서 교회는 큰 위로와 안심과 도전을 받게 된다. 교회는 더 이상 외로운 싸움을 벌일 이유가 없다. 하나님이 앞장 서 가시고 수많은 동역자들이 있기 때문이다.

특별히 전통적인 선교가 서구 교회만의 일방적인 선교 행태에서 비서구 교회와의 협력을 추구하면서 비서구 교회를 선교의 동역자로 여기며 함께 일하도록 도전한 것은 에큐메니칼 선교의 귀한 공헌이 아닐 수 없다. 즉, 에큐메니칼 선교는 선교 사역을 수행함에 있어서 역군들의 폭을

---

47) 위의 책, 260.

크게 확대시킨 점에서 기여를 한 것으로 평가된다.

하지만 교회들 간의 협력을 넘어선 세상과의 협력은 여전히 현실과는 거리가 있다는 점도 인식할 필요가 있어 보인다. 에큐메니칼 신학이 기대하는 이상과 달리 현실에 나타난 세상의 모습은 선교의 동역자가 되기에는 여전히 거리가 먼 모습을 보인다.

현실적으로 나타나는 세상은 여전히 하나님을 알지 못하고 하나님께 아무런 관심도 없다. 때로 하나님을 대적하고 하나님의 사람들을 미워하고 핍박하는 무리들이 가득한 곳이며,[48] 죄가 관영한 곳이라는 점도 잊어서는 안 될 것이다. 이런 점은 보쉬의 다음 표현에서도 잘 나타난다.

> 참으로 이 세계 안에는 죄가 있다. 이 죄의 사실성이 결코 과소평가되어서는 안 된다. 그렇다고 해서 '세계'와 '죄'는 동일한 것이 아니다. 실제로 세계 속에 죄가 있는 것이 사실이지만, 교회 안에 죄가 있는 것도 마찬가지 사실이다. 왜냐하면 교회는 스스로가 이 세계의 한 부분이기 때문이다. 그러나 한편 교회는 하나님의 선택된 대행자이므로 세계와는 다르다. 우리는 이 '특선주의'를 배제할 수 없다.[49]

물론 하나님은 이 세상의 주인이시기도 하기 때문에 때때로 세상을 들어서 그의 역사를 이루어 가실 때도 있다. 그러나 이것은 예외적인 경우이고 일반적인 경우 하나님은 시대마다 그의 일꾼들을 택하셔서 하나님의 역사를 이루어오셨다. 이런 점에서 보쉬는 "그리스도는 교회와 우주

---

48) 이런 이유 때문에 주께서는 이미 제자들에게 "너희가 세상에 속하였으면 세상이 자기의 것을 사랑할 것이나 너희는 세상에 속한 자가 아니요 도리어 내가 너희를 세상에서 택하였기 때문에 세상이 너희를 미워하느니라"(요 15:19)라고 이미 선언하셨다.

49) David J. Bosch, 『세계를 향한 증거』, 264.

의 주인이지만, 오직 교회 안에서만 그의 주권은 인정되고 고백되는 것이다. 세계는 하나님과 인격적 관계에 들어갈 수 없다"라고 설파하였다.[50]

하나님이 온 세계에 주인이시라는 것은 맞지만 이것이 곧 온 세계가 다 하나님을 알고 하나님께 복종한다는 것을 의미하는 것은 아니다. 이것은 많은 시간이 흐른 후 하나님의 섭리 가운데 이루어질 이상이다. 현실은 여전히 교회보다 큰 세상이 하나님을 무시하고 거역하고 있다. 이런 상황에서 세상을 선교의 동역자로 인식하는 것은 자칫 선교사역을 그르칠 수 있다. 선교의 대상이 되어야 할 세상을 섣불리 선교의 동역자로 인식하는 오류가 될 수 있기 때문이다.

하나님이 이루어 가시고자 하는 그분의 나라는 기본적으로 하나님이 이루어 가시는 나라이다. 하나님은 그 나라를 이루어가시면서 당신이 원하시는 사람들을 부르셔서 그 나라 완성을 위한 일꾼들로 사용하신다. 브라텐(Carl E. Braaten)은 하나님의 나라에 대해, "…그 나라는 성령이 뜻하시는 곳과 때에 임한다. 우리는 그것을 위해서 철저한 개방정신으로 '깨어 기도'할 수 있을 뿐이다"[51]라고 말하였다. 그렇다. 하나님의 나라를 위해서 쓰임 받을 수 있는 일꾼은 철저히 깨어 기도하고 그분의 뜻에 절대적으로 희생하고 순복할 수 있는 사람이어야 한다.[52] 하나님께 아무런 관심도 없고 그분을 알지도 못하는 자들이 지속적으로 쓰임 받을 수 있을 것이라고 생각하는 것은 지나친 낙관론이 될 수도 있다.

---

50) 위의 책, 264.

51) Carl E. Braaten, *The Flaming Center: A Theology of the Christian Mission*, 이계준 역, 『현대선교신학』(서울: 대한기독교출판사, 1984), 49.

52) Georg F. Vicedom, 『하나님의 선교』, 101.

4. 요약과 전망

지금까지 우리는 에큐메니칼 신학의 선교 주체 이해를 살펴보았다. 먼저 우리는 에큐메니칼 신학의 새로운 선교 주체 이해가 어떤 배경 하에서 나오게 되었는지를 살펴보았다. 그것은 선교의 주된 역군으로 인식된 교회의 심각한 연약성에 대한 깨달음, 하나님의 관심이 세계 속에서 샬롬을 이루어가시는 것이고 이러한 일을 위한 역군은 교회만이 아니라 세상의 다양한 기구들이라는 깨달음, 세상을 단순한 선교의 대상에서 선교의 동역자로 인식하게 되는 깨달음 등이었다.

에큐메니칼 신학은 선교의 주된 역군을 삼위일체 하나님 자신, 하나님이 쓰시는 세상의 다양한 기구들, 그리고 평신도와 가난한 자들로 로 확대하여 인식하고 있다. 전통적으로 선교의 주체를 주로 교회에 한정하여 이해하던 것에서 훨씬 더 폭넓은 이해를 갖게 된 것이다. 이러한 이해는 교회의 오만함과 자기 중심주의를 부수고, 세계의 다양한 기구들과 연합 전선을 구축하며, 교회가 종국적인 목표를 향해 가도록 방향을 잡아주고 도전한다는 점에서 일정 부분 기여를 하는 것으로 평가된다.

그러나 동시에 심각한 약점을 내포하고 있는 것으로 평가된다. 그것은 선교의 주된 역군에 하나님을 알지도 못하고 하나님께 무관심한 세상의 다양한 기구들을 포함시킴으로 인해 교회의 선교 책임에 대한 인식 약화로 이어질 수 있으며, 세상과의 연합 추구가 자칫 교회의 정체성 약화로 이어질 수 있고, 하나님께 아무런 관심도 없는 세상을 선교의 동역자로 인식하는 이상론에 빠져 현실적으로 선교의 약화를 가져올 수 있는 가능성도 있다. 에큐메니칼 사역자 이해는 이런 점을 잘 보완할 때 교회를 바르게 사역자로 세우는 데 도움을 줄 수 있으리라 여겨진다.

: 참고문헌 :

김균진. 『기독교조직신학 II』. 서울: 연세대학교출판부, 1986.
_____. 『기독교조직신학 I』. 서울: 연세대학교출판부, 1989.
김명혁. 『현대교회의 동향』. 서울: 성광문화사, 1987.
김영동. 『교회를 살리는 선교학』. 서울: 장로회신학대학교출판부, 2003.
남정우. 『선교란 무엇인가』. 서울: 쉐키나, 2010.
서정운. "후켄다이크의 선교관."「교회와 신학」20. 1988.
안승오, 박보경. 『현대선교학개론』. 서울: 대한기독교서회, 2008.
안승오. 『현대선교의 핵심주제 8가지』. 서울: CLC, 2011.
이복수. "하나님 나라를 사회 건설에 둔 선교론 고찰."「복음과 선교」4. 2004.
이종성. 『교회론(1)』. 서울: 대한기독교출판사, 1989.
채수일. "하느님의 선교(Missio Dei): 한국에서의 전개와 과제."「선교신학」6. 2002.
한글학회. 『우리말 사전』. 서울: 어문각, 2008.
Bosch, David J. *Witness to the World*. 전재옥 역. 『세계를 향한 증거』. 서울: 두란노, 2000.
Braaten, Carl E. *The Flaming Center: A Theology of the Christian Mission*. 이계준 역. 『현대선교신학』. 서울: 대한기독교출판사, 1984.
Goodall, Norman. ed. *Mission under the Cross*. London: Edinburgh House Press, 1953.
Grenz, Stanley J. *Theology for the Community of God*. 신옥수 역. 『조직

신학: 하나님의 공동체를 위한 신학』. 고양: 크리스챤 다이제스트, 2003.

Hartenstein, Karl. "Krisis der Mission?" *Die Furche*. 17. 1931.

―――. "Theologische Besinnung." Walter Freytag ed., *Mission zwishen Gestern und Morgen*. Stuttgart: Evang. Missionsverlag, 1952.

Hoekendijk, J.C. *The Church Inside Out*. 이계준 역.『흩어지는 교회』. 서울: 대한기독교서회, 1994.

Newbigin, Lesslie. *The Open Secret*. Grand Rapids, MI: Eerdmans, 1978.

Tucker, Ruth A. *From Jerusalem to Irian Jaya*. 박해근 역.『선교사 열전』. 고양: 크리스챤다이제스트, 2003.

Vicedom, Georg F. *Missio Dei*. 박근원 역.『하나님의 선교』. 서울: 대한기독교출판사, 1980.

Visser't Hooft, W.A. "The General Ecumenical Development Since 1948." in H. E. Fey. ed. *A History of the Ecumenical Movement*. Vol. II. Philidelphia: Westminster Press, 1970.

WCC. *The Church for Others and the Church for the World*. 박근원 역.『세계를 위한 교회』. 서울: 대한기독교출판사, 1979.

―――. *You Are the Light of the World*. 김동선 역.『통전적 선교를 위한 신학과 실천』. 서울: 대한기독교서회, 2005.

Wilson, Frederick R. ed. *The San Antonio Report: Your Will be Done: Mission in Christ's Way*. Geneva: WCC, 1990.

CHAPTER 6

선교의 대상
TARGET OF MISSION

선교의 대상을 누구로 정하는가에 따라서 선교의 목표와 방식이 현저하게 달라질 수 있다. 이런 점에서 선교의 대상을 어떻게 잡는가 하는 것은 매우 중요한 문제이다. 전통적인 선교의 경우는 선교의 관심 대상을 주로 하나님을 알지 못하는 불신자로 정하였기에 선교는 주로 복음 전도를 통한 구령 사역에 집중된 경향이 있었다. 반면 에큐메니칼 진영의 경우는 선교의 대상을 불신자보다는 약한 자 또는 억눌린 자 등으로 보고, 인간을 넘어서 전 피조세계로 보는 경향이 있다. 선교 대상에 대한 이해 변화가 일어난 배경은 무엇이며, 이러한 변화가 가져오는 음양은 무엇인지 함께 살펴보자.

선교의 대상

선교에 있어서 대상[1]을 누구로 정하느냐는 문제는 상당히 중요하다. 그것은 선교의 대상을 누구로 정하느냐에 따라서 선교의 목표와 양태가 달라지기 때문이다. 예를 들어 전통적인 선교의 경우는 선교의 관심 대상을 주로 하나님을 알지 못하는 불신자로 정하였기에 선교는 주로 복음 전도를 통한 회심과 교회 개척에 집중된 경향이 있었다.

반면 에큐메니칼 진영의 경우는 선교의 관심 대상을 매우 폭넓게 잡으면서 선교를 주로 약자들의 삶의 여건 변화나 창조질서 보존 등에 관심을 집중하는 경향이 있다. 이런 점에서 볼 때 선교의 주된 대상을 어떤 존재로 삼는가 하는 것은 선교에 있어서 매우 중요한 사항이 아닐 수 없다.

본 장은 전통적인 선교의 관심 대상과 달리 새로운 선교 관심 대상을 설정하고 이들의 샬롬을 위해 부심하는 에큐메니칼 선교가 설정하고 있

---

1) 김민수 외 편, 『국어대사전』(서울: 금성출판사, 1991), 704. 대상이란 "의식 감각 행동 등의 작용이 향하는 목표물"이라고 정의된다.

는 '선교 대상'에 대한 연구를 진행하고자 한다. 에큐메니칼 선교가 관심을 갖고 있는 선교 대상은 전통적인 선교의 선교 대상과 어떤 차이점을 지니는지, 차이점을 지닌다면 어떤 배경하에서 그런 변화가 일어나게 되었는지, 그리고 그런 관심의 차이가 선교에 어떤 영향을 주는지 등에 대하여 살펴보고자 한다. 이러한 연구는 선교를 수행함에 있어서 그 대상을 정하고 효율적인 선교를 펼쳐나가는 데 도움을 줄 수 있으리라 생각된다.

1. 에큐메니칼 선교 관심의 배경

1) 하나님의 선교 개념의 포괄적 관심

전통적인 선교의 경우 선교의 대상은 아주 간단하게 정리될 수 있다. 간단히 말하자면, '하나님을 알지 못하고 영원한 멸망을 향해 달려가는 사람들'이라 할 수 있다. 달리 표현하면 '하나님의 교회에 속하지 않은 사람들'이라고도 할 수 있다. 그런데 이처럼 단순하게 간주되던 선교의 대상이 에큐메니칼 신학에서는 매우 폭넓게 이해되고 있다. 그렇게 된 뒤에는 다음과 같은 몇 가지 배경을 찾아볼 수 있다.

가장 먼저 생각할 수 있는 것은 에큐메니칼 선교 이론의 가장 깊은 핵심을 이루고 있는 '하나님의 선교'(Missio Dei) 개념이다. 하나님의 선교 개념은 교회만을 중심으로 보던 관점에서 세상을 중심으로 선교를 보는 관점으로의 변화라 할 수 있다.[2] 교회를 중심으로 선교를 보면 사람들을 교회로 인도하는 것이 선교이고 자연히 선교의 대상은 교회에 다니지 않는 사람들이지만, 세상을 중심으로 선교를 보면 세상에서 샬롬을 누리지 못하는 모든 사람들과 피조물들이 선교의 대상으로 인식된다.

하나님의 선교 개념에서는 교회가 아니라 하나님이 선교의 주역이시고, 그 하나님은 사람들을 구원하여 교회로 인도하는 구령사역만이 아니라 세상의 혁명 운동, 민권 운동, 교육 개혁 운동 등의 활동들을 통하여 세상 속에서 샬롬을 구현해가시는 분으로도 이해되며, 선교란 바로 이러한 하나님의 선교 활동에 동참하는 것이므로 선교의 대상은 자연히 하나님의 참된 샬롬을 누리지 못하는 모든 피조물들이 되는 것이다.[3]

이런 점에서 하나님의 선교 개념이 태동된 하나의 배경이 된 회의인 빌링겐 IMC는 교회가 하나님의 선교에 참여하기 위해서 이 세상 속으로 파송되었음을 강조하면서 정치, 경제, 사회 등 인간의 모든 삶의 현장 속에서 선교가 일어나야 함을 강조하였고, 이런 이유 때문에 선교의 대상은 모든 삶 속에서 샬롬이 없는 모든 이들이 된 것이다.[4]

---

2) Georg F. Vicedom, *Missio Dei*, 박근원 역, 『하나님의 선교』(서울: 대한기독교출판사, 1980), 130-131.

3) David J. Bosch, *Transforming Mission: Paradigm Shifts in Theology of Mission*, 김병길, 장훈태 역, 『변화하고 있는 선교』(서울: CLC, 2000), 579. 하나님의 선교 개념에 의하면 하나님은 그리스도가 완성한 구속사업 안에서 이미 온 세상을 자기와 화해시켰으며, 이런 이유 때문에 복음을 비기독교인들에게 전파하는 것 보다는 이 세상에 샬롬을 이루어 가는 작업을 선교로 보는 경향이 강하다. 또한 하나님의 활동은 구속사가 아닌 일반 역사 속에서 나타나므로 하나님의 선교에 동참하는 선교란 이 세상에 샬롬을 구현하기 위한 교회의 모든 활동으로 이해되는 경향이 나타났다.

4) 이형기, 『복음주의와 에큐메니칼 운동의 세 흐름에 나타난 신학』(서울: 한국장로교출판사, 1999), 120-121. 이런 점에서 이형기는 빌링겐에 대하여 "빌링겐의 IMC(1952)는 위와 같은 선교신학적 근거와 비전을 가지고 18-19세기적 복음 전도 뿐만 아니라 다차원적 선교적 과제(The Total Missionary Task)를 위한 교회의 파송을 역설하였다." 즉 선교 자체가 매우 다차원적인 과제가 되면서 그 대상도 매우 폭넓어진 것이라 할 수 있다.

이런 경향과 연관하여 이형기는 빌링겐의 경향에 대하여 아래와 같이 평가하였다.

> 빌링겐은 1948년 암스테르담에서 1954년 에반스턴에 이르는 '책임적 사회'에 걸맞는 Missio Dei를 역설했다. 1938년 탐바람을 잇는 삼위일체론적 복음이해와 무엇보다도 삼위일체론적 기독론 중심의 파송의 신학(Missio Dei)은 18-19세기의 복음 전도 개념을 훨씬 넘어서서 정치, 경제, 사회, 문화 등 삶의 모든 차원을 선교의 대상으로 삼았다.5)

즉 하나님의 선교 개념은 전통적인 선교 대상인 불신자들을 넘어 삶의 모든 차원을 선교의 대상으로 삼았고, 이러한 신학의 영향으로 에큐메니칼 신학은 매우 폭넓은 선교의 대상을 설정하고 있는 것이다.

2) 예수 그리스도에 대한 새로운 이해

선교는 예수 그리스도께서 수행하셨던 선교를 뒤잇는 사역이므로, 예수께서 어떤 선교를 수행하셨는가에 대한 이해가 선교의 성격 형성에 결정적인 영향을 미친다. 특별히 예수께서 어떤 사람들에게 주된 관심을 가졌고 그들에게 무엇을 행하셨는지에 대한 이해가 선교의 대상을 정하는 데 중요한 배경이 된다.

전통적인 선교신학에서는 예수 그리스도를 십자가 위에서 영원한 멸

---

5) 위의 책, 125.

망을 향해 달려가는 인류를 위한 구원을 이루신 분으로 이해하기 때문에 예수의 주된 관심은 불신자들에게 있는 것으로 이해하는 경향이 강했다. 그러나 에큐메니칼 신학이 보는 예수는 영혼만의 구세주가 아니라 전인적인 인간의 구세주이시며,[6] 인간만의 구세주가 아니라 모든 창조 세계의 구세주라는 점을 강조하는 경향이 강하다.[7]

에큐메니칼 신학은 특별히 가난한 자에 대하여 특별한 관심을 가지시는 예수 그리스도를 많이 조명한다. 에큐메니칼 선교신학을 잘 보여주는 문서 중의 하나인 "Mission and Evangelism: An Ecumenical Affirmation"은 가난한 자들에 대한 예수의 사역을 다음과 같이 언급한다.

> 예수는 가난한 사람에게 죄의 용서를 받아들이고 새로운 임무를 떠맡도록 초대하였다. 예수는 그를 따르도록 가난한 사람들을 불렀다. 왜냐하면 예수의 사랑은 하나님에 의해 창조된 가난한 사람들이 응답적 자유를 가질 수 있도록 그들 속으로 파고들어 갔기 때문이다. 예수는 가난한 사람들이 하나님과 이웃 그리고 그들 자신의 삶을 향하여 이러한 자유를 실천하도록 그들을 불렀다. 가난한 사람들 사이에 복음이 선포되었다는 사실은 메시아의 왕국이 도래했다는 표시이며, 오늘

---

[6] Frederick R. Wilson, ed., *The San Antonio Report: Your Will be Done, Mission in Christ's Way* (Geneva: WCC Publications, 1990), 104. 예를 들어 산 안토니오는 "물질과 정신의 절대적 분리는-고대 희랍이나 인도의 철인들의 주장처럼-배격된다. 그리스도는 전인으로 성육신하셨다. 예수 그리스도는 영혼의 구원자일 뿐만 아니라 전인과 물질적-영적 피조물 전체의 구원자이시다"라고 천명한다.

[7] 이러한 경향을 우리는 산 안토니오에서 잘 볼 수 있는데, "그리스도의 방법에 의한 선교는 하나님의 창조 세계에까지 확장되어야 한다. 이 지구가 주님의 것이기 때문에. 지구에 대한 교회의 책임은 교회의 선교의 중차대한 부분이다. 이러한 선교는 그리스도의 부활에 근거한 소망인, 복음의 소망을 모든 창조 세계에 공급한다"라고 말한다. 위의 책, 52 f.

날 선교의 우선순위를 판단하는 주요한 선택 기준이 된다. 이러한 새로운 자각은 지역교회와 세계 선교를 향한 열망에 우선순위와 삶의 양식의 재고를 촉구하는 초대이다.[8]

예수에 대한 이러한 이해 위에서 에큐메니칼 신학은 선교의 주된 대상이 바로 가난한 자들이며, 이들에 대한 사역이 가장 우선적인 선교의 사역임을 강조하면서 다음과 같이 주장한다.

> 예수 그리스도의 교회는 가난한 사람으로 이 땅에 오시고, 그들 중 한 사람으로 살았고, 그들에게 하나님 나라를 약속한 주님을 본받아 가난한 사람들에게 기쁜 소식을 전파하도록 부름 받았다. 예수는 자신을 가난한 사람들과 동일시하는 공감의 마음을 가지고 그들을 바라보았다. 예수는 가난한 사람들을 개인적이고 구조적인 죄의 희생자로 인식하였다.[9]

3) 갈수록 심각해지는 창조 세계에 대한 위기 의식

오늘날 세계는 환경 문제가 인류를 커다란 불행에 넣을 수 있음을 심각하게 인식하고 환경 문제 해결에 많은 관심을 두고 있다. 교회 역시 이

---

8) CWME, "Mission and Evangelism: An Ecumenical Affirmation," in WCC, *You Are the Light of the World*, 김동선 역, 『통전적 선교를 위한 신학과 실천』(서울: 대한기독교서회, 2007), 55.
9) 위의 글, 54. Mission and Evangelism은 "세상의 대부분의 가난한 사람들이 아직도 복음의 기쁜 소식을 듣지 못했다는 비극적인 상황이 여전히 존재한다. 혹 그들에게 복음이 전해졌다 하더라도, 복음이 기쁜 소식으로 받아들여지지 않는 경우가 허다하다"라고 말하면서 특별히 가난한 자들에 대한 우선적인 관심을 요청한다.

러한 문제들에 관심을 갖게 되면서 교회가 창조 세계에 대하여 잘못된 인식들을 지녀왔음을 깨닫기 시작했다. 즉 교회는 많은 경우 인간의 '정복'(창 1:28)을 '착취'로 오해하였고, 또 하나님의 절대적인 초월과 물질계로부터의 거리를 지나치게 강조하면서 자연을 단지 인간의 소유대상과 무절제한 조작에 종속된 것으로 여기는 잘못된 인식 속에서 창조 세계를 파괴하는 데 일조해 온 것을 인식하게 되었는데, 주로 에큐메니칼 진영이 이러한 인식의 선구자 역할을 해왔다고 할 수 있다.[10]

물론 에큐메니칼 신학 역시 1960년대까지는 주로 역사에 대한 교회의 책임 즉 정의(Justice)와 평화(Peace) 등의 문제에만 관심을 기울여왔다. 즉 환경파괴와 생태계의 위기에 대한 관심(Integrity of Creation)은 거의 없었다. 그러다가 70년대에 들어서면서부터 지구 환경 문제에 대하여 본격적인 관심을 갖게 되고, 1975년 나이로비 대회 때에 JPSS(A Just, Participatory, Sustainable Society)를 강조하게 되었다.[11]

이후 에큐메니칼 신학의 창조 세계에 대한 관심을 이형기는 다음과 같이 정리하고 있다.

> 정의와 평화 문제는 WCC 역사 이래 계속해서 논의된 주제이지만, 창조 세계의 보존문제, 특히 생태계의 문제는 1968년 이후 1970년대에 크게 부상되어, 1975년 나이로비의 JPSS와 1979년 MIT 및 1981년

---

10) WCC, "제8차 총회: 호주 캔버라 (1991)," 이형기 편, 『역대총회 종합보고서』 (서울: 한국장로교출판사, 1993), 509.
11) 이형기, "생명과 신학-에큐메니칼 운동과 WCC에 나타난 창조신학 (Theology of Creation)의 기원과 역사," 「교회와 신학」, 29집(1997년), 8. 특별히 안타까운 것은 오늘날 환경파괴의 주범은 주로 선진 산업 국가들인 반면, 그것의 피해를 보는 희생자들은 주로 서구의 기술 과학적 발전의 희생자들인 제3세계의 국민들이라 할 수 있다. 채수일, 『21세기의 도전과 선교』, 72.

암스테르담을 거쳐, 1983년 밴쿠버에서 JPIC의 이름으로 본격적인 논의(비 WCC 교회들과 기독교 단체들까지도 포함)에 접어들었다… 그리하여 밴쿠버 이후 '교회와 사회'는 '환경 보전'의 문제에 관하여 WCC 전체 차원의 이해와 참여를 촉구했다. 이 '교회와 사회'는 세계 여러 지역들에서 회집된 모임들과 협의회들의 연구결과를 모았다. 여기에서 논의되는 이슈들에는 기술로 인한 재난(Bhopal과 체르노빌), 태평양에서 일어난 핵실험, 중독성 쓰레기, 핵에너지, 이상 기온과 적도지역의 원시림 파괴에 대한 반응으로서 '생명의 해방'과 동물의 권리도 포함되어 있다.[12]

결국 앞서 언급한 예수 그리스도에 대한 새로운 인식에서 에큐메니칼 신학이 가난한 자들과 억압받는 자들을 선교의 주된 대상으로 삼게 되었다면, 갈수록 심각해지는 환경파괴 상황에 대한 자각을 통해 창조 세계를 선교의 주요 대상으로 포함하게 되었다고 할 수 있다.

2. 에큐메니칼 선교의 주요 대상

1) 가난한 자들

에큐메니칼 선교 대상의 배경에 이어 이제는 에큐메니칼 선교가 관심 갖는 주요 대상을 좀 더 구체적으로 살펴보자. 에큐메니칼 선교가 가

---

12) 이형기, 『복음주의와 에큐메니칼 운동의 세 흐름에 나타난 신학』, 177.

장 깊은 관심을 갖는 대상은 '가난한 자'라고 말할 수 있다. "Mission and Evangelism" 문서에 나타난 "그러므로 가난한 사람을 위해 그들과 함께 살아가면서 그들에게 복음을 전하는 일은 교회의 최우선순위 중 하나로 고려되어야 한다"[13]라는 표현만 보아도 에큐메니칼 신학이 가난한 자에 대하여 얼마나 많은 관심을 갖는지 쉽게 알 수 있다.

에큐메니칼 신학이 이처럼 가난한 자들에 관심을 갖는 것은 선교의 모델이 되시는 예수 그리스도 자신이 인간의 형체를 입고 오셔서 가난 속에 탄생하시고 버림받음의 길을 수용하셨기 때문이다. 그리스도는 모든 사람들이 '충만한 삶'(요 10:10)을 누리도록 하기 위해 왔으며, 특히 죽음과 부활을 통하여 가난한 사람들이 충만한 삶을 누릴 권리를 부인하는 세력을 폭로하고 정복하셨다(눅 4:16-21).

또한 선교의 주인이 되시는 하나님은 가난한 자를 편애하시는 분이시다. 하나님의 사랑은 우선적으로 약하고 가난하고 억압당하는 이들을 찾으시며, 인간의 폭력으로 희생당하는 사람들을 잊지 않으신다고 강조한다.[14]

이처럼 선교의 주인 되시는 하나님이 가난한 자들과 버림 받은 자들에게 우선적인 관심을 두셨고, 선교의 모델 되신 예수 그리스도께서 저들을 위해서 고난을 받으셨기에 에큐메니칼 선교는 교회의 선교 역시 가난한 자들의 문제 해결을 선교의 가장 우선적인 항목에 두어야 한다고 강조한다.

---

13) CWME, "Mission and Evangelism: An Ecumenical Affirmation," 72.
14) 이런 점에서 멜버른은 "하나님은 그의 아들을 이 세상에 파송하사 한 갈릴리 사람으로서 대중들에게 직접 말씀하시면서 살게 하심으로써 자기 자신을 가난한 자들 및 억눌린 자들과 동일시하셨다." CWME, *Melbourne Report: Your Kingdom Come* (Geneva: WCC Publications, 1980), 171.

오늘날 가난의 문제는 갈수록 더 심각한 문제가 되고 있다. 빈부의 격차는 갈수록 더 심화되어가고 있고, 가난한 자들은 부자들에 의해 착취를 당하며 억눌림을 당하고 있다.

JPIC(Justice, Peace, Integrity of Creation)는 부자와 빈자 사이의 경제의 불평등 상황에 대하여 "절대적 가난, 인간적 취약성과 고통이 늘어나고 있다. 실업이 증가하고 있다. 부담은 가난한 사람들(공업국에서는 소수, 개발도상국에서는 다수)에게 치우쳐 있고, 이익은 부자들에게 치우쳐 분배되고 있다"[15]라고 고발한다.

이러한 빈곤은 단순히 경제적인 가난으로 끝나는 것이 아니라 가난한 사람의 목소리를 잃고 소외되도록 만들며, 가진 자의 처분에 내어 맡겨지며, 이런 이유에서 정신이 파괴되면서 하루하루를 절망 가운데 살게 만든다. 이러한 불평등은 부와 권력의 지속적인 축적을 초래하는 의도적인 정책의 결과이며, 이런 점에서 가난은 범죄이며 치욕인 것이다.[16]

특별히 2천 년대 들어서 에큐메니칼 운동은 치유에 대하여 많은 관심을 기울여왔고, 이와 연관하여 CWME는 2005년에 "The Healing Mission of the Church"라는 문서를 발표하였다. 이 문서는 "…이 세상 질병의 첫 번째 이유는 억압, 착취, 전쟁 등의 궁극적인 결과인 가난이다. 가난으로 인해 예방주사, 의약품, 심지어 양질의 보건 교육조차도 질병을 제거하는 데 결정적으로 기여하지 못한다"[17]라고 언급하면서 가난의 문제를 인류 불행의 주요 요인으로 인식하고 있다. 이런 점에서 에큐

---

15) JPIC, "JPIC 세계대회 신학문서," 한국기독교사회문제연구원 편, 『정의 평화 창조질서의 보전 세계대회 자료집』 (서울: 한국기독교사회문제연구원, 1990), 222.

16) 위의 글, 73.

17) CWME, "The Healing Mission of the Church," in WCC, *You Are the Light of the World*, 김동선 역, 『통전적 선교를 위한 신학과 실천』 (서울: 대한기독교서회, 2005), 203.

메니칼 신학은 가난이 하나님의 뜻이라고 말하는 것은 신성모독이라고 생각하며, 에큐메니칼 운동이 추구해야 할 경제적 불평등 해결을 위한 결심을 다음과 같이 말한다.

> 우리는 가난한 자에 대한 하나님의 편애를 확인하며 그리스도인들로서 우리의 의무는 우리 모두의 해방을 위해 가난한 자들의 투쟁 속에서 일하시는 하나님의 활동을 받아들이라는 것임을 밝힌다. 우리는 가난을 창출하고 영구화하거나 불가피하고 제거할 수 없는 것으로 받아들이는 모든 세력, 정책 그리고 기관들에 저항할 것이다. 우리는 수탈과 억압을 제거하는 일에 헌신하고 있는 조직들과 노력들에 연대하는 데 스스로를 바친다.[18]

2) 소외되고 억눌린 자들

에큐메니칼 선교가 관심 갖는 두 번째 주요 대상들은 소외되고 억눌린 자들이라고 할 수 있다. 웁살라는 이들을 "…무력한 자들, 학대받는 자들, 무시받는 자들, 또 지루한 삶을 보내는 자들"로 규정하면서 교회는 우선순위를 가지고 이들의 편에 서야 함을 강조하였다.[19]

또한 JPIC는 이주 노동자들, 이민자들, 외국 학생들, 난민들, 종족간의

---

18) JPIC, "JPIC 세계대회 신학문서," 150. 이와 관련하여 에큐메니칼 신학은 "우리가 고통받는 이들과 우리 자신들을 동일시하게 될 때, 그리고 사람들을 비인간화 시키고 땅을 파괴하는 억압적 권력들에 맞서는 그들의 투쟁에 우리가 참여하게 될 때에 우리는 하나님의 임재와 사랑을 경험하게 될 것이다"라고 주장한다. JPIC, "JPIC 세계대회 신학문서," 130.
19) WCC, "제4차 총회: 스웨덴 웁살라"(1968년) 이형기 편, 『역대총회 종합보고서』(서울: 한국장로교출판사, 1993), 267.

투쟁으로 고통을 겪는 사람들, 토착 원주민들, 많은 여성들 등 수없이 많은 사람들이 억눌린 채 살아가고 있다고 강조한다.[20] 이들은 편향된 교육과 법률, 의료, 종교, 그리고 뿌리 깊은 금기들을 통해서 조직적으로 자신들의 인간성과 소망을 강탈당하고 있다.[21]

특별히 오늘날 내란, 빈곤, 식량과 일거리, 주거, 종교적인 차별, 그리고 환경의 악화 등으로 인해 난민의 숫자가 극적으로 증대되고 있다. 그러나 많은 정부들이 수용소를 찾는 난민들을 거부하거나 야만적인 폭력을 행사하고, 정당한 법적 절차 없이 추방하는 일을 함으로 말미암아 저들의 인권은 더욱 유린되고 있는 실정이다.[22]

또한 억눌린 삶을 살아가는 사람들 중에는 여성들이 많은데, 특별히 가부장적 사회 질서가 강한 사회일수록 여성들은 더욱 억압을 당한다. 그들은 어린 시절 교육에서 소외되고, 취업의 기회도 적게 주어지며, 취업을 해서도 더 적은 임금을 받고, 중요한 의사결정 과정에 참여할 기회도 적게 주어진다. 거기다가 많은 여성들이 경제적 이유 등으로 매춘부로 전락하고, 매일 강간, 구타, 다른 형태의 폭행 등의 위험에 처해지는 경우가 많다.[23]

에큐메니칼 선교신학은 이러한 사람들에 대하여 특별히 깊은 관심을 가지면서, 이러한 문제 해결에 앞장을 서고 있다. 예를 들어 웁살라는 "우리는 가난한 자들과 압제 받는 자들이 권리를 옹호하고 국내 및 국가

---

20) 토착원주민들은 본래 그 지역에 살던 사람들이었지만, 과거에 식민 세력이 자행한 사실상의 종족멸종으로부터 겨우 살아남았고, 지금은 지배사회의 주변부에 살면서 본래 주민의 흔적으로만 남아 있는 실정이다. JPIC, "JPIC 세계대회 신학문서," 86.
21) 위의 글, 85.
22) 위의 글, 78.
23) 위의 글, 80.

간에 경제정의가 확립되도록 일해야 한다"[24]라고 강조하였고, 밴쿠버도 "교회의 영적인 투쟁은 가난한 자들, 압제받는 자들, 소외된 자들, 추방된 자들의 투쟁과 관계되어 있다. 성령은 투쟁하는 사람들 가운데 계신다"[25]라고 강조하였다. 이러한 강조점들과 함께 JPIC는 "우리는 인권을 침해하고 개인과 집단의 충분한 잠재력의 실현의 기회를 거부하는 모든 구조와 체제들에 저항할 것이다. 특히 고문, 실종, 탈법적 법집행, 그리고 사형 등에 저항할 것이다"[26]라고 결의하였다.

그런데 1980년대 후반부터 에큐메니칼 선교의 주된 관심이 가난하고 억눌린 자들의 해방으로부터 화해와 치유로 선회하는 경향을 보여 오고 있다.

2005년에 CWME가 발표한 "Mission as Ministry of Reconciliation" 문서는 오늘날 화해가 필요한 배경에 대하여, "…우리는 많은 상처와 불만을 유산으로 남긴 문화, 종교, 경제적 이익, 남성과 여성의 충돌을 경험한다. 오늘날 세계화가 남긴 고조된 적대감과 힘의 불균형은 2001년 9월 11일 자행된 폭력주의자들의 행동과 이후 전개된 '테러와의 전쟁' (war on terror)에서 확인되었다"[27]라고 설명한다.

이러한 상황 속에서 에큐메니칼 선교는 "이러한 경향은 우리로 하여금 선교의 화해적 영성을 추구해야 할 긴박한 필요성을 더욱 인식하게

---

24) WCC, "제 4차 총회: 스웨덴 웁살라 (1968)," 286.
25) WCC, "제6차 총회: 캐나다 밴쿠버 (1983)," 이형기 편, 『역대총회 종합보고서』 (서울: 한국장로교출판사, 1993), 473.
26) JPIC, "JPIC 세계대회 신학문서," 166.
27) CWME, "Mission as Ministry of Reconciliation," in WCC, "일치를 통한 오늘날의 선교와 전도," WCC, *You Are the Light of the World*, 김동선 역, 『통전적 선교를 위한 신학과 실천』 (서울: 대한기독교서회, 2005), 153.

만든다"²⁸⁾라고 말하면서, "그러므로 우리는 성령이 우리를 화해의 사역으로 부르며, 화해의 사역을 우리의 영성과 선교와 전도의 전략을 통해 표현하도록 요구한다고 확신한다"²⁹⁾라고 언급한다.

즉 1980년대 후반 이전에 억눌린 자들에 대한 관심을 가지고 이들을 위한 해방과 투쟁을 강조하던 에큐메니칼 선교가 1980년 후반으로 접어들면서 억압자와 눌린 자 사이의 화해를 강조하는 방향으로의 변화가 일어난 것이다.

이처럼 화해를 강조하는 상황에서는 에큐메니칼 선교의 목표가 양 진영의 화해이기 때문에 당연히 선교의 주된 관심이 단지 가난하고 억눌리고 소외된 자들뿐 아니라 그 반대편에 있는 사람들에게도 주어지는 것이다. 그러나 그렇다고 해서 에큐메니칼 선교가 소외되고 눌린 자들에 대한 우선적인 관심을 버렸다고 보아서는 안 될 것이다.

에큐메니칼 선교는 여전히 눌린 자들을 선교의 주요 대상으로 여기고 이들의 해방을 위해 투쟁하는 것을 선교의 주요한 방식으로 인식한다.³⁰⁾ 다만 1980년대 후반에 공산권의 몰락과 함께 온 세계의 샬롬을 위해서는 해방을 위한 투쟁보다는 화해를 더 중시하는 것이 옳다는 인식전환이 일어난 것으로 보인다.

결국 이러한 인식전환과 함께 나타난 에큐메니칼 선교의 대상에는 일

---

28) 위의 글, 155.
29) 위의 글, 152.
30) 화해를 강조하는 "Mission as Ministry of Reconciliation"은 말한다. "우리는 예수 그리스도가 보여준 해방과 치유의 선교를 계속할 방법을 찾아야 한다. 이러한 선교는 죄에 묶인 사람들에게 해방의 복음을 대담하게 선포하고, 아프고 고통당하는 사람들에게 치유의 사역을 감당하고, 억압받고 소외된 사람을 위해 정의를 세우려고 투쟁하는 행위를 포함한다." 위의 글, 156. 이 글 속에서 "억압받고 소외된 사람을 위해…투쟁하는 행위를 포함한다"라는 말은 여전히 에큐메니칼 신학이 억압받는 이들을 위한 투쟁을 선교에 포함하는 것으로 평가된다.

정 부분 부자들과 지배자들에 대한 관심이 있지만, 여전히 그 반대편에 있는 가난하고 억눌리고 소외된 자들에 대한 관심이 지배적이라 할 수 있다.

3) 창조 세계 안의 모든 피조물

에큐메니칼 선교의 세 번째 주된 관심 대상은 전 피조물이라고 할 수 있다. 전통적인 선교가 주로 인간의 구원에만 집중적인 관심을 둔 반면, 에큐메니칼 선교는 인간을 넘어 인간을 둘러싼 전 우주와 그 안에 있는 모든 피조물들도 선교의 대상에 포함하고 있다.

나이로비는 이와 연관하여 "이 세상은 단순한 하나님의 피조물이 아니다. 그것은 하나님의 선교의 장이기도 하다. 하나님은 전 세계를 사랑하셨기 때문에 교회는 이 세상의 어느 부분도 소홀히 여길 수가 없다"[31]라고 강조한다.

인간들은 이러한 피조세계를 마구 착취하였고, 교회도 이러한 것을 방임하였다는 점에서 "Mission and Evangelism in Unity Today"는 "환경 파괴는 이러한 경향이 낳은 필연적 결과이다. 여러 곳에서 자연은 심하게 훼손되었고, 우리가 살고 있는 지구상의 생명을 위협할 정도의 생태학적 위기와 재난을 가져왔다"[32]라고 진단한다.

---

31) WCC, *Breaking Barriers: The Official Report of the Fifth Assembly of the World Council of Churches* (Grand Rapids: Eerdmans, 1976), 52.

32) CWME, "Mission and Evangelism in Unity Today," in WCC, *You Are the Light of the World*, 김동선 역, 『통전적 선교를 위한 신학과 실천』(서울: 대한기독교서회, 2007), 119-120. 산 안토니오는 전 지구적 파괴의 모습에 대하여, "현재 우리는 온갖 종류의 경제적 억압에 짓눌려 있다. 지구의 도처에서 소망과 생명을 파괴하는 외채에 눌려 있다. 현재 우리는 핵 재난과 확장되는 생태학적 자살로 전 지구적 파멸 앞에 놓여

이러한 상황 속에서 에큐메니칼 선교는 1975년 나이로비 대회 때 JPSS(A Just, Participatory, Sustainable Society)를 천명하였다. 여기에서 'Sustainable society'는 '지탱 가능한 사회'를 말하는 것으로 과학과 기술의 오용과 남용으로 지탱되기 어려운 인간 사회를 '제한 발전', '제한 성장', 그리고 '생태학적으로 건강한 발전'에 의해서 지탱 가능한 사회로 만들고자 하는 소망을 담고 있다.[33] 그 후 산 안토니오는 창조 세계에 대한 교회의 책임을 다음과 같이 언급한다.

> 2. 하나님은 우리를 다음과 같은 목적을 위하여 부르셨다. 즉 우리의 청지기직을 정의롭게 행사하고, 창조 세계의 통전성을 지탱하고, 제한된 지구 자원을 사용하되 나누어 사용하고, 인간과 모든 것들의 생명을 지탱시키고 완성시키도록 부르셨다. 3. 지구에 대한 하나님의 소유권을 확신할 때 다음과 같은 우리의 소유권 개념과 관행은 도전을 받는다. a) 자연 착취, b) 땅을 상품화하는 것, c) 이 지구의 각 해당 부분에 대한 배타적 소유권을 주장하는 것, d) 특권들을 기득권으로 누리려는 문화를 만들어내고 유지시키는 것 등이다.[34]

CWME가 발표한 선교 문서인 "Mission and Evangelism in Unity Today"는 그리스도인에 대하여 "…선한 마음을 가진 모든 사람들에게

있다. 현재 우리는 전쟁, 고문, 기아, 조국 상실, 무모한 욕심, 무감각한 교만, 가진 자들과 갖지 못한 자들의 깊은 골로 생기는 불가항력적 고통을 겪고 있다"라고 분석한다. Frederick R. Wilson, ed., *The San Antonio Report: Your Will be Done, Mission in Christ's Way* (Geneva: WCC, 1990), 116.

33) 이형기, 『복음주의와 에큐메니칼 운동의 세 흐름에 나타난 신학』, 137-138.
34) Frederick R. Wilson, ed., *The San Antonio Report: Your Will be Done, Mission in Christ's Way*. 52.

복음을 전하고 협력하면서 하나님의 모습을 드러내고, 또 전 피조물의 변화를 위해 '하나님의 일꾼'(고전 4:1)이 되도록 부름 받았다"[35]라고 천명함으로써 교회의 선교에 창조질서 가운데 있는 모든 피조물들을 돌보는 것이 선교의 주요 사역임을 강조하였고, 이런 점에서 모든 피조물이 바로 에큐메니칼 선교의 주요 대상이 되고 있는 것이다.

3. 에큐메니칼 신학에 나타난 '선교 대상' 이해의 음과 양

1) 교회의 사회 참여 고양에 도전

전통적인 선교는 선교의 대상을 주로 불신자로 인식했고, 이런 점에서 선교 사역은 주로 개인의 회심에 맞추어져 있었다. 사회의 다양한 문제들은 개인이 그리스도를 영접하고 그 안에서 새로운 삶을 살면서 점차 해결될 것으로 생각하였다. 이런 점에서 보면 전통적인 선교는 확실히 교회의 사회 참여나 봉사 측면은 다소 무시된 측면이 있었던 것이 사실이다.[36]

반면에 에큐메니칼 선교는 선교의 대상을 가난한 자들, 억눌린 자들, 그리고 창조 세계 안의 모든 피조물들로 잡고, 이처럼 다양한 대상들을 섬겨야 한다는 신학적 사고 위에서 에큐메니칼 신학은 교회의 사회 참

---

35) CWME, "Mission and Evangelism in Unity Today," 116.
36) 이형기는 전통적인 선교에 대하여 "적어도 19세기 선교 개념은 성령을 통한 '복음 전도'(evangelism)로서 믿지 않는 사람들을 '회심'(conversion)시키는 데에 그 초점을 두었다"라고 평가한다. 이형기, 『복음주의와 에큐메니칼 운동의 세 흐름에 나타난 신학』, 126-127.

여를 강하게 주문하였다. 이러한 주문이 가장 강하게 나타난 대회 중의 하나는 1968년에 열린 웁살라 대회였다고 할 수 있는데, 이후에도 에큐메니칼 신학은 교회의 사회 참여를 강조하였고, 이러한 영향은 복음주의 신학에도 일정 부분 영향을 미친 것으로 보인다.[37] 이형기는 이러한 영향을 다음과 같이 평가한다.

> 그러나 다행한 것은 WCC와 에큐메니칼 역사를 통한 교회의 사회 참여의 강조는 복음주의 계통의 교회들에게 교회의 사회 참여를 일깨워 주었다. 1961년 뉴델리 이후 1966년 제네바 대회(The Genevan Conference on Church and Society)에 대한 복음주의자들의 반응이 이미 1966년 휘튼 선언(The Wheaton Declaration)에 나타났으니, 바야흐로 복음주의자들은 사회 참여에로의 각성을 통감하였다.[38]

이와 같은 각성과 함께 복음주의 진영의 선교 개념이 상당 부분 폭넓게 변화된 것이 사실이다. 복음주의 선교 개념도 삼위일체론적 복음 이해와 Missio Dei 개념, 그리고 종말론적 시야를 가진 하나님 나라 사상을 많이 수용하였다.

이러한 변화를 우리는 1974년 로잔 복음주의 세계 대회에서도 찾아볼 수 있는데, 로잔은 교회의 사회 참여를 선교의 내용에 포함시키게 되었다.[39] 예를 들어 로잔 언약 5항은 "…종종 전도와 사회 참여가 서로 상반

---

37) 위의 책.
38) 위의 책, 145.
39) 위의 책, 194.

된 것으로 잘못 생각한 데 대하여 뉘우친다"[40]라고 말함으로써 약 반세기 이상 선교의 한 부분인 사회, 정치적 책임을 무시하고 양극화하여 배타적으로 생각한 것에 대하여 유감을 나타내면서, "…전도와 사회 정치적 참여는 우리 그리스도인의 의무의 두 부분임을 우리는 인정한다"[41]라고 말함으로써 사회 정치적 참여를 선교의 한 부분으로 포함하였다.

이후 복음주의의 선교는 사회 참여적인 사역에 상당히 적극적인 자세를 보여 오고 있다. 이런 점에서 에큐메니칼 진영의 선교 대상 이해가 기독교 선교의 사회 참여를 고양하도록 도전하고 기여한 것은 하나의 공헌점이라 할 수 있을 것이다.

2) 선교 효율성의 감소 가능성

선교는 기본적으로 한 종교의 확장과 관계된 활동이다. 선교는 기독교만 하는 것이 아니라 정도의 차이는 있지만 모든 종교가 다 실행하는 활동이며, 이러한 선교 활동을 통하여 한 종교가 성장하고 세상에 영향력을 미치는 것이다. 어떤 종교이든 선교 활동을 효율적으로 못하면 그 종교는 교세가 약해지고 결국은 세상에서 사라지게 된다. 그러면 자연히 그 종교가 세상에 미칠 수 있는 영향력도 사라지는 것이다.

우리는 특별히 유럽을 중심으로 기독교가 현저하게 약화되고, 반면에 이슬람이 역동적으로 성장하는 모습을 안타까운 모습으로 바라보게 된다. 교회의 확장보다는 세상을 섬기는 것이 더 중요하다는 관점에서 보

---

40) "로잔 언약," 5항, in C. Rene Padilla, *Mission Integral*, 홍인식 역, 『통전적 선교』(서울: 나눔사, 1994), 부록, 254.
41) 위의 글.

면 교회의 쇠퇴가 그리 큰 문제가 아닌 것으로 보일지 모르지만, 교회의 쇠퇴는 결국 기독교가 세상을 섬기는 것은 고사하고 기독교 자체의 유지도 못하는 상태가 되는 것이므로 참으로 심각한 문제가 아닐 수 없다.[42]

앞에서도 보았듯이 에큐메니칼 진영의 선교는 가난한 자, 억눌린 자, 그리고 창조질서 안의 모든 피조물을 다 선교의 대상으로 삼았다. 이처럼 선교의 대상을 폭넓게 잡는 것은 교회의 사회 참여를 증진시킨다는 점에서는 장점이 될 수 있지만, 효율성의 측면에서 생각하면 상당한 약점이 될 수 있음을 인식할 필요가 있다. 모든 기구가 그렇듯이 교회가 가진 힘은 제한되어 있다.

교회의 주인이신 주님은 전능하시지만 지상 위의 교회는 분명히 제한된 인력과 재력을 지니고 있다. 이 제한된 힘을 가지고 가난한 사람, 억눌린 사람, 모든 피조물의 문제를 다 해결하려면 효율성은 감소할 수 밖에 없다.

효율적인 선교를 하려면 기본적으로 대상을 한정하고 거기에 집중적으로 힘을 쏟아야 한다. 이러한 집중이나 단계적인 접근 없이 모든 것을 한꺼번에 다 해결하려는 방식은 효율성의 저하를 가져올 수 있다.[43]

---

42) 『문명의 충돌』을 지은 사무엘 헌팅턴은 현재 약 30%를 차지하는 기독교가 2025년까지 25%로 감소하는 반면, 현재 약 20%를 차지하는 이슬람이 30%로 성장할 것이라는 전망을 내어 놓았는데, 시간적으로는 다소 늦어질 수 있지만 충분히 그렇게 될 가능성이 있는 예언으로 보이며, 이렇게 될 경우 기독교의 쇠퇴는 급격하게 이루어질 수 있다. Samuel P. Huntington, *The Clash of Civilizations and the Remaking of World Order*, 이희재 역, 『문명의 충돌』(서울: 김영사, 1997), 82.

43) 에큐메니칼 선교의 포괄성이 보여주는 한계점은 "웁살라의 메시지는 그리스도의 교회가 얽히고 설킨 세계 도처의 국가 간의 문제와 모든 종류의 정치 사회적 문제와의 투쟁에 비기독교적 모든 세력과 합세할 것을 선언한 것이어서 교회의 선교적 영역을 벗어난 것이었다"라는 조동진의 평가에서도 볼 수 있듯이, 선교를 넘어 윤리적 영역을 다 포함함으로 말미암아 선교의 효율성을 떨어뜨리는 경향을 보인다고 할 수 있다. 조동

선교는 기본적으로 실천의 문제이며, 실천에 있어서는 효율성이 중요한 과제이다. 아무리 이론적으로 그럴듯해도 효율성이 떨어지면 그 방법은 심각하게 재고해야 한다. 공산주의가 이론적으로는 아주 매력적이고 설득력이 있는 정치 철학이었지만 현실적인 실현 가능성이 약했기 때문에 결국 실패했다는 것을 반면교사로 삼아야 한다.

교회의 선교는 실현 가능성을 늘 염두에 둘 필요가 있다. 교회가 가난의 문제, 소외의 문제, 인권의 문제, 환경 문제 등에 관심을 가져야 하는 것은 교회의 윤리적 과제이다. 교회는 당연히 이러한 문제에 깊은 관심을 가지고 이런 문제 해결에 힘써야 한다. 그런데 이러한 문제들은 교회만이 아니라 세상의 많은 국가들과 단체들이 그 해결에 힘쓰고 있다.

대부분의 선진국들이 경제 정의와 가난한 자들의 문제 해결을 위해 모든 힘을 쏟고 있지만 그 문제가 해결되기 보다는 오히려 악화되는 경향을 보이는 것 같다. 즉 가난 문제 해결은 그리 쉬운 일이 아니다. 국가도 해결하기 어려운 문제를 교회가 선교의 대상으로 삼고 힘쓰는 것은 교회의 역량을 넘어서는 과제에 매달린다는 점에서 효율성의 저하를 가져올 수 있고, 자연히 교회가 본래 해야 하는 구령의 선교 사역에 쏟을 힘이 약화된다는 점에서도 효율성의 저하를 가져올 수 있는 것으로 평가된다.[44]

선교의 효율성을 증대시키기 위해서는 모든 대상에 대하여 동시에 선교를 수행하기 보다는 전략적인 우선순위를 정하여 시행하는 것이 필요해 보인다. 또한 교회는 전문 경제 단체나 정치 기구 그리고 환경 단체

진, 『세계선교 트렌드 1900-2000(하)』(서울: 아시아선교연구소, 2007), 75.

44) 이러한 점에 대하여 양낙홍도 "총회보고서의 내용을 근거로 평가할 때 WCC의 관심은 분명 복음 전도보다는 사회 윤리 실천 쪽에 치중하고 있다"라고 평가하고 있다. 양낙홍, "세계교회협의회의 선교신학 분석과 평가"「선교와 신학」, 28집, 2011 가을호, 244.

에 비하여 전문성이 부족하므로 성경적 차원에서 기본적인 가이드 라인은 제시하되 실제적인 차원에서는 교회가 직접 나서기 보다는 전문적인 기구들을 측면에서 돕는 것이 전문성 차원에서 효율성을 높일 수 있는 것으로 보인다.[45]

3) 선교의 편협성 경향

에큐메니칼 선교는 전통적 선교에 비하여 선교의 대상을 매우 포괄적으로 잡는 특징이 있음을 앞에서 살펴보았다. 전통적인 선교가 그 대상을 주로 불신자에게 집중하는 반면, 에큐메니칼 선교는 모든 피조물에게까지 확대하므로 선교의 대상이 매우 넓어지는 것이다. 이런 점에서 본다면 에큐메니칼 선교는 전통적인 선교에 비하여 확실히 포괄적인 성격을 지닌다.

그러나 다른 한편에서 보면 에큐메니칼 선교는 전통적인 선교에 비하여 다소 편협한 경향을 보이는 것도 또한 사실이다. 전통적인 선교신학에서는 모든 이를 선교를 대상으로 삼았다. 그가 부자이든 가난한 이든, 권력자이든 억눌린 자이든 모두가 다 회개하고 주 앞으로 돌아와야 할 대상이었다. 예를 들어 바울은 비록 재판을 받는 죄수의 신분이었지만

---

45) 조동진은 웁살라 대회에 대하여 "제4분과는 '정의와 국제 관계의 평화에 대하여'(Towards Justice and Peace in International Affairs)를 주제로 다루었다. 웁살라는 모든 국제 문제와 전쟁과 평화와 종족과 국가간의 문제를 다루는 세계 정치 회의장으로 변질되었다. 평화를 위한 몸부림(Struggle for Peace)과 무장한 세계(An Armed World)라는 필름의 상영으로 시작된 분과 회의는 최강대국들의 문제와 핵무기의 세계 여러 나라의 군사 예산의 비교분석까지 다루었다"라고 평가하는데, 교회가 지나치게 정치 사회 문제 등에 깊숙이 개입할 때 나타나는 한계를 지적한 것으로 보인다. 조동진, 『세계선교 트렌드 1900-2000(하)』 (서울: 아시아선교연구소, 2007), 68.

베스도 총독과 아그립바 왕 앞에서도 담대하게 "…오늘 내 말을 듣는 모든 사람도 다 이렇게 결박된 것 외에는 나와 같이 되기를 하나님께 원하나이다"(행 26:29)라고 천명하였다. 어떤 권력자라도 하나님 앞에 회개하고 돌아와야 구원을 받을 수 있다는 점을 강조하였다.

그러나 에큐메니칼 선교의 경우는 선교의 대상을 주로 가난한 자와 억눌린 자로 집중시키면서 오히려 복음을 편협한 것으로 만드는 경향도 있다.[46] 이것은 복음의 보편성을 상실시켜 자칫 복음을 편협한 복음으로 전락시킬 수 있는 위험성을 지니고 있는데 보쉬는 이것을 다음과 같이 말한다.

> 한 가지 이단을 다른 이단으로 싸워 이기려는 것은 바알세불을 힘입어 귀신을 몰아내는 것과 똑같다(눅 11:19). 이것은 복음서의 '가난한 자들'을 물질적으로 가난하고 가진 것이 없는 자들로만 생각하는 것에서 나타난다. 그렇게 되면 복음은 다만 그들, 물질적으로 가난한 자들만을 위한 것이 된다. 부유한 자들에게는 말씀이 없고 더 이상 소망이 없다는 것이다. 회개, 메타노이아(metanoia)와 회심의 길은 그들에게는 막혀있다. 그렇다면 하나님 자신이 은총의 사역에 한계를 갖게 되는 것이다. 하나님은 오직 물질적으로 가난한 자들만 구원할 수 있다는 말이 된다. 하나님의 활동의 범위는 인간에 의해 정해지고 하나님이 하려는 안건은 인간 기획자들에 의해 준비되는 격이 된다. 그렇

---

[46] 방콕은 "교회가 먼저 지배계층들, 지배적 인종들, 지배적 민족들로부터 해방되지 못한다면, 이 교회는 구원받은 교회가 될 수 없다. 교회들과 그리스도인들이 먼저 구조적 불의와 구조적 폭력에의 공범으로부터 해방 받지 못한다면 교회는 인류를 해방시키는 교회가 될 수 없다"라고 강조하는데 이러한 표현 속에서 부자는 구원의 대상에서 제외된 것 같은 느낌을 준다. CWME, *Bangkok Assembly 1973* (WCC, Publications Service, 1973), 89.

게 해서 인간이 하나님을 자비가 없는 하나님으로 격하시킨다.[47]

　아울러 선교의 대상을 가난한 자 또는 눌린 자로 제한할 경우, 가난한 자를 근본적으로 해방시킬 수 있는 길은 단순한 구호나 도움이 아니라, 혁명을 통한 사회 구조의 해방이 되어야 하고, 이를 위해서는 때로 폭력도 정당화될 수 있는 것으로 발전될 수 있다.

　눌린 자를 선교의 대상으로 둘 경우, 선교는 거의 정치 해방 운동의 성격과 유사하게 변할 수 있는 가능성을 지닌다.[48] 가난한 자와 눌린 자들의 문제 해결에 집중하다 보니 선교는 자연히 눌린 자들에게 복음을 전해서 그들이 주님 안에서 자유를 누리게 하는 것보다는 주로 정치적 해방 운동으로 많이 흐르는 경향을 보이는 것이 사실이다.

　이런 이유 때문에 조동진은 산 안토니오 대회에 대하여 평가하면서, "하나님의 나라는 '가난한 자에게 소망을 주는 것이지만 부한 자에게는 심판'이라고 정의하면서 천국은 '가난한 자를 억압하는 권세를 전복시키기 위한 가난한 자들의 투쟁으로 임한다'라고 선언하여 선교를 빈부간의 대결로까지 끌어내렸다"[49]라고 평가하는데 일리가 있는 평가로 보인다.

　에큐메니칼 선교 운동이 가난한 자와 눌린 자에 집중하면서 나타나는 한계점에 대하여는 에큐메니칼 운동의 대가인 이형기의 다음 글에서도 살펴볼 수 있다.

---

47) David J. Bosch, *Witness to the World*, 전재옥 역, 『세계를 향한 증거』(서울: 두란노, 2000), 259.
48) 앞에서 이미 보았듯이 최근의 에큐메니칼 운동은 화해와 치유를 많이 강조하면서 지배자와 피지배자 그리고 부자와 빈자의 대결보다는 하나 됨을 강조하는 경향을 보이는 것이 사실이지만, 여전히 에큐메니칼 운동은 약자에게 우선순위를 두는 것이 또한 사실이다.
49) 조동진, 『세계선교 트렌드 1900-2000(하)』, 344.

1968년에는 '하나님의 선교'(Missio Dei)가 절정에 도달하였고, 교회의 사회적 책임 수행이 역사상 그 유래를 찾아볼 수 없을 만큼 첨예화되었다. 1968년에는 마르크시즘과 같은 사회학적 통찰이 기독교 신학에 적극 수용되기 시작하였고(1968년 Medelin), 적절한 폭력까지 정당화되었으며, 선교의 개념이 '인간화'로 동일시되는 측면도 있었다.[50]

조동진은 웁살라를 평가하면서 "…그리고 계층과 계층, 지배자와 피지배자의 문제 등 세속적 문제를 논의하였을 뿐, 그리스도인으로서의 세속 사회 속에서의 신앙적 삶에 대하여는 한 마디도 논의한 흔적을 찾기 어려웠다"[51]라고 하면서, "…에큐메니칼 정치 선교는 모든 종류의 항쟁과 쟁의를 주도하는 세력이 되었다. 거기에는 전통적 사랑과 화해의 복음은 찾아볼 수 없었고 분노와 반목과 질시의 불씨 만을 끊임없이 일으켰다"[52]라고 평하였다.

양낙홍도 WCC의 선교신학을 분석하면서, "그러나 실제적으로는 WCC의 관심이 주로 현세적인 이슈들에 경도되어 있다는 인상을 준다…최악의 경우 그것은 단순한 사회 운동이나 인도주의적 활동과 차이가 없다는 평가를 얻게 된다. 기독교의 본질을 유지하고 있는지가 모호하게 되는 것이다"[53]라고 하였는데, 에큐메니칼 신학이 선교 대상을 지나치게 일부 계층에만 집중하면서 복음의 보편성을 약화시킨 것에 하나의 원인이 있는 것은 아닌지 생각해볼 일이다.

---

50) 이형기, 『복음주의와 에큐메니칼 운동의 세 흐름에 나타난 신학』, 135.
51) 조동진, 『세계선교 트렌드 1900-2000(하)』, 69.
52) 위의 책, 75.
53) 양낙홍, "세계교회협의회의 선교신학 분석과 평가," 「선교와 신학」, 28집, 2011 가을호, 251.

4. 요약과 전망

　전통적인 선교에서 관심을 갖는 대상과 달리 에큐메니칼 선교는 그 관심의 대상이 매우 폭넓다는 사실을 살펴보았다. 이처럼 선교 대상의 폭이 넓어지게 된 배경은 에큐메니칼 선교신학의 핵심인 하나님의 선교(Missio Dei) 개념의 포괄적 관심, 예수 그리스도에 대한 새로운 이해, 갈수록 심각해지는 창조 세계에 대한 인식 등이 그 배경에 놓여 있음을 살펴보았다. 이와 같은 배경하에서 에큐메니칼 선교는 전통적인 선교의 관심 대상 외에 가난한 자들, 소외되고 억눌린 자들 그리고 창조 세계 안의 모든 피조물의 행복에 깊은 관심을 가지고 있음을 살펴보았다.
　이와 같이 달라진 이해는 많은 전통적인 선교의 약점을 극복하는 강점을 지니지만, 동시에 상당한 약점도 지니고 있는 것으로 분석되었다. 즉 전통적인 선교가 인간의 영혼 구원에 집중적인 관심을 가지면서 교회의 사회 참여 측면이 약화된 경향이 있었다면, 에큐메니칼 선교는 선교 대상을 폭넓게 잡으면서 교회의 선교가 사회의 변화에 참여할 수 있도록 도전한 측면이 있는 것으로 평가된다.
　하지만 에큐메니칼 선교는 지나치게 넓은 대상을 선교 대상으로 삼으면서 힘을 분산시키고 그 결과 선교의 효율성이 약화되는 면이 있으며, 가난한 자나 눌린 자에게 우선적인 관심을 가지면서 복음의 보편성이 약화되면서 특정 계층을 향한 편협성이 증대되는 측면도 있음을 살펴보았다. 에큐메니칼 선교가 이런 측면을 함께 고려하면서 그 대상을 삼는다면 더욱 바람직한 선교 수행에 도움이 되리라 생각한다.

: 참고문헌 :

김민수 외 편. 『국어대사전』. 서울: 금성출판사, 1991.
양낙흥. "세계교회협의회의 선교신학 분석과 평가."「선교와 신학」. 28집, 2011 가을호.
이형기. "생명과 신학-에큐메니칼 운동과 WCC에 나타난 창조신학(Theology of Creation)의 기원과 역사."「교회와 신학」. 29집. 1997.
──. 『복음주의와 에큐메니칼 운동의 세 흐름에 나타난 신학』. 서울: 한국장로교출판사, 1999.
조동진. 『세계선교 트렌드 1900-2000(하)』. 서울: 아시아선교연구소, 2007.
Bosch, David J. *Witness to the World*. 전재옥 역.『세계를 향한 증거』. 서울: 두란노, 2000.
──. *Transforming Mission: Paradigm Shifts in Theology of Mission*. 김병길, 장훈태 역.『변화하고 있는 선교』. 서울: CLC, 2000.
CWME. *Bangkok Assembly 1973*. WCC, Publications Service, 1973.
──. "Mission and Evangelism: An Ecumenical Affirmation." in WCC, *You Are the Light of the World*. 김동선 역.『통전적 선교를 위한 신학과 실천』. 서울: 대한기독교서회, 2007.
──. "The Healing Mission of the Chruch." in WCC, *You Are the Light of the World*. 김동선 역.『통전적 선교를 위한 신학과 실천』. 서울: 대한기독교서회, 2005.
──. "Mission as Ministry of Reconciliation." in WCC, "일치를 통한

오늘날의 선교와 전도." WCC, *You Are the Light of the World*. 김동선 역. 『통전적 선교를 위한 신학과 실천』. 서울: 대한기독교서회, 2005.

─────. "Mission and Evangelism in Unity Today." in WCC, *You Are the Light of the World*. 김동선 역. 『통전적 선교를 위한 신학과 실천』. 서울: 대한기독교서회, 2007.

Huntington, Samuel P. *The Clash of Civilizations and the Remaking of World Order*. 이희재 역. 『문명의 충돌』. 서울: 김영사, 1997.

JPIC. "JPIC 세계대회 신학문서." 한국기독교사회문제연구원 편, 『정의 평화 창조질서의 보전 세계대회 자료집』. 서울: 한국기독교사회문제연구원, 1990.

Padilla, C. Rene. *Mission Integral*. 홍인식 역. 『통전적 선교』. 서울: 나눔사, 1994.

Vicedom, Georg F. *Missio Dei*. 박근원 역. 『하나님의 선교』. 서울: 대한기독교출판사, 1980.

WCC. "제 4차 총회: 스웨덴 웁살라 (1968년)." 이형기 편. 『역대총회 종합보고서』. 서울: 한국장로교출판사, 1993.

─────. *Breaking Barriers: The Official Report of the Fifth Assembly of the World Council of Churches*. Grand Rapids: Eerdmans, 1976.

─────. "제6차 총회: 캐나다 벤쿠버 (1983)." 이형기 편. 『역대총회 종합보고서』. 서울: 한국장로교출판사, 1993.

─────. "제8차 총회: 호주 캔버라 (1991)." 이형기 편. 『역대총회 종합보고서』. 서울: 한국장로교출판사, 1993.

Wilson, Frederick R. ed. *The San Antonio Report: Your Will be Done*,

MIssion in Christ's Way. Geneva: WCC, 1990.

CHAPTER 7

선교의 우선순위
PRIORITY OF MISSION

선교란 본래 매우 포괄적이고 다차원적인 사역을 포함한다. 선교에 참여하는 사람들 역시 매우 다양한 사람들이 참여하고 있다. 따라서 선교에 있어서 명확한 우선순위가 정해져 있지 않으면, 선교는 자연히 엄청난 시간과 재원을 낭비하고 그 사역의 효율성이 현저하게 감소될 수 있다. 이런 이유 때문에 에큐메니칼 진영과 에반젤리칼 진영은 우선순위 문제를 두고 상당 기간 논쟁을 벌여왔다. 최근 들어 양 진영은 더 이상 우선순위라는 용어를 쓰지 않고 통전적인 선교를 추구함으로써 우선순위 문제는 해결된 것 같지만 여전히 우선순위 문제는 신중하게 고려할 문제이다. 왜 여전히 우리는 우선순위 문제를 고민해야 하는지 함께 살펴보자.

선교의 우선순위

선교는 매우 광범위한 사역들을 포함하고 있고 이로 인해 매우 다차원적인 목표들을 추구하는 사역이다. 이처럼 선교는 포괄적인 사역이므로 선교 사역을 행할 때 우선순위가 없으면 시간과 재원이 낭비되고 사역의 효율성이 현저하게 감소할 수 있으며, 이런 이유로 선교에 있어서 우선순위의 문제는 신중하게 고려해야 할 중요한 이슈이다.

이런 점에서 복음주의 진영과 에큐메니칼 진영 사이에는 선교에 있어서 우선순위의 문제를 두고 많은 논쟁을 벌여왔다. 최근에는 양 진영이 모두 통전적 선교를 수용하면서[1] 우선순위의 문제는 더 이상 주된 이슈

---

1) 복음주의 진영에서는 복음화의 우선순위에 대한 인식 때문에 2차 로잔대회 때까지는 '통전적 선교'라는 용어를 사용하지 않았지만, 2010년 10월 남아공 케이프타운에서 열린 3차 로잔대회의 선언문 1부 10조 C항에서 "통전적 선교(integral mission)는 복음의 선포와 복음의 증명이다. 그것은, 단순히 복음 전도와 사회 참여가 서로 나란히 이루어진다는 것이 아니다. 오히려 모든 삶의 영역들에서 우리가 사랑하고 회개하라고 사람들에게 요청하는 것처럼, 통전적 선교 안에서 우리의 선포는 사회적 중요성을 갖는다"라고 말하면서 '통전적 선교'(Integral mission)라는 용어를 사용하고 있다. 로잔세계국제복음화

가 아닌 것처럼 보이지만, 여전히 같은 '통전적 선교' 라는 개념을 말하면서도 복음주의 진영은 선교 방법에 있어서의 통전적 선교를 말하는 경향이 있고, 에큐메니칼 진영은 선교 목표에 있어서의 통전적 선교를 말하는 경향이 있다.[2]

본 장은 에큐메니칼 진영의 선교 개념에 한정하여 '우선순위'의 문제를 다루고자 한다. 먼저 약 100여년의 에큐메니칼 선교 역사를 크게 구분하면서 에큐메니칼 진영에서 각 시대별로 '우선순위' 문제가 어떻게 이해되어왔는지를 살펴볼 것이다. 여기에서는 왜 각 시대별로 그런 이해를 갖게 되었는지의 배경도 함께 살펴볼 것이다.

다음으로 선교에 있어서 우선순위를 인정하지 않을 때의 강점과 약점을 평가해 볼 것이다. 즉 우선순위를 인정하지 않는 신학이 선교에 실제적으로 어떤 영향을 미치는지를 살펴볼 것이다. 이와 같은 연구는 우리의 선교에 있어서 우선순위 문제를 어떻게 보아야 할 것인지에 대한 하나의 지침을 줄 수 있으며, 이로 인해 선교의 효율성을 향상시키는 데 도움을 줄 것으로 기대된다.

대회, "케이프타운 서약 (The Capetown Commitment): 믿음과 행동에의 요청에 대한 선언," 1부 10조 C항, in 「복음과 상황」, 242호(2010), 150.

[2] 즉 복음주의 진영은 선교를 수행할 때 빵을 먼저 주어야 하는가 복음을 먼저 주어야 하는가의 문제는 상황에 따라 할 일이지 어디에 우선순위가 있는 것은 아니라는 주장을 한다는 점에서 선교 방법에 있어서 통전적 선교를 말하는 경향이 있는 반면, 에큐메니칼 진영은 선교의 목표를 복음화와 인간화로 나누지 않고 두 가지가 다 똑같이 중요한 선교의 목표이며 사실 이 둘을 나누는 것 자체가 이분법이라고 생각하는 경향에서 통전적 선교를 말하는 경향이 있다. 따라서 똑같이 '통전적 선교' 라는 단어를 사용하면서도 여전히 복음주의 선교는 복음화에 기울어진 경향이 있는 반면, 에큐메니칼 선교는 '인간화'에 기우는 경향이 있는 것이 사실이다.

1. 에큐메니칼 선교 역사에 나타난 우선순위

1) 복음화에 우선순위를 두는 경향의 시기(1910-1951)

에큐메니칼 선교신학은 '우선순위'라는 용어를 잘 사용하지 않는다. 그러나 에큐메니칼 선교 역사를 살펴보면 에큐메니칼 선교가 시작될 당시에는 '우선순위'의 개념이 명확하게 나타났다. 적어도 1952년에 '하나님의 선교'(Missio Dei) 개념이 탄생하기 전까지는 그러하였다. 1952년 빌링겐 대회가 있기 전까지의 몇 대회를 살펴보자.

첫째, 에큐메니칼 대회의 첫 대회라 할 수 있는 에딘버러 대회가 있다.[3] 에딘버러의 주제는 "이 세대 안에 세계 복음화"(The Evangelization of the World in this Generation)였다. 즉 에딘버러 대회가 추구한 선교의 목표는 분명히 '복음화'였다.[4] 다만 이런 목표를 보다 더 효율적으로 수행하기 위하여 그리스도인들 간에 좀 더 긴밀한 연합이 필요함을 강조했던 것이다. 에딘버러 대회가 복음화에 우선순위를 두었다는 사실에 대해서는 한국에큐메니칼 진영의 대표적인 학자로 알려진 이형기 역시 다음과 같이 언급하고 있다.

---

[3] 에딘버러 대회가 열리기 10년 전인 1900년에 뉴욕에서 "에큐메니칼 선교대회"(an Ecumenical Missionary Conference)가 열렸다. 하지만 에딘버러 대회가 본격적인 에큐메니칼 선교대회의 효시로 보는 데는 거의 이의가 없다. 그런 점에서 바삼은 "에딘버러 대회는 20세기 에큐메니칼 운동의 발전을 위한 기초를 놓았다"라고 기술하였다. Rodger C. Bassham, *Mission Theology* (Pasadena, CA: The William Carey Library, 1979), 20.

[4] 에딘버러 대회는 모든 선교 단체들의 공통관심사인 불신자에 대한 복음 전도를 가장 중요한 주제로 삼았고, 연합을 위하여 교리 문제는 논외로 하자는 데 의견을 모았다. World Missionary Conference, *1910: The History and Records of the Conference* (New York: Fleming H. Revell Company, WMC, 1910), 7-8.

에딘버러에서 최대의 관심은 영국, 유럽, 미국 등 선교 종주국들이 복음을 믿지 않는 '제3세계'에 전하는 것이었다. 적어도 에딘버러는 18-19세기의 복음주의 부흥운동에 힘입은 복음 선교, 무엇보다도 19세기의 산업화에 따른 과학기술과 세계화의 제국주의적 식민지 팽창의 맥락 속에서 선교신학의 '패러다임 이동'(paradigm shift)이전의 선교신학을 지향했다.[5]

둘째, 1928년에 열린 예루살렘 대회가 있다. 예루살렘 대회는 앞에 열린 에딘버러 대회와 달리 사회 참여에 대하여 어느 정도 관심을 기울이고 있다. 예루살렘이 "교회는 사회, 경제적 불의에 대항하여 겁 없이 말하며, 행동해야 한다. 교회는 말과 행동으로써 사회 관계, 산업 조직체들 및 경제생활이 이루어지는 세상 속에서 하나님의 나라의 확립을 더욱 앞당기는 모든 세력들을 지지해야 한다"[6]라고 강조한 것을 보면 예루살렘은 분명 사회 참여에 관심을 갖고 있었던 것이 틀림없다. 예루살렘은 교회의 대사회적 책임을 윤리의 개념이 아니라 선교의 개념에 포함하고 있다.[7] 그러나 로저 바삼이 요약 발췌한 다음의 말 속에서 예루살렘은 여전히 복음을 강조하는 경향을 볼 수 있다.

우리의 메시지는 예수 그리스도다. 그는 하나님이 누구시며 하나님을

---

5) 이형기, "에큐메니칼 운동사에 나타난 선교신학,"「선교와 신학」, 제 4집 (1999), 19.
6) IMC, *The World Mission of Christianity: Messages and Recommendations of the Enlarged Meeting of the IMC held at Jerusalem* (New York: IMC, 1928), 48.
7) 이형기, "에큐메니칼 운동사에 나타난 선교신학," 48. 이와 연관하여 이형기는 "무엇보다도 예루살렘은 '인종관계', '아시아와 아프리카의 산업화에 따른 문제들과의 관련된 기독교 선교의 문제', '아시아와 아프리카의 농촌 문제에 관련된 기독교 선교'와 같은 제목들에서 교회의 대사회적 책임을 '선교'개념에 포함시킨다"라고 평가하였다.

통하여 인간이 어떻게 될 것인지를 보여주는 계시이다…세상을 향한 교회의 메시지는 항상 예수 그리스도의 복음이고 복음이어야 한다… 우리는 그리스도 없이 살 수 없고 그리스도 없는 인간을 생각할 수 없다. 우리는 비그리스도적인 세상에 사는 것에 만족할 수 없다…그리스도는 우리의 주된 동기요 목적이다. 우리는 그 이하를 주어서는 안 되고 그 이상을 줄 수도 없다.[8]

셋째, 1938년에 열린 탐바람 대회가 있다. 이는 교회의 사회적 책임과 복음적 책임을 함께 강조하고 있다. 하지만 탐바람은 여전히 복음이 세계 변화의 시작임을 언급한다.

…인간사회를 섬기려는 적극적인 노력과 이 인간사회를 구속하고자 하시는 하나님의 능력과 의지에 대한 믿음은 복음 안에서 맺어지는 하나님과의 새로운 관계의 불가피한 결과들이다. 사회 프로그램들은 복음에서 파생되어 나오는 것이다.[9]

사회를 변화시키는 프로그램들이 복음으로부터 나온다는 말 속에서 복음이 세계 변화의 시작임을 언급하고 있다. 또한 사회적 변화와 개인적 변화를 함께 강조하는 "사회적 변화가 개인적 변화로부터 오려면"이라는 아래의 말 속에서도 여전히 사회 변화에 앞선 개인 변화를 상정하고 있는 것을 볼 수 있다.

---

[8] Rodger C. Bassham, *Mission Theology*, 20.

[9] IMC, *The World Mission of the Church: Findings and Recommendations of the IMC, Tambaram* (New York: IMC, 1939), 36.

> 우리는 개인이 변하면 사회가 필연적으로 변한다고 말하는 것으로 부족하다…변화된 개인들을 조직화하여 집단행동을 통해 사회적 악들에 대하여 광범위한 정면 공격을 하지 않는다면, 개인들의 회심은 사회변화를 가져올 수 없다. 사회적 변화가 개인적 변화로부터 오려면, 사회적 변화의 내용이 개인적 변화의 개념과 사실 속에 들어가야 한다.[10]

더 나아가 탐바람은 교회의 복음화에 대한 사명을 다음과 같이 역설한다.

> 세계 복음화는 하나님으로부터 받은 교회의 과제이다. 교회는, 예수 그리스도께서 그의 생애와 가르침을 통하여 시작하셨고, 그의 죽으심과 부활을 통하여 완성하신 사업을 이 세상에서 계속하도록 하나님에 의하여 창조된 바, 이 세계 복음화는 바로 이 그리스도의 몸으로서의 교회의 본성 안에 본유적으로 있는 것이다. 세상을 향한 선교사로서의 교회 개념은 신약성서 안에 주어져 있다.[11]

넷째, 1947년에 열린 휫트비 대회가 있다. 이 역시 교회의 복음적 책임에 더하여 사회적 책임을 중요하게 생각하였지만 여전히 복음화에 우선순위를 두는 경향이 있었다. 즉 휫트비는 교회의 복음 전도 책임과 아울러 사회적 책임도 심각하게 받아들였지만, 복음 전도를 선교의 핵심으로 삼았다. 또한 선교하는 교회(the old church)와 신생 교회(the young church)가 동등하게 예수 그리스도의 명령에 순종하는 동역자임을 강조

---

10) Ibid., 107.
11) Ibid., 35.

하였다.[12] 특별히 다음의 말 속에서는 우리는 휫트비가 이 세계 변화의 첫 걸음이 바로 복음화임을 상정하고 있음을 볼 수 있다.

> …우리는 그리스도인들로서 배고프고 빈곤하며 필요 가운데 있는 모든 사람들에게 봉사해야 하고, 불의와 억압을 제거하려는 모든 운동을 지지하고 지원하도록 헌신되었다. 하지만 우리는 이런 일들이 매우 좋은 일들이지만 이것이 복음 전도의 전부라고 생각하지 않는다. 왜냐하면 우리는 이 세계의 슬픔의 근원이 영적이어서, 부활하신 그리스도께서 이 세상의 모든 삶의 차원으로 침투해 들어가셔야 이 세계의 치유가 가능하다고 확신하고 있기 때문이다.[13]

세계 문제의 근원이 영적인 것이며, 이러한 문제는 부활하신 그리스도가 받아들여질 때 해결될 것이라는 이해는 휫트비가 복음화의 과제가 선교에 있어서 일차적이며 우선적인 것이라는 가정을 지니고 있었다고 평가할 수 있을 것이다. 즉 적어도 휫트비 대회까지는 에큐메니칼 선교에 있어서 복음화에 우선순위가 있었다는 것을 알 수 있다.

이에 대해 김동선은 다음과 같이 말한다.

> 1910년 에딘버러 대회에서는 '세계 복음화'를 그 이상으로 천명했으며, 세계 상황의 변화와 더불어 교회의 사회적 책임이 광범위하게 논의되기는 하였지만, 1948년 세계교회협의회가 태동될 때까지만 해도

---

12) William Richey Hogg, *Ecumenical Foundations* (New York: Harper & Brothers Publishers, 1952), 339-342.
13) IMC, *Witness of a Revolutionary Church, Whitby, Canada* (New York: IMC, 1947), 19.

전도는 선교의 중심과제였다.[14]

2) 인간화에 우선순위를 두는 경향의 시기(1952-1974)

1950년대에 접어들면서 에큐메니칼 선교는 복음화에 대한 우선순위로부터 인간화로 전환되는 경향을 보였다. 이 시기에 이루어진 몇 가지 중요한 대회를 살펴보자.

첫째, 1952년 독일에서 열린 빌링겐 대회가 있다.[15] 특별히 빌링겐 대회의 내용을 정리한 독일 슈투트가르트 감독 하르텐슈타인(Karl Hartenstein)이 제시하고 후에 호켄다이크(Johannes C. Hoekendijk)가 정리한 "하나님의 선교"(Missio Dei) 개념은 에큐메니칼 선교의 우선순위에 혁명적인 변화를 일으켰으며, 이후로도 이 개념은 에큐메니칼 선교의 가장 기본적인 토대가 되었다고 할 수 있다.[16]

하나님의 선교 개념은 전통적인 선교관을 완전히 바꾸어놓은 개념이라고 할 수 있다. 전통적인 선교관은 죄악 된 세상으로부터 구원하여 교회의 일원이 되게 하는 것이 선교의 주된 목표였다. 소위 말하는 복음화

---

14) 김동선, 『하나님의 선교: 그 신학과 실천』(서울: 한국장로교출판사, 2003), 44.
15) 이용원, "빌링겐에서 나이로비까지," 「선교와 신학」, 제4집 (1999), 72. 이용원은 빌링겐 대회를 설명하면서 빌링겐 이전에 "종래의 선교신학이 복음 전도에 초점이 맞추어져 왔고 다른 선교적 활동들은 거기에 부수적인 또는 그것을 보완해서 온전케 만들어 주는 것으로 이해되어 왔으나 새로운 선교신학은 새로운 패러다임에서 시작되었던 것이다"라고 말하면서 빌링겐 대회가 에큐메니칼 신학 패러다임 변화의 발단이 됨을 언급하고 있다.
16) 이런 이유 때문에 이용원도 "대회나 총회마다 주제를 달리하여 모였지만 기본적인 선교신학적 틀은 크게 변하지 않고 그대로 유지, 발전되어 온 것이다. 한마디로 에큐메니칼 선교신학은 '하나님의 선교'를 중심으로 발전, 실천되어 왔다고 할 수 있다"라고 평가한다. 위의 글, 97.

라고 할 수 있다. 하지만 하나님의 선교 개념은 세상이 하나님의 사랑의 일차적 대상이며 하나님 자신이 이 세상에 샬롬을 이루시기 위하여 직접 활동하신다는 것을 강조하기에 선교는 더 이상 세상 사람들을 교회로 데려오는 일(복음화)에 주력할 것이 아니라, 교회가 세상에 나가서 하나님이 세상 속에서 이루어가시는 샬롬에 동참하는 일(인간화)에 주력하여야 하는 것이다.[17]

이 관점에서 보면 사람들을 교회로 데려오고자 하는 전통적인 복음화 중심의 선교는 하나님 중심이 아니라 교회 중심이며 교회의 세력만을 불리려는 이기적이고 제국주의적인 선교로 보일 수 있다. 따라서 바른 선교는 교회의 몸집을 불리는 선교가 아니라, 세계의 샬롬과 인간화를 위해 기꺼이 희생하는 선교가 되어야 한다는 것을 강조하게 되었다.

하나님의 선교의 이러한 강조점은 자연히 복음화를 우선순위에 두는 선교에서 인간화를 우선순위에 두는 선교로의 패러다임 전환을 시작하게 하였다고 할 수 있다.[18] 즉 빌링겐으로부터 시작하여 에큐메니칼 선교는 복음화에 우선순위를 두던 선교 개념에서 세상의 샬롬과 인간화에 우선순위를 두는 선교로 큰 패러다임 전환을 이루었다고 할 수 있다.

둘째, 1968년 스웨덴 웁살라에서 치러진 웁살라 대회가 있다. 웁살라 대회는 "보라, 내가 세상을 새롭게 하노라"(Behold, I will make all things new)라는 주제를 가지고 열렸으며, "인간의 참 인간성과 인간의 사회가

---

17) 위의 글, 72-73.
18) David J. Bosch, *Transforming Mission*, 김병길, 장훈태 역, 『변화하는 선교』(서울: CLC, 2000), 579. 참조. 에큐메니칼 운동의 어원이 되는 '오이쿠메네' 라는 용어 자체가 하나의 집 또는 가족이란 의미를 지니고 있으므로, 에큐메니칼 신학은 자연스럽게 온 우주를 하나의 가족으로 보면서 온 우주의 행복에 지대한 관심을 지니는 경향이 강하다. 즉, 개인의 구원에 관심을 갖던 전통적인 선교와 달리, 세계 전체의 행복과 모든 피조물의 생태 문제 등에 관심을 가지는 것이다.

어느 때보다 여러 가지 파괴적인 힘에 의해 위협받고 있음"[19]에 깊이 주목하였다. 즉 인종차별주의, 인종폭력, 그리고 평화를 파괴하는 온갖 폭력들에 의하여 참 인간성이 위협을 받고 있음을 보았다.[20]

이런 상황에서 웁살라는 모든 비인간화의 현상을 극복하고 인간을 인간답게 하는 것이야말로 선교의 일차적 과제라고 보았다. 그리하여 웁살라 총회는 제2분과 위원회에서 "선교의 갱신"(Renewal in Mission)을 주제로 다루면서 "우리는 인간화를 선교의 목표로 설정했다. 왜냐하면 우리의 역사 시대에는 무엇보다도 선교란 메시아적 목표의 의미를 전달하는 것이라고 믿기 때문이다"[21]라고 하였다.

한편 웁살라는 인간화 목표를 효과적으로 수행하기 위하여 우선순위를 정하는 것이 중요하다고 보면서, 제2분과 선교의 갱신에서 '선교의 우선순위를 결정하는 기준을 찾는 방법'을 다음과 같이 말한다.

> 첫째, 교회는 가난한 자들, 무력한 자들, 학대받는 자들, 무시 받는 자들, 또 지루한 삶을 보내는 자들 편에 서는가? 둘째, 기독교인들은 참여의 수단으로써 타인의 문제들과 구조를 수용할 정도로 그들의 관심사에 주의를 기울이는가? 셋째, 그 기준들은 다른 사람들과 함께 시대의 징조를 식별하고 새로운 인간성 성취를 향해 역사와 함께 나아가는 데 최적의 조건들인가?[22]

---

19) Norman Goodall, ed., *The Uppsala Report 1968* (Geneva: WCC, 1968), 27.
20) WCC, "제4차 총회: 스웨덴 웁살라(1968)," in 이형기 역, 『세계교회협의회 역대총회 종합보고서』(서울: 한국장로교출판사, 1993), 291.
21) WCC, *Drafts for Sections Prepared for the Fourth Assembly of the World Council of Churches* (Uppsala, Sweden: WCC, 1968), 34.
22) WCC, "제 4차 총회: 스웨덴 웁살라 (1968)," 267.

움살라 대회는 비인간화의 문제를 해결하기 위해 물질적 빈곤을 해결하는 것이 영적 빈곤 못지않게 중요함을 강조하였고, 이로서 움살라는 선교의 수직적인 차원(복음화) 보다는 수평적인 차원(인간화)에 더 우선순위를 두는 경향을 강하게 나타내고 있는 것이다.

셋째, 1973년에 태국 방콕에서 열린 방콕 대회가 있다. 앞서 살펴본 움살라 대회가 선교의 우선순위를 복음화에서 인간화로 전환하는 계기를 마련한 대회였다면, 방콕 대회는 선교에서 전해야 하는 구원의 개념에 혁명적인 변환을 일으킨 대회였다고 할 수 있겠다.

방콕은 전통적인 영혼 구원 중심의 구원 이해를 넘어서서 '경제정의', '정치적 억압', '인간의 소외', 그리고 '인격적 삶의 좌절' 등으로부터의 해방을 주장하는 포괄적인 구원 개념을 말하였다. 그리하여 제2분과에서는 다음과 같이 구원을 네 가지 사회적 차원들 안에서 정의하고 있다.

a. 사람에 의한 사람의 착취에 대항하는 경제정의를 위한 투쟁에서의 구원 역사들(salvation works)
b. 동료 인간들에 의한 인간에 대한 정치적 억압에 대항하는 인간의 존엄을 위한 투쟁에서의 구원 역사들
c. 인간으로부터 인간의 소외(alienation)에 대항하는 연대를 위한 투쟁에서의 구원 역사들
d. 인격적인 삶(personal life)의 좌절에 대항하는 희망을 위한 투쟁에서의 구원 역사들[23]

---

23) WCC, *Bangkok Assembly 1973* (Bossey: WCC, 1973), 89-90.

방콕의 이러한 구원 개념은 해방신학의 영향을 어느 정도 보여준다고 할 수 있는데, 브로게만(Henning Wrogemann)은 해방신학의 특징과 영향을 다음과 같이 설명하고 있다.[24]

    a. 신학과의 연대: 이러한 신학적 접근에 따른 교회는 타자를 위한 교회가 되어야 할 뿐 아니라 타자와 함께 하는 교회 즉 가난한 자들의 교회가 되어야 한다. 부유한 국가의 교회일지라도 이러한 점을 고려할(그리고 회개할) 필요가 있다.

    b. 당파성: 그리스도처럼 가난한 자, 억눌린 자, 착취당한 자의 편에 서는 해방자로서 교회는 선교에서 당파적 선택을 하고 가난한 자들과 결탁하여 정의를 위해 싸우고 분투하는 데 참여해야 한다.[25]

이상과 같은 해방신학과 연관성을 지녔던 방콕의 구원 개념은 자연스럽게 선교에 있어서의 우선순위에도 영향을 미쳤다. 전통적으로 선교는 사람들에게 복음을 전하고 교회를 세우는 것에 우선순위를 두었던 반면, 방콕의 구원 개념은 선교가 모든 불의한 구조와 가난과 소외로부터 사람들

---

24) Henning Wrogemann, "20세기 선교학의 패러다임 변화와 오늘날 선교신학의 기본 요소 탐구," 장신대 세계선교 연구원 편, 『1910년 에딘버러 선교사대회 100주년: 선교와 에큐메니즘 회고와 전망』 (서울: 장신대출판부, 2009), 95-96. 방콕의 구원개념과 해방신학은 당시의 시대적 상황을 배경으로 하고 있는데, 브로게만은 당시의 상황을 다음과 같이 설명한다. "1970년대의 경험은 인류가 좀 더 가까워지는 게 아니라 점점 더 멀어지도록 몰아가고 있다. 1970년대에 부유한 북반구 국가와 가난한 남반구 국가의 격차는 더 벌어졌다. 서구 세계와 사회주의 국가 간의 긴장은 더 팽팽해졌다. 또한 생태학적 위기는 점점 더 분명하게 증가하고 있었다."

25) 위의 글, 96.

을 해방시키는 일에 우선순위를 두어야 함을 강조하게 된 것이다.[26]

한 걸음 더 나아가 선교는 단순히 선행을 행하는 것을 넘어서서 구조악을 척결하는 투쟁에 동참해야 하며 그 투쟁은 구조적 불의에 대항하는 해방 운동 차원에서 필요하다면 물리적 폭력도 가능하다고 보았다.[27]

방콕 대회에서 선교는 복음화가 아니라 해방을 위한 투쟁으로 그 성격이 변화되고 있었다고 할 수 있다. 결국 빌링겐 이후 방콕까지 에큐메니칼 신학은 복음화보다는 인간화에 더 많이 치우쳐있다고 할 수 있다.[28]

3) 통전성을 추구하는 시기(1975년-현재)

앞에서 살펴본 대로 에큐메니칼 선교는 1952년 빌링겐 대회를 기점으로 하여 그 우선순위를 복음화에서 인간화로 전환하였다. 그런데 1975년에 케냐 나이로비에서 열린 제5차 WCC 총회를 기점으로 에큐메니칼 선교는 우선순위를 지양하는 통전적 관점을 지니게 되었다고 할 수 있다. 나이로비 총회는 "예수 그리스도는 자유케 하시고 연합하신다"(Jesus Christ Frees and Unites)라는 주제로 열렸다. 나이로비는 복음의 수평적 차원을 강조하면서 해방신학, 민중신학, 해방자 예수, 상황신학, 'Doing Theology' 등에 관심을 기울였다.

그러나 방콕 대회가 지나치게 복음의 수평적 차원에 기울어졌다는 인식을 가지면서 복음의 수직적 차원을 균형감 있게 강조하고자 많은 노력을 기울였다. 물론 나이로비는 여전히 복음의 수평적 차원에 더 많이

---

26) 위의 글, 97.
27) 위의 글, 89-90.
28) 이용원, "빌링겐에서 나이로비까지," 93.

기울어져 있었다는 지적은 있지만,[29] 그럼에도 불구하고 나이로비는 인간화에 기울어져 있던 경향에서 통전성을 추구하고자 노력하는 경향을 보여주는 대회였던 것은 사실이다.

이용원은 이러한 경향을 다음과 같이 말하고 있다.

> 이전의 에큐메니칼 선교신학의 취지가 그대로 유지되면서도 나이로비에서는 복음 전도에 대한 관심이 강화되었고 세상 안에서 교회가 담당해야 할 과업에 대한 신학적 근거를 제공하려고 노력하였다는 점에서 하나님의 부르심에 대한 교회의 순종적 응답을 모색했다…한 마디로 나이로비의 관심은 통전적 선교(the wholistic mission)에 있었으니 복음 전도와 사회적 책임과 봉사가 통합적 관계를 이루어야 한다는 것이다.[30]

에큐메니칼 진영이 이처럼 통전적인 방향을 추구한 배경에는 이미도 지나치게 인간화 쪽으로 기울어진 에큐메니칼 선교신학에 대한 복음주의 진영의 강한 공격도 한 몫을 한 것으로 보인다. 예를 들면 스칸디나비아 정통주의 루터교회는 세계교회협의회의 인간화 개념이 개인의 구원과 이를 위한 신앙 결단을 무시한다고 보면서 반대하였다.[31]

---

29) 나이로비의 통전적 경향을 말한 이용원도 나이로비가 인간화 쪽으로 기울어진 성향이 있음을 다음과 같이 언급하였다. "그러나 통전적 선교라고 하더라도 복음 전도는 밑바탕에 깔린 기본적인 것이고 사회적 책임 문제가 더 크게 부각되고 있음은 부인할 수 없다. 불의한 구조들과 해방을 위한 투쟁(Structures of Injustice and struggles for Liberation: 제6분과의 주제)이 오늘의 교회에 주어진 하나의 방대한 주제라는 것이다." 위의 글, 95.
30) 위의 글, 94-95.
31) 김은수, 『현대선교의 흐름과 주제들』 (서울: 대한기독교서회, 2001), 230.

맥가브란 역시 움살라의 인간화를 반대하였는데, 김은수는 이것을 "첫째, 20억 비 기독교인에 대한 언급이 없으며, 둘째, 고전적인 선교위임이 잘못된 선교신학으로 대체되었고, 셋째, 복음의 선포가 대화로 대신 되었으며…다섯째, 교회의 휴머니즘적인 활동에만 집중…" 하는 것으로 요약 정리하였다.[32]

아울러 사회 발전에 대한 낙관론이 한풀 꺾인 것도 한 배경이 되었다고 할 수 있을 것이다. 60년대에 왕성했던 근대화 모델의 낙관론에 의하면 인류가 점점 더 연합할 것이고, 모든 사회가 서구 과학 기술의 진보 과정을 따르게 될 것이라는 견해를 지녔다.[33] 하지만 이러한 낙관론은 점차 힘을 잃게 되었다.

이형기가 말한 대로 "1960년대와 1970년대 초에 있었던 갱신과 변화와 해방에 대한 무비판적 찬사는 더 이상 타당성을 갖지 못한다. 1970년대 이후 시야는 더욱 어두워지고 있다. 사람들은 인간들과 사회 구조들 속에서 악의 실재를 더욱 절실하게 의식…"[34]하였던 것이다.

이런 상황 속에서 인간화에 우선순위를 두던 에큐메니칼 신학은 복음화를 함께 강조하는 통전적 시야를 갖게 되었다고 할 수 있다.

이후 에큐메니칼 선교신학을 나타내는 문서들에는 전반적으로 통전적 선교신학이 나타나 있다.

예를 들어 세계교회협의회의 선교 문서라 할 수 있는 "선교와 전도: 하나의 에큐메니칼 확언"(Mission and Evangelism: An Ecumenuical Affirmation)

---

32) 위의 책, 230-231.
33) Henning Wrogemann, "20세기 선교학의 패러다임 변화와 오늘날 선교신학의 기본 요소 탐구," 88-89.
34) 이형기, "에큐메니칼 운동사에 나타난 선교신학," 34.

은 복음화와 인간화를 구분하는 것 자체를 이분법으로 보면서, "교회는 복음 전도와 사회 행동 사이의 해묵은 이분법을 극복하기 위하여 세상의 가난한 사람으로부터 전혀 새롭게 선교하는 방법을 배우고 있다. 예수 안에서 '영적인 복음'과 '물질적인 복음'은 나누어질 수 없는 하나의 복음이다"[35]라고 강조한다. 즉 복음은 나누어질 수 없는 통전성을 지니고 있으며, 그런 점에서 교회는 다음과 같이 행해야 한다고 강조한다.

> 그러므로 교회는 신뢰와 관련된 이중의 검증을 통과해야 할 것이다. 즉 세상의 가난한 사람들에게 정의로운 하나님의 나라에 대한 약속을 제시하지 않는 선포는 복음을 우스꽝스럽게 만드는 일이다. 그러나 하나님의 나라에 대한 약속을 향하지 않으면서 정의를 향한 투쟁에 참여하는 것 역시 복음을 우스꽝스럽게 만드는 일이다.[36]

이어 WCC의 가장 최근 에큐메니칼 선교 문서인 "함께 생명을 향하여"(Together towards Life) 역시 통전성을 강조한다. 이 문서는 가난한 자들, 고난받는 자들, 주변화된 사람들에 대한 관심을 많이 가지면서 다음과 같이 언급한다.

> 우리는 하나님 선교의 목적은 생명의 충만함(요 10:10)이며 그것이 선교를 분별하는 기준임을 확언한다. 그러므로 우리는 충만한 생명이 있는 곳에서, 특히 억압당하는 사람들의 해방, 깨어진 공동체의 치유

---

35) CWME, "Mission and Evangelism: An Ecumenical Affirmation," in WCC, *You Are the Light of the World*, 김동선 역, 『통전적 선교를 위한 신학과 실천』(서울: 대한기독교서회, 2007), 56.
36) 위의 글.

와 화해, 그리고 온 피조물의 회복이 있는 곳에서 하나님의 성령을 분별하도록 부름 받는다. 우리는 서로 다른 문화 안에서 생명을 긍정하는 영들을 식별하고 생명을 긍정하고 보존하는 선교에 참여하는 모든 사람들과 연대하도록 도전받고 있다. 우리는 또한 죽음의 세력들과 생명에 대한 거부가 경험되는 곳에서 악령들을 분별하고 대적한다.[37]

이상의 내용은 '영적인 복음'과 '물질적인 복음'이 나누어질 수 없는 하나의 복음으로 보는 "선교와 전도: 하나의 에큐메니칼 확언"을 이어 받는 통전성을 보여주면서 영적인 생명과 육적인 생명을 하나로 보는 통전성을 보여주는 것이라 하겠다.

아울러 "함께 생명을 향하여"(Together towards Life) 문서는 인간과 피조물의 하나 됨을 많이 강조한다. 즉 인간만을 구원의 대상으로 보던 전통적 관점에서 모든 피조물을 통전적으로 선교의 대상으로 보면서 다음과 같이 말한다.

> 선교는 삼위일체 하나님의 무한한 사랑의 흘러넘침이다. 하나님 선교는 창조행동과 함께 시작되었다. 피조세계의 생명과 하나님의 생명은 서로 얽혀있다. 하나님의 영의 선교는 항상 은혜를 주시는 활동 속에 우리 모두를 포함시키신다. 그러므로 우리는 협소한 인간 중심적인 접근을 넘어서 모든 피조생명체와 우리들과의 화해된 관계성을 표현하는 선교 유형을 채택해야 한다. 우리는 가난한 사람들의 울음소리를 듣는 것처럼 땅의 울음소리를 듣고 있으며 우리는 처음부터 땅이

---

37) WCC, "Together towards Life: Mission and Evangelism in Changing Landscapes," 102항. 김영동 책임 번역, http://blog.daum.net/jncwk/13748629. 2014. 1. 3. 접속.

인간의 불의에 대해 하나님께 호소하고 있음을 알고 있다(창 4:10).[38]

이 문서는 이와 같이 인간과 다른 모든 피조물들을 통전적으로 보아야 하는 이유를 다음과 같이 설명한다.

> 우리가 선교에 참여하는 것, 우리 존재가 창조 세계 안에 있는 것, 그리고 우리가 성령의 삶을 사는 것은 상호 변혁적이기에 하나로 엮여 있어야 한다. 우리는 다른 둘 없는 하나를 추구하지 말아야 한다. 만일 그렇게 하면, 이웃에 소속됨 없이도 하나님께 속할 수 있다고 잘못 믿는 개인주의적 영성으로 일탈하고, 다른 피조물들이 아파하고 호소하는 동안 단지 자기 기분을 달래주는 영성에 빠지게 된다.[39]

이상과 같이 에큐메니칼 선교는 영과 육, 영적인 것과 물질적인 것, 교회와 세상, 인간과 피조물, 교회와 세상, 이 땅과 저 세상 등으로 구분하여 어느 한쪽에 우선순위를 두었던 시각을 거부하고 모든 것을 통전적으로 보는 시각을 지니고 있는 것이다.

---

38) Ibid., 19항.
39) Ibid., 21항.

2. 우선순위 지양의 음과 양

1) 균형감에 대한 도전

교회는 복음을 전해야 하는 '사도적 책임'과 빛과 소금으로서 세상을 섬겨야 하는 '사회적 책임'을 함께 지니고 있다. 선교에 있어서 전자의 책임은 복음화로 후자의 책임은 인간화로 표현되어왔다고 할 수 있다.

교회는 양차 세계대전을 지나면서 교회가 사도적 책임은 강조하면서도 사회적 책임을 소홀히 한 나머지 하나님의 사랑의 대상인 이 세상을 아름답게 가꾸지 못했음을 뼈저리게 인식하였으며, 그 결과 빌링겐 이후 방콕까지 에큐메니칼 신학은 사회적 책임에 우선순위를 두는 경향을 보여주었지만, 1975년 나이로비 대회부터는 통전적인 시각을 추구해오고 있다.

에큐메니칼 신학의 관점에서 본다면 교회의 두 가지 책임 중 어느 한 쪽에 우선순위를 둔다는 것은 곧 다른 책임을 부차적인 것으로 취급하는 것이 될 수 있다. 에큐메니칼 진영은 이와 같은 불균형적인 책임 수행에 대하여 만족하지 못한다.[40]

어느 한쪽에 우선순위를 두지 않고 두 가지 책임을 통전적으로 추구하고 수행하고자 하는 에큐메니칼 신학은 한 쪽으로 치우치기 쉬운 선교에 적절한 긴장감과 균형감을 갖도록 도전하는 데 기여하였다고 할 수 있다.

이런 점에서 조동진도 산 안토니오를 평가하면서, "이 회의의 가장 중

---

40) WCC, "제 4차 총회: 스웨덴 움살라"(1968년) 이형기 편, 『역대총회 종합보고서』, 261.

요한 두 가지 경향은 모임의 일반성(보편성)의 정신과 복음에의 충실성에 대한 관심, 즉 영적인 요구와 물질적인 필요, 기도와 행동, 복음 전도와 사회적 책임, 대화와 증언, 능력과 연약함, 지역성과 세계성 사이의 창조적 긴장을 유지하는 것이었다"[41]라고 말하고 있다.

물론 에큐메니칼 신학이 우선순위를 배제하고 항상 두 책임 사이에 완벽한 균형을 지녔다고 평가하는 것은 아니다.

보쉬도 에큐메니칼 신학에 대하여 평가하면서 세계교회협의회의 역사에서 복음화의 과제는 "…가장 선의를 가지고 말한다 하여도 세계교회협의회 배경에서는 이차적인 것"[42]이 되고 있다고 평가한다. 하지만 에큐메니칼 신학은 선교에 있어서 통전적인 책임을 늘 강조하면서 그렇게 하려고 노력함으로써 복음주의 진영으로 하여금 교회의 사회적 책임을 진지하게 생각하도록 도전하였다는 점은 기여점이라 할 수 있을 것이다.

2) 개념의 혼란 가능성

에큐메니칼 선교 개념의 가장 큰 특징 중의 하나는 선교의 개념에 윤리적 책임을 포함시키는 것이라 할 수 있다. 즉 복음화를 목표로 두는 선

---

41) CWME, "1989년 샌 안토니오 WCC/CWME 대회," in 조동진, 『세계선교 트렌드 1900-2000(하)』(서울: 아시아선교연구소, 2007), 344.

42) David J. Bosch, *Witness to World*, 전재옥 역, 『선교신학』(서울: 두란노, 1992), 214. 이용원 역시 "그러나 아무리 양보하고 보더라도 에큐메니칼 선교신학은 복음적인 명령보다는 문화적인 명령을 더 강조해왔고 그 실천을 위해서 사회 참여라는 면을 크게 부각시켜 왔다는 사실을 부인하지는 못한다. 단지 나이로비 총회 이후로 에큐메니칼 선교신학도 복음주의 선교신학의 주장들에 좀 더 귀를 기울여 오고 있음을 잊지는 말아야 할 것이다"라고 말하면서 에큐메니칼 신학의 기울어진 경향을 지적하고 있다. 이용원, "빌링겐에서 나이로비까지," 98.

교의 개념과 교회의 사회적 책임을 목표로 두는 윤리의 개념을 하나로 묶어서 그것을 선교라고 인식하고 있는 것이다.

이처럼 윤리적 과제가 선교의 개념 속으로 들어오면서 에큐메니칼 진영이 말하는 선교의 목표에는 인간화,[43] JPIC(정의, 평화, 창조질서 보존),[44] 화해와 일치[45] 등과 같은 윤리적 과제들이 선교의 목표로 포함되게 되었던 것이다.

세계교회협의회는 교회들의 연합체이며 교회는 선교적 책임뿐 아니라 윤리적 책임도 함께 지고 있으므로 윤리적 책임을 선교적 책임과 동일한 수준으로 강조하는 것은 합당하다고 여겨진다. 윤리의 문제는 참으로 중요하다.

근자에 이르러 한국 교회가 사회로부터 손가락질을 당하고 그로 인해 교회 성장에 큰 어려움을 겪는 것이 사실이다. 교회는 철저히 회개하고 윤리성을 회복해야 한다. 그래야 선교를 해도 수용이 잘 될 것이다. 그러나 윤리가 아무리 중요하다고 해도 윤리를 선교와 섞어서 그것을 선교로 규정하는 것은 자칫 개념적으로 혼란을 불러일으킬 수가 있다.

개념이 명확치 않으면 그것의 실행도 혼란스러워지고 자연히 효율성이 떨어질 수밖에 없는 것이다. 이런 이유 때문에 에큐메니칼 진영의 지나치게 포괄적인 선교 개념을 우려하면서 스테판 닐 (Stephen Neil)은 "모든 것이 선교면 아무 것도 선교가 아니다"(If everything is mission, nothing

---

43) WCC, *Drafts for Sections Prepared for the Fourth Assembly of the World Council of Churches*, 34.
44) 이형기, "생명과 신학-에큐메니칼 운동과 WCC에 나타난 창조신학(Theology of Creation)의 기원과 역사," 「교회와 신학」 제29집(1997년), 8.
45) CWME, "화해의 사역인 선교," in WCC, 『통전적 선교를 위한 신학과 실천』, 154. CWME, "일치를 통한 오늘날의 선교와 전도," in WCC, 『통전적 선교를 위한 신학과 실천』, 111.

is mission)⁴⁶⁾라는 명언을 남겼던 것이다.

 기독교의 윤리는 회심 이후에 오는 과제이다. 마음을 돌이켜서 하나님의 자녀가 된 자들에게 요구되는 삶이다. 세상의 윤리는 회심과 상관없이 요구되는 것이지만, 기독교의 윤리는 먼저 회심이 있고 그 후에 실천되는 것이다. 아이가 먼저 태어나야 그 후에 사람다운 삶을 요구할 수 있는 것처럼 기독교 윤리도 먼저 하나님의 자녀로 태어나는 것이 이루어져야 가능한 것이다. 이러한 순서 문제에 대해서는 하르텐슈타인 다음으로 '하나님의 선교' 개념을 발전시킨 비체돔(Georg F. Vicedom)도 다음과 같이 역설했다.

> 만약 죄가 하나님으로부터 인간을 분리시키는 것으로서 죽음이라고 한다면, 용서를 통한 죄의 정복이 생명의 전제이다. 하나님의 나라는 용서가 있는 곳에서만 시작될 수 있다…예수가 그 나라를 선물로서 주는 것은 그가 인간적인 것을 보충하고 높이는 것이 아니라, 회개와 의인을 통하여 선물로 주어진 새로운 생명으로써 인간에게 그의 환경과의 새로운 관계 및 인생의 새로운 목표를 전달해주는 것이다. 그런 다음에 여기서부터 하나님의 사람들을 통하여 하나님이 이 세상에 보여주시고자 하는 봉사가 성장하며, 이 봉사는 모든 생활의 영역에 그리스도를 통하여 침투하여 새롭게 변화시킨다.⁴⁷⁾

---

46) Stephen Neil, *Creative Tension* (London: Edinburgh House, 1959), 81.
47) Georg F. Vicedom, *Missio Dei*, 박근원 역, 『하나님의 선교』(서울: 대한기독교출판사, 1980), 52.

비체돔의 말대로 하나님의 나라는 용서가 있는 곳에서부터 시작될 수 있는 것이다. 회개를 통하여 생명이 주어진 사람들을 통하여 세상에 대한 봉사가 이루어지는 것이다. 따라서 통전적 선교 개념을 갖는다 해도 여전히 회개를 통하여 생명을 얻게 하는 복음화가 이루어질 때에 올바른 윤리적 과제의 수행이 가능케 되는 것이라 할 수 있다. 이런 이유 때문에 비체돔은 "그러므로 예수의 나라에 참여하는 일은 항상 회개(*metanoia*)와 뗄 수 없는 관계에 있다. 이 점에 주의를 기울이지 않는 사람은 교회와 선교에 있어서 항상 그릇된 목표를 세울 것이며, 아무리 경건한 일을 수행한다고 해도 그는 세상 나라 속으로 빠져 들어가게 될 것이다"[48]라고 설파하였던 것이다.

3) 효율성의 감소 가능성

선교는 구체적인 목표를 지닌 일이다. 전통적인 의미의 협의의 선교 개념이든지 에큐메니칼 진영의 광의의 선교 개념이든지 선교는 일정한 목표를 향하여 나아가는 행동이다.

목표를 향하여 나아가는 일에 있어서 가장 중요한 것은 선택과 집중이다. 선택과 집중을 하지 않고 모든 것을 다 하려고 하면 목표를 달성하기 어려울 수 있다. 개인뿐 아니라 기업이나 국가도 선택과 집중을 해야 한다.

국가는 엄청난 재력과 인력을 가지고 있다. 그러나 그 엄청난 자원을 지닌 국가마저도 선택과 집중을 논하는 이유가 무엇인가? 국가마저도

---

48) 위의 책, 41.

인력과 재정이 제한되어 있다. 무한대로 가지고 있는 것이 아니다. 그래서 우선순위를 잘 세우지 못하고 향방 없이 힘과 능력을 쓰면 국가마저도 부도사태를 맞이할 수 있다.

국가가 그렇다면 교회는 더 말할 나위가 없을 것이다. 교회가 가진 인력과 재정은 국가에 비하면 턱도 없이 부족한 상태다. 그렇다면 그 부족한 자원을 가지고 우선순위도 세우지 않고 모든 일이 다 중요하니 모든 일을 다 하겠다고 하는 것은 실패의 가능성을 높이는 것이라 아니할 수 없다.

고등학생이 대학 하나를 들어가는 일에도 우선순위를 세우는 것이 필수적이다. 자신의 제한된 시간을 어느 순서에 따라서 쓸 것인가를 결정하고 그 순서에 따라서 시간을 활용할 때 성공적인 입시가 가능해지는 것이다. 한 개인의 삶에도 그러하거늘 전 세계의 교회가 방대한 양의 선교 과제를 수행할 때 우선순위도 없이 모든 것을 다 한꺼번에 하겠다는 것은 현실적으로 실패의 가능성을 높이는 것이다.

흥미로운 사실은 통전적 선교를 강조하면서 우선순위를 거부하는 경향을 보이는 에큐메니칼 신학에도 '우선순위'라는 용어가 종종 등장한다는 사실이다.

예를 들어 에큐메니칼 선교 문서인 "선교와 전도: 하나의 에큐메니칼 확언"에 보면 "가난한 사람들 사이에 복음이 선포되었다는 사실은 메시아의 왕국이 도래했다는 표시이며, 오늘날 선교의 우선순위를 판단하는 주요한 선택 기준이 된다(32항).

이러한 새로운 자각은 지역교회와 세계선교를 향한 열망에 우선순위와 삶의 양식의 재고를 촉구하는 초대이다"(33항)⁴⁹⁾라고 되어 있다. 또 35항에 보면, "자신과 다른 사람을 차별하지 않고, 오히려 가난한 사람 편에 서는 자세는 모든 그리스도인이 어디에서나 우선순위를 가지고 선택해야 할 지침이다. 이러한 태도는 우리의 삶을 새롭게 형성해야 할 가치가 무엇인가를 가르쳐주고, 나아가 우리의 힘을 쏟아야 할 투쟁의 방향을 제시한다"⁵⁰⁾라고 되어 있고, 별첨 8항에는 "그러므로 가난한 사람을 위해 그들과 함께 살아가면서 그들에게 복음을 전하는 일은 교회의 최우선순위 중 하나로 고려되어야 한다"⁵¹⁾라고 표현되어 있다.

에큐메니칼 진영 역시 자신들이 생각하는 선교의 목표를 효과적으로 수행하기 위해서는 우선순위를 세워야 함을 인식하는 것이다. 그러기에 '최우선순위'라는 용어까지 등장한다. 어떤 일이든 우선순위를 세우지 않고는 결코 효율적으로 그 일을 수행할 수 없다.

4) 교회의 약화 가능성

선교(宣敎)라는 용어의 한자어를 보면 선교란 기본적으로 '종교를 널리 펼치는 행위'를 의미하며, 기독교뿐 아니라 모든 종교는 다 나름대로 선교를 수행하며, 이 선교를 통하여 성장하고 세상에 영향력을 미친다.

선교에 대한 열정과 헌신도에 따라서 한 종교의 성장 혹은 쇠퇴가 결정된다고 할 수 있으며, 이런 점에서 선교에 큰 열정을 보여 왔던 이슬람

---

49) CWME, "Mission and Evangelism: An Ecumenical Affirmation," in WCC, *You Are the Light of the World*, 김동선 역, 『통전적 선교를 위한 신학과 실천』(서울: 대한기독교서회, 2007), 55.
50) 위의 글, 57.
51) 위의 글, 72.

교나 기독교가 세계적인 종교로 성장해왔다.

또한 근래에 들어서 기독교의 성장세가 감소하는 반면 이슬람의 성장세가 증가하여[52] 앞으로 20여년 이내에 이슬람이 기독교를 넘어서 최대의 종교가 될 것이라는 예상이 나오는 것도 바로 선교에 대한 헌신의 차이에서 비롯된 것이라고 분석할 수 있을 것이다.[53] 현재의 추세대로라면 안타깝게도 이 예상은 들어맞게 될 가능성이 높아 보이며, 이런 시점에서 우리는 기독교의 교세감소 추세를 고민하지 않을 수 없는 것이다.

통전적 선교를 강조하면서 우선순위를 폐기하는 선교는 왜 교회를 약화시킬 가능성을 높이는 것일까? 그것은 아마도 교회만이 할 수 있는 일과 세상도 할 수 있는 일에 우선순위를 두지 않고 모두 하려고 하는 자세에 있다고 본다. 이 문제에 대해서는 한국 조직신학계의 거장이었던 이종성도 다음과 같이 지적하고 있다.

> 셋째로, 복음 선교와 사회적 봉사를 같은 것으로 생각해서는 안 된다. 또는 복음화 운동과 사회 운동을 동일시해도 안 되며, 교회적 개혁 운동을 인권 운동과 민주화 운동과 동질의 것으로 오해해도 안 된다. 복음 운동은 그리스도 침투 운동이요 민권 운동은 인권 평준화 운동이

---

52) 이슬람은 1900년 12.4%를 차지하던 비율에서 2000년에 21.1%로 늘어나 2배 정도의 성장을 한 반면, 1900년에 전 세계 인구의 34.5%를 차지하던 기독교는 2000년에는 32.5%로 오히려 감소하였다. 특별히 기독교의 본산지라 할 수 있는 유럽을 중심으로 기독교는 심각한 쇠퇴의 모습을 보여주고 있다. Patrick Johnstone and Jason Mandryk, *Operation World* (Waynesboro, GA: Paternoster, 2001), 2-3.

53) 『문명의 충돌』을 지은 사무엘 헌팅턴은 현재 약 30% 정도를 차지하는 기독교가 2025년까지 25%로 떨어지는 반면, 현재 약 20% 정도를 차지하는 이슬람이 2025년까지 30%를 차지하게 될 것으로 전망하고 있다. Samuel P. Huntington, *The clash of civilizations and the remaking of world order*, 이희재 역, 『문명의 충돌』(서울: 김영사, 1997), 82.

다. 그리스도 침투운동은 교회만이 할 수 있으나 민권 운동은 누구든지 할 수 있는 운동이다. 교회는 하나님으로부터 성서를 통해서 주어진 일만을 수행하는 것이나 민권 운동은 교회가 아니라도 할 수 있는 운동이다. 교회가 필요에 따라 사회 운동에 동참할 수 있으나 그것은 어디까지나 비본래적인 것이다. 그러므로 교회는 먼저 해야 할 일을 먼저하고 나중에 해도 좋은 일은 나중으로 돌리는 것이 옳다. 우리는 물론 사회 개혁에 관심을 가지고 있다. 그리고 우리가 그러한 관심을 가지고 있으므로 그러한 개혁에 도움을 주기도 한다. 그러나 사회가 근본적으로 필요로 하는 것은 개혁이 아니라 구원이다. 교회는 이 구원을 제공한다. 교회만이 이 보화(mystery)를 가지고 있다.[54]

캔트 헌터 (Kent Hunter)도 이종성과 유사한 주장을 하였는데 그는 "교회는 교회만이 할 수 있는 일을 사람들에게 제공할 때 성장한다. 이러한 교회는 성경이 말하는 우선순위에 대한 감각 부족으로 다양한 일들에 몰입하는 교회들과 대조를 이룬다"[55]라고 말하였다. 즉 종교가 전문적인 지식과 능력이 부족한 가운데 세상의 정치 기구, 인권 단체, 환경 단체, 노동 단체 등이 하는 일까지 모두 관여하면서 정작 종교만이 할 수 있는 일에 집중하지 못하면 교회는 결국 약화될 수밖에 없는 것이다.

---

54) 이종성, 『교회론(1)』(서울: 대한기독교출판사, 1989), 489-490. 딘 켈리도 이종성과 유사한 분석을 하였는데, 그에 의하면 진보적인 교회가 안 되는 이유는 사회를 섬기는 일을 해서가 아니라 교회만의 본질적인 일을 게을리해서라고 주장한다. Dean M. Kelly, *Why Conservative Churches are Growing: A Study in Sociology of Religion with a new preface for the Rose edition* (Macon, Georgia: Mercer University Press, 1986), xx-xxi.

55) Kent R. Hunter, "Membership Integrity: The Body of Christ with a Backbone," in *Church Growth State of the Art*, C. Peter Wagner, ed. (Wheaton, IL: Tyndale House Publishers, Inc., 1986), 95.

이것은 종교사회학자들의 보고에 의해서도 입증되고 있는데, 실제로 세계의 종교 현황을 보면 대부분 사회 참여를 강조하는 진보적 성향의 종교들은 쇠퇴하면서 사회를 섬길 수 있는 힘도 약화되는 반면, 교회의 본래적인 사명인 복음화를 강조하는 보수적 교단들은 성장하면서 사회봉사에도 적극적인 모습을 보이고 있다.[56]

종교는 기본적으로 개인을 변화시켜서 사회를 변화시키는 순서를 택하고 있다. 종교가 개인이 아니라 구조의 변화에 관심을 가질 때 그것은 자칫 이데올로기의 성격을 띠게 될 수 있다. 구조의 변혁이 중요하지 않다는 것이 아니다. 그러나 종교는 그 구조를 직접 바꾸는 방식보다는 개인의 마음을 바꾸어 그 구조를 바꾸는 방식을 택하는 경향이 있다.

스티븐 코비(Stephen R. Covey)는 그의 책에서 에즈라 테프트 밴슨의 다음 말을 인용한다.

> 하느님은 인간의 내면을 바꿔줌으로써 외부가 개선되게 하신다. 그러나 세상은 외부를 먼저 바꾸어 내면을 개선시키려고 한다. 사람들을 빈민굴에서 끌어내기만 하면 된다는 것이다. 예수는 사람들로 하여금 마음의 가난으로부터 벗어나게 함으로써 스스로 빈민굴에서 빠져나올 수 있도록 해 준다. 말하자면 세상은 사람들의 환경을 변화시킴으로써 그들을 바꾸려 하지만, 예수는 사람들을 변화시킴으로써 그들

---

[56] 김성건, 『한국사회와 개신교』 (서울: 서원대학교출판부, 2005), 151. Peter Burger, "세상의 탈세속화: 개관" in 『세속화냐? 탈세속화냐?』, Peter Burger, ed., 김덕영, 송재룡 역 (서울: 대한기독교서회, 2002), 20. 물론 교회의 주된 사명은 세상을 섬기는 것이라는 사고에서는 성장을 논하는 것이 무의미하거나 유해한 것으로 보일 수 있다. 그러나 여전히 교회가 있을 때에야 세상을 섬기는 것도 가능한 것이 아닌가? 이슬람이 기독교를 능가하여 우리의 후손들이 강제로 이슬람을 믿어야 하는 상황이 되어도 상관없다고 생각지 않는다면 여전히 건강한 교회의 성장은 중요한 것이다.

스스로 환경을 바꾸게 한다. 세상은 인간의 행동을 바꾸려고 하지만, 예수는 인간의 본성을 바꿀 수 있다.[57]

통전적 관점의 시각에서는 밴슨의 말에 동의하기 어려울 수 있겠지만 복음을 전하여 사람들을 변화시키는 것이 세상을 바꾸어나가는 가장 근본적이고 핵심적인 사역이라는 사실을 인식하는 것은 중요한 일이라고 보인다. 이러한 순서를 따르지 않고 한꺼번에 다 하고자 하는 선교는 효과적으로 목표를 달성할 수 없을 것이고 이것은 교회의 약화로 이어질 가능성이 매우 큰 것으로 보인다.

3. 요약 및 전망

지금까지 에큐메니칼 신학에 나타난 우선순위 문제를 고찰하여 보았다. 앞에서 살펴본 대로 에큐메니칼 신학이 처음부터 우선순위 문제를 고려하지 않는 통전적 선교를 추구한 것은 아니었다. 오히려 에큐메니칼 100여 년의 역사 가운데 60여 년 이상은 복음화든 인간화든 우선순위를 지니고 있었다.

에큐메니칼 신학에 우선순위를 지양하는 통전적 선교 개념이 태동된 것은 불과 40여 년의 세월 밖에 되지 않는다. 40여 년의 세월은 길게 보면 길지만 기독교 전체의 역사에서 보면 매우 짧은 시간이다. 즉 통전적 선교 개념은 아직 시간의 검증을 충분히 받지 못했다고 할 수 있다.

---

57) Stephen R. Covey, *The 7 Habits of Highly Effective People*, 박재호, 김경섭, 김원석 역, 『성공하는 사람들의 일곱 가지 습관』(서울: 김영사, 1994), 432.

시간이 좀 더 지나보면 이것이 과연 실효성이 있는 선교 개념인지 판명될 것이다. 널리 알려진 대로 마르크시즘 이데올로기가 매우 그럴듯한 이론이지만 현실성이 매우 부족한 이론이라는 것이 증명되는 데는 약 70여 년의 세월이 걸렸다.

마르크시즘을 수용한 나라들은 마르크시즘 때문에 국가가 심각한 경제난에 빠지게 되었지만 그래도 여전히 국가는 남아있다. 그러나 종교의 경우는 좀 다를 것이다. 우선순위를 인정하지 않는 통전적 선교 개념으로 인해 기독교 자체가 약화되면 기독교는 이미 약화되고 다른 종교로 대체되어 다시 회복되지 못할 가능성이 크다는 점에서 신중한 고려가 필요하다.

우선순위를 인정하지 않는 선교 개념은 선교에 있어서 복음 전도와 사회적 책임의 문제에 있어서 균형감을 갖도록 한다는 점에서 기여점을 가지고 있지만, 개념의 혼란 가능성, 효율성 감소의 가능성, 그리고 교회의 약화 가능성 등을 초래할 수 있다. 기여점보다 한계점이 더 많은 것으로 파악된다.

개인의 작은 삶에서부터 한 국가를 운영하는 일에도 항상 명확한 우선순위 정립이 필요하다. 우선순위를 세우지 않고 모든 것이 다 중요하며, 모든 것을 다 해야 한다는 생각을 가진 개인이나 기업이나 국가는 힘을 낭비하여 쇠퇴할 수 있다. 결국 바람직한 선교는 여러 가지를 종합적으로 고려하면서도 우선순위를 분명히 세울 줄 알고, 거기에 근거하여 선택과 집중을 하면서 나아가는 것이 아닐까 생각된다.

: 참고문헌 :

김동선. 『하나님의 선교: 그 신학과 실천』. 서울: 한국장로교출판사, 2003.

김성건. 『한국사회와 개신교』. 서울: 서원대학교출판부, 2005.

김은수. 『현대선교의 흐름과 주제들』. 서울: 대한기독교서회 2001.

로잔세계복음화국제대회. "케이프타운 서약(The Capetown Commitment): 믿음과 행동에의 요청에 대한 선언." in 『복음과 상황』. 242호 (2010).

이용원. "빌링겐에서 나이로비까지." 『선교와 신학』. 제4집 (1999).

이종성. 『교회론(1)』. 서울: 대한기독교출판사, 1989.

이형기. "에큐메니칼 운동사에 나타난 선교신학." 『선교와 신학』. 제4집 (1999).

―――. "생명과 신학-에큐메니칼 운동과 WCC에 나타난 창조신학(Theology of Creation)의 기원과 역사." 『교회와 신학』. 제29집(1997년).

Bassham, Rodger C. *Mission Theology*. Pasadena, CA: The William Carey Library, 1979.

Bosch, David. *Transforming Mission*. 김병길, 장훈태 역. 『변화하는 선교』. 서울: CLC, 2000.

―――. *Witness to the World*. 전재옥 역, 『선교신학』. 서울: 두란노, 1992.

Burger, Peter. "세상의 탈세속화: 개관." in 『세속화냐? 탈세속화냐?』. Peter Burger. ed. 김덕영, 송재룡 역. 서울: 대한기독교서회,

2002.

Covey, Stephen R. *The 7 Habits of Highly Effective People*. 박재호, 김경섭, 김원석 역. 『성공하는 사람들의 일곱 가지 습관』. 서울: 김영사, 1994.

CWME. "Mission and Evangelism: An Ecumenical Affirmation." in WCC, *You Are the Light of the World*, 김동선 역.『통전적 선교를 위한 신학과 실천』. 서울: 대한기독교서회, 2007.

──. "화해의 사역인 선교." in WCC. *You Are the Light of the World*, 김동선 역. 『통전적 선교를 위한 신학과 실천』. 서울: 대한기독교서회, 2007.

──. "일치를 통한 오늘날의 선교와 전도." in WCC, *You Are the Light of the World*, 김동선 역.『통전적 선교를 위한 신학과 실천』. 서울: 대한기독교서회, 2007.

──. "1989년 샌 안토니오 WCC/CWME 대회" in 조동진.『세계선교 트렌드 1900-2000(하)』. 서울: 아시아선교연구소, 2007.

Goodall, Norman. ed. *The Uppsala Report 1968*. Geneva: WCC, 1968.

Hogg, William Richey. *Ecumenical Foundations*. New York: Harper & Brothers Publishers, 1952.

Hunter, Kent R. "Membership Integrity: The Body of Christ with a Backbone," in *Church Growth State of the Art*, C. Peter Wagner. ed. Wheaton, IL: Tyndale House Publishers, Inc.,1986.

Huntington, Samuel P. *The clash of civilizations and the remaking of world order*. 이희재 역.『문명의 충돌』. 서울: 김영사, 1997.

IMC. *The World Mission of Christianity: Messages and Recommendations* of the Enlarged Meeting of the IMC held at Jerusalem. New York: IMC, 1928.

─────. *The World Mission of the Church: Findings and Recommendations of the IMC*, Tambaram. New York: IMC, 1939.

─────. *Witness of a Revolutionary Church*, Whitby, Canada. New York: IMC, 1947.

Johnstone, Patrick and Jason Mandryk. *Operation World*. Waynesboro, GA: Paternoster, 2001.

Kelly, Dean M. *Why Conservative Churches are Growing: A Study in Sociology of Religion with a new preface for the Rose edition*. Macon, Georgia: Mercer University Press, 1986.

Neil, Stephen. *Creative Tension*. London: Edinburgh House, 1959.

Vicedom, Georg F. *Missio Dei*. 박근원 역. 『하나님의 선교』. 서울: 대한기독교출판사, 1980.

WCC. *Drafts for Sections Prepared for the Fourth Assembly of the World Council of Churches*. Uppsala, Sweden: WCC, 1968.

─────. *Bangkok Assembly 1973*. Bossey: WCC, 1973.

─────. "제4차 총회: 스웨덴 웁살라(1968)." in 이형기 역. 『세계교회협의회 역대총회 종합보고서』. 서울: 한국장로교출판사, 1993.

─────. "Together towards Life: Mission and Evangelism in Changing Landscapes." 김영동 책임 번역. http://blog.daum.net/jncwk/13748629. 2014. 1. 3. 접속.

World Missionary Conference. *1910: The History and Records of the Conference*. New York: Fleming H. Revell Company, WMC,

1910.

Wrogemann, Henning. "20세기 선교학의 패러다임 변화와 오늘날 선교신학의 기본 요소 탐구." 장신대 세계선교 연구원 편. 『1910년 에딘버러 선교사대회 100주년: 선교와 에큐메니즘 회고와 전망』. 서울: 장신대출판부, 2009.

부록 1.
English Abstract

1. Concept of Mission

The purpose of this chapter is to analyze the ecumenical mission concept. The ecumenical mission concept emerged roughly after the World War II to overcome the shortcomings of the traditional mission. Traditionally, 'mission' was understood as "all activities of the church for evangelism in cross-cultural areas", and thus the concept of mission was rather simple and clear. However, the concept of the ecumenical mission was rather inclusive and complicated; mission includes all kinds of ministries or activities bringing shalom into this world beyond saving souls or church planting.

With the emergence of the new concept defined by the ecumenical, the meaning of mission itself is now the crucial issue, while the method of mission used to be the major concern. This chapter deeply investigated the background of emerging ecumenical mission. Then it tried to find out some major characteristics of the ecumenical mission. It is the tendencies of embracing the world, including various works of mission, and emphasizing co-existence rather than expansion of Christian faith. This ecumenical mission concept has its own strengths in challenging the church to join the world more actively, embracing the world in a positive way, and pursuing co-existence with other cultures and faiths, but it also contains some weaknesses such as weakening the identity of the church and lowering the dynamics and effectiveness of the ministry of saving souls.

This chapter is to suggest some points that the ecumenical mission needs to compensate. One of the most important things in all kinds of practices is to have a clear definition of the action. When a definition is clear, an effective practice of the action, evaluation on the practice, and a better progress would be possible. In this sense, this study would be helpful to build the fundamentals of mission towards the desirable direction for the ecumenical mission concept.

▶ **Key Worlds**

Ecumenical mission, Concept of mission, Participation, Co-existence, Inclusiveness.

2. Goal of Mission

When carrying out a work or a project, setting a clear goal is crucial for a success of the vocation. A goal means a task, target, or place to go or to achieve. When there is no clear goal with a project, the project cannot be achieved successfully. Since a mission is also a ministry of a religion, setting a clear goal is an important step for its success.

However, in a Christian mission, the goal of mission is understood in various ways these days. While in the traditional view mission's goal was rather simple and clear, a recent view is rather inclusive and complicated. In particular, the ecumenical view of the goal is quite different from that of the traditional one. So this study investigated the goal of mission in terms of the ecumenical view with a desire to provide a foundation for making a desirable purpose of mission today as the Christianity undergoes a deep crisis.

For this purpose, this chapter investigated some major goals of ecumenical missiology such as humanization, JPIC, unity, reconciliation and so on. As a result, I was able to define major traits of ecumenical mission goals as a broad inclusiveness, deep concern on the transformation of the world, high possibility of change, and removing priorities.

These characteristics have various strengths and advantages in serving and transforming the world by making suitable goals to fit the needs of the ever changing world. In other words, the ecumenical goals seem to be an effective method in serving the world. The ecumenical goals, however, have some limitations as well. The goals of the ecumenical wing are so broad and inclusive that the energy would be dispersed into many directions. Some goals are related to the ethical duty of the church, rather than missiological. I do not mean to say that the ethical task is not important; surely it is so crucial for the church, but we need to be very careful. Mingling those two aspects might bring confusion and diminish the efficiency of mission. If the ecumenical wing overcome these weaknesses, they would be much more effective for the Kingdom of God.

▶ **Key Worlds**

Ecumenical Mission Theology, Goal of Mission, Traditional Mission, Humanization, World and the Church, Unity and Reconciliation

3. Methods of Mission

In the traditional mission, the goal of mission is rather simple and clear. It is no other than evangelization of the world. Since the goal is simple, the methods of achieving the purpose are composed of rather simple ones such as spreading gospel, church planting, various services for the poor, and so on.

However, the ecumenical mission pursues a rather broader goal such as shalom which goes beyond world evangelization. As the ecumenical mission seeks this comprehensive target, its methods are also expanded widely so that it can include all kinds of ways to bring shalom in the world. Since the ecumenical mission is so complicated, it is difficult to simplify the methods of ecumenical mission in a few words. However, this chapter points out following traits.

First, the ecumenical mission tends to emphasize on peaceful harmony with others. They pursue peaceful presence among them, while the traditional mission tends to transform the life of the people in the mission fields more actively. Secondly, the former shows a tendency of seeking truth through dialogues with other religions, while the latter emphasizes on proclaiming the gospel. Thirdly, the traditional method believes that the change of individuals would bring gradual transformation of the society. The ecumenical mission tends to pursue practical actions for transforming evil structures of a society. Generally speaking, while the traditional one is more interested in the ways of drawing people toward the church, the ecumenical one is more focused on the methods of achieving shalom in the world through changing social structures.

The ecumenical mission method has various strengths; but it contains limitations as well. First of all, as it accentuates dialogues, concession, and quiet presence, it can be helpful for corporation among religions and softening conflicts. On the other hand, it weakens the identity of Christianity as well as enthusiasm for evangelism which are basically founded on the salvation only through Jesus Christ. Also, while the interest of actualizing the Kingdom of God makes the church to become more participative in social actions, indifference in the work of improving the relationship with God might set in. As a result, it makes the church to become weaker. The ecumenical mission needs to inquire the way of overcoming the above limitations.

▶ **Key Worlds**

Methods of Mission, Shalom, Ecumenical Mission, Traditional Mission, Dialogue among Religions, Radical change.

4. Contents of Mission

In a general sense, mission means "widening a religion broadly." In other words, mission is an activity of widening a religion through propagation of truth. In carrying out this mission, in the past, Christianity was able to express the content that should be transmitted in a concise way. It was no other than the Gospel, the way of salvation. The Edinburgh Assembly, the first meeting of the ecumenical movement, also set its goal as 'evangelization of the world in this generation.' It implies that the assembly also considered the contents of mission as 'the gospel,' having a deep interest in the way of cooperation in transmitting the gospel to the world. However, after the Second World War the ecumenical mission started to have a different view of its contents. The purpose of this chapter is to investigate the major traits of the changed idea and to evaluate the strengths and weaknesses of them.

The first thing I am interested in is the major background of this change. What are the major reasons of this transformation? They were a positive view on the world caused by Missio Dei, a new and broad understanding of human, and the creational theology. Based on this background, the contents of ecumenical mission show traits of the holistic salvation, reconciliation and unity of the whole universe, and emphasizing wholistic life.

This understanding has various strengths. It helps us to view the meaning of salvation in a more comprehensive way. It also makes us to apply the meaning of salvation, not just to humanity, but also to the whole creation. In addition to these, it widens the meaning of life from just a spiritual dimension to a broader one which includes physical and universal aspects.

However, these kinds of strengths contain various weaknesses as well. The widened view of salvation could weaken the necessity of repentance which is the core content of mission. Also, the reconciliation of the whole universe can weaken the necessity of evangelism which is the core obligation of mission. Lastly, the widened understanding of life has a possibility of weakening the enthusiasm of saving souls. It seems that the ecumenical mission needs to compensate these weaknesses to make it more appropriate and powerful.

▶ **Key Worlds**

Contents of Mission, Evangelization of the world, Wholistic Salvation, Reconciliation and Unity of the Whole Creation, Ecumenical Mission

5. Subjects of Mission

The purpose of this chapter is to investigate the understanding on the workers of mission in the ecumenical theology. Since mission is an action for the Kingdom of God, to raise efficiency of the ministry, it is important to understand who is in charge of this work. In the past, the church thought that the major agent of mission is 'the church' or 'the chosen people'. After the Second World war, however, the ecumenical theology started to view the agents of mission as 'various organizations' in the world.

In this chapter, I tried to find out what caused the new view to appear. They are the following perceptions: 1) the church began to think that they committed serious sins especially during the two world wars, 2) due to the impact of Missio Dei, the church came to see that the workers of mission are not just the church but also many other institutions in the world, 3) the church came to change its view on the world from a target of mission to a coworker of mission. With this background, the ecumenical theology tends to see the workers of mission as the triune God Himself, the various institutions in the world used by God, lay people, and the poor.

This kind of understanding contains various strengths and weaknesses. It might be helpful for the church to stop being ego-centric and cooperate with the world in carrying out the mission, progressing toward the ideal direction of mission.

However, this view contains some weaknesses as well. Excessive emphasis of God as the major worker of mission could reduce the church's responsibility and enthusiasm for mission. The church could easily think that almighty God would carry out mission Himself anyway without them. As it pursues cooperation with the world, it can bring a result of weakening the identity of the church as well. As it includes the world, which is not concerned about God at all, as a major worker of mission, the church can fall into a trap of idealism misunderstanding the world not as a target but as a coworker of mission. If these weaknesses are compensated properly, the ecumenical view on the workers of mission would be helpful for building up the church for the world mission.

▶ **Key Worlds**

The Kingdom of God, The Chosen People, The Major Agent of Mission, Missio Dei, Enthusiasm for Mission, Enfeeblement of Mission.

6. Target of Mission

Unlike the traditional mission that focuses largely on non-believers, the target of the ecumenical mission is much broader. Ecumenical mission tends to set the target of its mission as the poor, the oppressed, the alienated, and all the creatures in the universe. It concerns about shalom of the whole humanity and creatures, unlike the traditional mission which concerns largely on leading people to Jesus Christ and His church.

There are some backgrounds which made the ecumenical theology became different from the traditional one. They are the comprehensive concern of Missio Dei which is a core of the ecumenical theology, new understanding about Jesus Christ as the friend and liberator of the poor and the oppressed, and new recognition of the creatures which are being seriously destructed day by day.

The new understanding of the ecumenical theology on the target of mission has some contributions that are helpful for overcoming the limitedness of the traditional one. For example, whereas the traditional mission was concerned mostly only on saving souls and thus weak in participating in solving social issues, the ecumenical theology contributed to challenging the church to join the work of social transformation as it sets the target of mission more extensively.

However, the ecumenical theology also contains some weaknesses as well. As the ecumenical theology sets the goal too broad, it causes the power of mission to be diffused and decreases the effectiveness of the mission. Also, as they have their priority on the poor and the oppressed, it tends to dilute the universality of the gospel which is concerned about all people in the world. If the ecumenical theology considers and overcomes these weaknesses, it would be renewed to accomplish more desirable mission.

▶ **Key Worlds**

Target of Mission, Missio Dei, the Poor and the Oppressed, Effectiveness of Mission, Ecumenical Mission.

7. Priority of Mission

Mission is a ministry including various works and multidimensional goals. Since mission is such an inclusive ministry, 'priority' is an essential issue when we carry out mission. Because of this reason, there has been a long conflict on the 'priority' issue between so called the ecumenical and the evangelical wings. In these days, of course, both wings use the term 'wholistic mission', and thus the matter of priority seems not a problem anymore for both parties. However, as I mentioned above, priority issue is still a crucial matter to enhance the efficiency of mission.

This chapter investigated a brief history of the ecumenical mission in relation to 'priority' to know the flow of priority issue in the history of the ecumenical mission movement. Through this study I found out that roughly there are three stages in ecumenical mission theology regarding priority. First is the period (1910-1951) when the ecumenical wing considered 'evangelization' as the top priority of mission. Second is the time (1952-1974) when the ecumenical movement put emphasis on so called 'humanization.' Then the final (1975-today) is the period that pursues 'wholistic mission' which disregards the issue of priority in mission.

The wholistic mission that neglects priority has some strengths and weaknesses at the same time. It can help us to have a balance between evangelization and social responsibility in mission. This might be the best contribution of the wholistic mission concept. However, I found out some serious weaknesses as well. They are the possibility of confusing the concept of mission, the potentiality of diminishing efficiency of mission, and the likelihood of weakening potential of the church, and so on. The fact that the wholistic mission does not consider priority resulted in these kinds of various weaknesses. It makes us to think of the issue of priority seriously for an effective ministry of world evangelization.

▶ **Key Worlds**

Priority, Wholistic Mission, Ecumenical Mission, Evangelization, Humanization, Social Responsibility, Potential of the Church.

부록 2.
A Study on 'Target of Mission' in Ecumenical Mission Theology

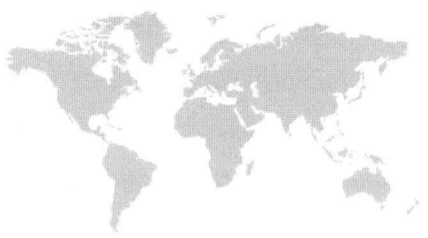

1. Introduction

Setting a target in mission is a crucial step for an effective mission. Different target groups may require different goals and methods. For example, in a typical traditional mission, it tends to focus largely on saving souls through evangelism to plant a church; the target group is nonbelievers who do not know Jesus Christ. In the ecumenical mission, however, their target group is much broader and their focus is generally on social justice for the poor or the oppressed and shalom of the whole creatures in the world.

This study will examine the target group of the ecumenical mission comparing to that of the traditional mission. This will investigate how the differences came about, under what circumstances, with what kind of backgrounds, and how it affects the outcome of the mission. By doing so, we will appreciate contributions and limitations of the ecumenical understanding on the targets of its mission. This paper will provide us with some insights for the right targets for an effective and dynamic mission.

2. Major Targets of Ecumenical Mission

1) The Poor

It may be possible to say that the foremost concerned target of ecumenical mission is 'the poor,' though it pursues various targets. A document of WCC, "Mission and Evangelism: An Ecumenical Affirmation," says that "This implies that evangelization to the poor, with the poor, for and by the poor, must be considered one of the church's highest priorities."[1] The reason that the ecumenical mission is so deeply concerned about the poor is because Jesus Christ, the best role model of our mission, himself came in human's form amongst the poor and accepted their way of life. Jesus Christ came to make all people enjoy 'the fullness of life' (John 10:10), and in particular, he revealed and subjugated the power that deny the right of the poor through his death and resurrection (Luke 4:16-21). Also our God, the master of mission, is the God who shows favoritism toward the poor. God's love is seeking

---

1) Jean Stromberg, ed., *Mission and Evangelism: An Ecumenical Affirmation* (Geneva: World Council of Churches, 1983), 81.

for the poor before everything, and he does not forget the people who are sacrificed by the power.[2] The ecumenical mission thus highlights that mission needs to put the first priority of mission on solving the difficulties of the poor.

Today the life of the poor is worsening as they are being oppressed and exploited by the rich. The gap between the rich and the poor is getting wider. Observing this phenomenon, JPIC(Justice, Peace, Integrity of Creation) conference accuses that "Absolute poverty, frailty and suffering are increasing. Unemployment is increasing. Whereas burdens are largely on the poor, the benefits are mostly distributed to the rich."[3] This kind of penury does not end just as an economic poverty. It urges the poor being alienated, and to live in despair day by day. This kind of unfairness is the result of the policy which is advantageous only for the rich, and in this sense, poverty is a crime and disgrace.[4]

Recently the ecumenical movement is concerning about 'healing,' and sees the issue of healing from a perspective of poverty as well. According to a document of WCC titled as "The Healing Mission of the Church," the major cause of disease is no other than the poverty. It thus proclaims that "It is an acknowledged fact that the number one cause of disease in

---

2) In this sense, Melbourne report says "God identified with the poor and the oppressed by sending his Son Jesus to live and serve as a Galilean speaking directly to the common people…" Commission on World Mission and Evangelism, *Melbourne Report: Your Kingdom Come* (Geneva: WCC Publications, 1980), 171.

3) JPIC, "The documents of JPIC World Conference," *The Workbook of JPIC World Conference* (Seoul: Christian Research Institute of the Korean Social Issues, 1990), 222.

4) Ibid., 73.

the world is poverty. ···Providing immunizations, medicines, and even health education by standard methods cannot significantly ameliorate illness due to poverty."[5] In this sense, ecumenical theology considers that expressing poverty as God's will is no other than profanity.[6]

2) The Oppressed and the Alienated

The second major target group that the ecumenical mission is interested is the oppressed and the alienated. Uppsala report describes these people as "···the defenceless, the abused, the forgotten, the bored,[7] and JPIC as the laborers, immigrants, foreign students, refugees, natives, and so on.[8] Their hope and humanity are systematically plundered by deflected education, law, medical service, religion, and deeply rooted taboo, and thus the church should stand beside these people with high priority for them.

Having a deep worry for these people, the ecumenical movement is in the front line in solving these problems. For example, Uppsala document announced that "We should work to vindicate the right of the poor and oppressed and to establish economic justice among the nations

---

5) WCC, "The Healing Mission of the Church," Jacques Matthey, ed., *You Are the Light of the World* (Geneva: WCC Publications,2010), 132.
6) JPIC, "The documents of JPIC World Conference," 130.
7) WCC, *The Uppsala Report 1968* (Geneva: World Council of Churches, 1968), 32.
8) JPIC, "The documents of JPIC World Conference," 85-86.

and within each state."[9] Vancouver also accentuated that "The spiritual struggle of the Church must involve it in the struggles of the poor, the oppressed, the alienated, and the exiled. The Spirit is among struggling people."[10] With these emphases JPIC announced its resolution as "We will protest against all systems and regimes which encroach human rights and refuse the potential of individuals and groups."[11]

Behind this concern there is a changed view of Jesus which understands Jesus as the savior of not just soul but also whole person. It also sees Jesus as the one who had special concern for the oppressed and the alienated, unlike the traditional view which considers Jesus as the savior of all people regardless of wealth or social status.[12]

Meanwhile, the ecumenical theology has been leaning towards reconciliation as well since the late 1980s. A document of WCC, Mission as Ministry of Reconciliation, explains the background or necessity of having that concern as "On the other hand, there are also clashes of cultures, religions, economic interests and genders, which leave a legacy of hurt and grievances."[13] Then WCC says the necessity of pursuing reconciliation as "These trends make it even more urgent for us to seek a

---

9) WCC, *The Uppsala Report 1968*, 61.
10) David Gill, ed., *Gathered for Life: Official Report VI Assembly WCC Vancouver* (Geneva: World Council of Churches, 1983), 85.
11) JPIC, "The documents of JPIC World Conference," 166.
12) Frederick R. Wilson, *The San Antonio Report: Your Will be Done, Mission in Christ's Way* (Geneva: WCC Publications, 1990), 52, 104.
13) WCC, "Mission as Ministry of Reconciliation," Jacques Matthey, ed., *You Are the Light of the World* (Geneva: WCC Publications, 2010), 92-93.

reconciliatory spirituality for mission."[14]

Based on the above phrase, we could find a subtle shift in ecumenical mission from the concern for the oppressed and their liberation to reconciliation between the oppressed and the poor since late 1980s. As the ecumenical mission is concerned about reconciliation between the two groups, the target group of ecumenical mission is not just the poor or alienated, as in the past, but also the people who are in the opposite side. However, it does not mean that the first interest of ecumenical mission for the oppressed became frail. Even the document "Mission as Ministry of Reconciliation" says the following:

> We seek to continue his liberating and healing mission. This involves bold proclamation of the liberating gospel to people bound by sin, a healing ministry to the sick and suffering, and the struggle for justice on the side of the oppressed and marginalized.[15]

Based on the above phrase it may be possible to say that the major concern of ecumenical mission is still in the oppressed and the alienated, though it concerns for the rich as well.

---

14) WCC, "Mission as Ministry of Reconciliation," 95.
15) Ibid.

3) All Creatures in the Universe

The third major target of ecumenical mission is the whole creatures in the universe. Whereas the traditional mission was focused largely only on humanity, ecumenical mission includes the universe and all the creatures in its mission. In relation to this Nairobi document says that "The world is not only God's creation: it is also the arena of God's mission. Because God loves the whole world, the Church cannot neglect any part of it......"[16] However, human-beings harshly exploited the created world. Observing this phenomenon, "Mission and Evangelism in Unity Today," a document of WCC, says that "Among the consequences of this trend is the increasing degradation of the environment. Nature in many places is savagely exploited, resulting in ecological crises and disasters which threaten even the continuation of life on our planet."[17] San Antonio report mentioned the duty of the church for the created world as follow.

> 2. God calls us: -to exercise our stewardship with justice; -to maintain the integrity of creation; -to use and share the earth's limited resources; and -to sustain and fulfill the lives of all. 3. The affirmation of God's ownership of the earth challenges concepts and practices of ownership such as: a) exploiting

---

16) David M. Paton, ed., *Breaking Barriers Nairobi 1975 Official Report of 5th Assembly of WCC* (London: SPCK, 1975), 53.

17) WCC, "Mission and Evangelism in Unity Today," Jacques Matthey, ed., *You Are the Light of the World* (Geneva: WCC Publications, 2010), 68.

nature; b) viewing land solely as a commodity; c) claiming exclusive national ownership of respective parts of the earth; and d) devising and maintaining cultural factors to protect privileges.[18]

"Mission and Evangelism in Unity Today" also says the duty of Christians as "Christians are called through metanoia to⋯be co workers with God (1 Cor. 4: 1) for the transfiguration of the whole of creation."[19] The document emphasized that the major ministry of mission is no other than the work of taking care of the all creatures in the universe. In this sense, all the created things in the world are the major target of ecumenical mission.

Behind the ecumenical concern for all creatures, there is the concept of Missio Dei, a kernel of ecumenical theology. Missio Dei challenged the church to see mission from a perspective of the world, not from the church as in the traditional mission perspective. If mission is viewed from the church side, the major target of mission is the people who are not yet church members. But seen from the world and shalom, the target is all the creatures in the universe that do not enjoy shalom fully. In Missio Dei which tends to see mission in terms of the world, God is the God who embodies shalom in the world. And since mission is no

---

18) Frederick R. Wilson, ed. *The San Antonio Report: Your Will be Done in Christ's Way* (Geneva: WCC Publications, 1990), 52.
19) WCC, "Mission and Evangelism in Unity Today," 66.

other than joining God's ministry, the major target of mission is nothing but all the creatures in the world.[20] In particular, unfortunately, since the created world is getting exploited and demolished more and more, the ecumenical mission deeply concerns about all the creatures in the universe as its mission target.

3. Contributions and Limitations of the Ecumenical Understanding on Mission Targets

1) Challenging the Church to be More Active in Carrying Out Social Works

Unlike the ecumenical mission which we dealt above, traditional mission acknowledges the major target of mission as nonbelievers. Therefore, the goal of mission is focused largely on conversion of individuals. It tends to think that various social problems would be solved gradually as the converts live a transformed life after accepting Jesus Christ as their savior. It is thus true that social services or works are not considered as a core concern in the traditional mission.

However, ecumenical mission strongly requests social participation of the church as it sets up the target of its mission as the poor, the

---

20) David J. Bosch, *Transforming Mission: Paradigm Shifts in Theology of Mission* (Maryknoll, NY: Orbis Books, 1991), 391.

oppressed, the alienated, and all the creatures in the universe. This request appeared well in the document of Uppsala Assembly and many other reports of WCC, and this kind of request from the ecumenical wing gave a positive impact even on evangelicals to have a positive view on social movements. Hyung-ki Lee, a representative scholar of ecumenical movement in Korea, explains this influence as follow.

> However, the fortunate thing is that the emphasis of ecumenical movement awakened the importance of social participation to the evangelical church. Since New Delhi Assembly in 1961 the response of the evangelists toward the Geneva Conference on Church and Society appeared in the Wheaton Declaration in 1966. It was a serious recognition of the responsibility of social responsibility.[21]

In fact, the concept of evangelical mission also has been transformed gradually by the influence of such ecumenical mission. An evidence of this change could be found in Lausanne Covenant issued in 1974 as a response to Bangkok Assembly in 1973. For example, the 5th article says "Here too we express penitence both for our neglect and for having sometimes regarded evangelism and social concern as mutually

---

21) Hyung-ki Lee, *Theologies Appeared in Evangelism and 3 Flows of Ecumenical Movement* (Seoul: Hanguk Jangrokyo Chulpansa, 1999), 145.

exclusive."[22] Then it mentions "…we affirm that evangelism and socio-political involvement are both part of our Christian duty."[23] With these sayings, the evangelical wing actually has shown a rather active social participation. In this sense, it might be possible to evaluate that the understanding on the target of ecumenical mission has challenged and enhanced social participation in Christian mission, and thus it is a major contribution of that view.

2) The Possibility of Decreasing the Effectiveness of Mission

Mission is carried out among all religions, though the terms and enthusiasm are all different. Mission is basically an activity related to expansion of a religion. Through mission, a religion expanses and influences the world. Therefore, if a religion does not carry out an effective mission, it would diminish slowly and eventually disappear. Then, naturally the contribution of a religion for the world will die away as well. Unfortunately, Christianity in Europe shows this kind of feeble appearance, while Islam or other religions grow dynamically. To the people who think that serving the world is more crucial than growth of the church, decay of a church may not be a big issue; but to others it is a serious problem since church's decline takes away the church's energy to

---

22) International Congress on World Evangelization 1974, "Lausanne Covenant," in David J. Cho, *World Mission Trends, 1900-2000* (Pasadena, CA: Institute for Asia Mission, 2007), 173.
23) Ibid.

maintain the church itself as well as to serve the world.

As we discussed in the former chapter, ecumenical mission views the major target of mission as the poor, the oppressed, the alienated, and all the creatures in the universe. When the target group is broad like this, it has strength in challenging the church to be participative in social matters, but it has weakness in terms of effectiveness as well. In a condition that the energy is the same, the target should be small and clear to have higher effect and raise the possibility of success. As all institutions do, the church also has a limitation in man power and finance. Of course God, the owner of mission, is omnipotent; but the church in the world is limited. If a church tries to solve all the problems of all people with the restricted power, it will lose efficiency of mission.[24]

Marxism was a persuasive and attractive theory; but since the possibility of attainment was low, it ultimately failed in achieving a successful political system. Reflecting this failure, it is necessary for us to consider the possibility of achievement even when implementing mission. Of course, the church should do the work for solving the problems of poverty, oppression, human rights, environment, and so on. However, for these matters, not only the church but also governments or many other institutions do their best to solve them. Almost all advanced countries do their best to settle the issues; but in some cases it seems the problems gets worse. It means the way of solving poverty

---

24) David J. Cho, *World Mission Trends, 1900-2000*, 75.

or other social problems is not an easy task. If the church stands by these unattainable matters too much, the church would become weak as its energy is diffused to too many directions.[25] Donald Mc Gavran already warned the expected result of the problem, saying "Evangelism will be downgraded. Churching the unchurched will be neglected and ridiculed."[26] Bosch also points out this, saying "Moreover, what was the primary concern of the IMC(International Missionary Council), namely the evangelization of that two-thirds of the world's population which is not yet Christians, has at best become a secondary matter in the WCC setting."[27]

To improve efficiency, it might be necessary to make strategic priority in mission instead of doing all works for all targets simultaneously. It is necessary to accept the fact that the church lacks specialty or know-how in the areas of politics, economics, and environment compared to other secular institutions. Of course, the church can provide a basic guideline for the issues from a perspective of the Bible. However, for the practical and detailed matters, it might be better for the church to support the specialized institutions to insure for their specialties and effectiveness.

---

25) Nak-hong Yang, "Analysis and Evaluation on the Mission Theology of WCC," *Mission and Theology*, Vol. 28, 2011. 244.

26) Donald A. Mc Gavran, "Salvation Today," Ralph Winder, ed., *The Evangelical Response to Bankok* (Pasadena: William Carey Library, 1973), 30.

27) David J. Bosch, *Witness to the World* (London: Marshall, Morgan & Scott, 1980), 181.

3. Tendency of Restricting the Universality of the Gospel

Since the ecumenical mission widens its target to all the creatures in the universe, the ecumenical mission shows a tendency of much broader inclusiveness compared to the traditional one. However, in terms of a different perspective, the ecumenical mission reveals a tendency of illiberality as well. In the traditional mission all people are the target of mission, whether they are rich or poor, powerful or oppressed. Whoever they are, they should repent and come back to the Lord to be saved. For this reason Paul was able to shout even in front of the king Agrippa and governor Festus that "Short time or long-I pray God that not only you but all who are listening to me today may become what I am, except for these chains"(Acts 26:29). He underlined that all people should come back to God to be saved.

Compared to this traditional view, ecumenical mission tends to focus on a certain group of people such as the poor and the oppressed, and this can limit the universality of the gospel. It can then deteriorate the efficacy of the universal gospel only for a limited group of people. As to the possibility David Bosch analyzed as follow.

> To combat one heresy with another is the same as driving out the devils by Beelzebub(cf. Luke 11:19). This is what happens where the 'poor' in the Gospel are regarded exclusively as the materially poor and deprived. Then the gospel is intended

for them only. For the wealthy there is no message and no longer any hope. There way to matanoia, to repentance and conversion, is barred. God himself is then limited in the exercise of his grace: he can and may only save the materially poor. The radius of his activities is prescribed by man, his agenda is prepared by human planners. Human beings thus degrade him to a God without mercy.[28]

As the ecumenical mission tends to be concerned largely on solving the problems of the poor and the oppressed, it shows the traits of some socio political movements instead of a gospel spreading action. Due to this reason, evaluating San Antonio conference, David Cho says that "Ecumenical mission declares that the Kingdom of God comes through the struggle of the poor against the power oppressing the poor, and this degraded mission just a conflict between the two groups."[29] We can find out this kind problem also in the expression of Hyung-ki Lee as follow.

> In 1968 Missio Dei reached the zenith, and the responsibility of the church toward the society became a major issue. Then socio political insight such as Marxism was actively accepted into Christian theology. Furthermore, appropriate violence

---

28) David J. Bosch, *Witness to the World* (London: Marshall, Morgan & Scott, 1980), 217-218.
29) David J. Cho, *World Mission Trends, 1900-2000*, 344.

was justified, and the concept of mission was identified with 'humanization.'[30]

Analyzing the theology of WCC, Nak-heung Yang also mentioned that "In fact, however, the major concern of WCC seems to be focused on the issues of this world… In the worst case it can be evaluated that it is not much different from social or human rights movement. It is, therefore, ambiguous whether it maintains the identity of Christianity."[31] This kind of evaluation seems to appear as WCC weakens the universality of the gospel giving its concern on a certain people group excessively.

4. Conclusion

This study investigated the target group of ecumenical mission which is much wider than the traditional one. In addition to the traditional mission target, the unsaved people, ecumenical mission is widely concerned about the poor, the oppressed, the alienated, and all the creatures in the universe. Behind this extended concerns, there were some understandings such as Missio Dei, understanding on Jesus about the poor, aggravated environmental problems.

---

30) Hyung-ki Lee, *Theologies Appeared in Evangelism and 3 Flows of Ecumenical Movement*, 135.

31) Nak-hong Yang, "Analysis and Evaluation on the Mission Theology of WCC," *Mission and Theology*, Vol. 28, 2011. 251.

This kind of new understanding has some positive points and contributions; but it has some weaknesses as well. As the scope of the ecumenical mission target becomes wider, it can challenge the church to become more participative in social issues. However, as it focuses too much on wide matters as the target of mission, its energy might be diffused and thus the effectiveness of mission can be lowered. Also as it shows an inclined concern for specific groups of people, it can harm the universality of the gospel. If ecumenical mission considers these weaknesses and refocuses its target, ecumenical mission would contribute to world evangelization more effectively.

[Abstract]

A Study on 'Target of Mission' in Ecumenical Mission Theology

Unlike the traditional mission that focuses largely on non-believers, the target of ecumenical mission is much broader. Ecumenical mission tends to set the target of its mission as the poor, the oppressed, the alienated, and all the creatures in the universe. It concerns about shalom of the whole humanity and creatures, unlike the traditional mission which concerns largely on leading people to Jesus Christ and His church.

There are some backgrounds which made the ecumenical theology became different from the traditional one. They are the comprehensive concern of Missio Dei which is a core of ecumenical theology, new understanding about Jesus Christ as the friend and liberator of the poor and the oppressed, and new recognition of the creatures which are being seriously destructed day by day.

The new understanding of the ecumenical theology on the target of mission has some contributions that are helpful for overcoming the limitedness of the traditional one. For example, whereas the traditional mission was concerned mostly only on saving souls and thus weak in participating in solving social issues, the ecumenical theology contributed to challenging the church to join the work of social transformation as it sets the target of mission more extensively.

However, the ecumenical theology also contains some weaknesses as well. As the ecumenical theology sets the goal too broad, it causes the power of mission to be diffused and decreases the effectiveness of mission. Also as they have their priority on the poor and the oppressed, it tends to lose the universality of the gospel which is concerned about all people in the world. If the ecumenical theology considers and overcomes these weaknesses, it would be renewed to accomplish more desirable mission.

현대선교의 프레임
The Frame of Contemporary Missiology

2014년 7월 30일 초판 발행

지 은 이 | 안승오

편 집 | 박상민, 윤지현
디 자 인 | 김복심, 이보람
펴 낸 곳 | 사) 기독교문서선교회
등 록 | 제16-25호(1980. 1. 18)
주 소 | 서울시 서초구 방배로 68
전 화 | 02) 586-8761~3(본사) 031) 942-8761(영업부)
팩 스 | 02) 523-0131(본사) 031) 942-8763(영업부)
홈페이지 | www.clcbook.com
이 메 일 | clckor@gmail.com
온 라 인 | 기업은행 073-000308-04-020, 국민은행 043-01-0379-646
          예금주: 사) 기독교문서선교회

ISBN 978-89-341-1391-1 (93230)

* 낙장·파본은 교환해 드립니다.

이 도서의 국립중앙도서관 출판시 도서목록(CIP)은 서지정보유통지원시스템 홈페이지(http://seoji.nl.go.kr)와 국가자료공동목록시스(http://www.nl.go.kr/kolisnet)에서 이용하실 수 있습니다.(CIP제어번호: CIP2014020947)